星漢燦爛 三國史

卷一

中平：东汉王朝大崩溃 184—189

南门太守 著

生活·讀書·新知 三联书店 生活書店出版有限公司

图书在版编目（CIP）数据

中平 : 东汉王朝大崩溃 : 184—189 / 南门太守著
. -- 北京 : 生活书店出版有限公司 , 2023.9
ISBN 978-7-80768-418-3

Ⅰ . ①中… Ⅱ . ①南… Ⅲ . ①中国历史—东汉时代—通俗读物 Ⅳ . ① K234.209

中国国家版本馆 CIP 数据核字 (2023) 第 088550 号

责任编辑　张　健
特邀编辑　王历炫
装帧设计　赵　欣
责任印制　孙　明
出版发行　生活书店出版有限公司
（北京市东城区美术馆东街22号）
邮　　编　100010
印　　刷　北京启航东方印刷有限公司
版　　次　2024 年 10 月北京第 1 版
2024 年 10 月北京第 1 次印刷
开　　本　880毫米 × 1230毫米　1/32　印张11.125
字　　数　230千字　图10幅
印　　数　0,001–5,000册
定　　价　49.00元
（印装查询：010–64004884；邮购查询：010–84010542）

目次

历史地图简目

李青淼 绘

序言

写一部三国历史的『大书』

三国既是一门“热学问”，也是一门“冷学问”。说它热，是因为中国人自古以来对三国这段历史就格外喜爱，在五千年历史长河中，三国时间维度占比很小，但它留存在人们记忆中的人物与故事却足够丰富多彩，就数量而言超过了许多百年王朝；说它冷，是因为这段历史之前已被人们一遍遍提起，掀起过一次次热潮，人们对这段历史已经到了耳熟能详的程度，深耕于这片沃土的各类作品汗牛充栋，至少从写作者的角度看，似乎已经很难再出新意了。

但是，我们真的全面了解这段历史吗？我们真的把握住了这段历史所呈现出来的最重要的精神内涵吗？我们真的对生活在这段历史中的人物都有了正确和完整的认识吗？对于这些问题，我们无法从史籍记载中直接找寻完备的答案。历史是丰富的，而史书的记载却常常格外简略，在许多关键处还存在大段空白，有的互相矛盾，留下了一个个悬案和不解之谜。要回答上面那些问题，必须在熟读精思的基础上走近一个个历史现场，在解疑释惑的同时与古人展开跨越时空的心灵对话。

30多年来，我始终痴情于三国历史，用近乎穷尽的方式搜集和整理与之相关的史料，一遍遍翻阅、研读，时而以俯瞰的姿态把握其大势，时而穿梭于人物与故事的丛林中探究局部与细节的堂奥。其间，我至少翻烂了7套不同版本的《三国志》、3套《后汉书》，2部《三国志集解》均被翻成了“册页”。不仅研读记载三国历史的各类正史及杂史杂著，搜集研读三国时期的文集、诗集、书信、碑文以及历代以来的研究专著、文章等，还花费数年时间将与三国有关的各类第一手史料“打碎”，按年、月顺序编排成《三国大事记》，积得数百万字的学习笔记。

遇到疑惑时，我便背起行囊，去历史事件的发生地感悟体会，寻找灵感和答案。多年来，我利用各种机会去过200多处与三国历史有关的遗址遗迹，有些地方还反复前往。在街亭古战场遗址，我一个人守着一座山，四周安静异常，我在那里冥思了整整一个上午，最后似乎理解了马谡；在许昌城外的毓秀台遗址，庄稼地里的孤台茕茕独立，趁着斜阳，远眺四方，想象着当年的辉煌，也体味着汉献帝一次次登临此台时的心境；在东阿鱼山，看着眼前的黄河，想象着当年河上溯流而上的帆影，感受着曹植内心的煎熬与苦闷。我曾20多次前往五丈原，在伸手不见五指的静夜里坐在山坡上独自思考，在如梦如醒的恍惚状态下与诸葛亮展开对话，倾听他内心的痛苦；我在一个个三国名人的故里、墓冢前凭吊，努力让他们的形象更加鲜活和立体。

30多年的心追手摩、穷搜广辑，30多年的东奔西走、静夜苦思，让我对三国这段历史有了自己的理解，也增加了对这段历史的热爱，从而有了要写一部“大书”的冲动。在这部书中，我想将自己对三国的理解与思考进行一次全景式的总结，透过治乱兴衰的表象去探求历史演进的密码，在观照历史宏观和宏大一面的同时，又不遗漏历史的细节，让历史看起来更加丰满，更加有血有肉。

体量上的“大”是容易做到的，但如果不能得到读者朋友们的认可，那就是失败，顶多是一种“虚胖”。所以，在写这部书时我力求避免历史材料的堆积，避免平铺直叙和人云亦云，对于人们熟知的地方予以简写或一笔带过，而将重点放在历史的关键人物、关键节点或有争议的地方，提出自己的分析判断和观点，呈现一部既有态度又有温度、既读起来熟悉又有些不一样的作品。之前我出版过一些与三国历史有关的书，其中不乏多卷本的人物传记等，但现在写的这部书对我而言仍是一项“大”工程，我将倾尽积累与热情，认真创作与书写。至于最终成效如何，则取决于读者朋友们的评判。

《中平：东汉王朝大崩溃（184—189）》是这部“大书”的第一卷，聚焦的是汉末三国转型前夜的历史。书名中的“中平”是汉灵帝刘宏的最后一个年号，起于184年，终于189年，这六年正是由“合”到“分”急剧变化的时期，是

“大一统”的东汉王朝走向崩溃的起点。

秦朝的建立结束了战国诸侯争雄的局面，但严格来说，秦朝仅完成了“大统一”，由于结束得太早，所推出的一系列加强中央集权和国家管理的制度没来得及认真实施，所以真正的“大一统”并未实现。汉朝建立后汲取秦朝灭亡的教训，调整了政治和经济重建的节奏，实现了稳定和发展，疆域不断扩大，中央实现了集权，完成了“大一统”的目标。但到东汉末年，各种社会矛盾累积严重，逐渐到了无法调和的程度。不过，东汉王朝的灭亡尽管已无可阻挡，但它没有立即倒下，而是形成“大而不倒”的局面并维持了几十年，这足以令人惊叹！衰亡有衰亡的原因，“不倒”有“不倒”的道理，需要透过纷乱的历史现象去考察。《中平：东汉王朝大崩溃（184—189）》在详细叙述汉灵帝在位最后六年历史的同时，重点探究东汉王朝“大而不倒”的现象及其成因。同样是汉末的历史，同样是三国的前夜，同样是那些人与那些事，如果换个角度去看，也许会有不一样的发现。

历史学概念上的“三国”起始于曹魏政权建立的220年，终止于孙吴政权结束的280年，但这60年并不能将人们心中的三国完全概括。比如，翻开一部三卷本《三国演义》，会发现曹操死于第二卷即将结束时，可曹操去世于220年，那时狭义的三国还没有开始，而在此之前，董卓、袁绍、袁术、吕布、刘表、公孙瓒、关羽等人们熟悉的三国人物都已经去世了。所以，千百年来人们心目中的三国一直是广义的，还包括东汉末年黄巾起义以后的几十年。本书所提到的

“三国”均以广义三国为时间界限，在此统一说明，不在文中一一备注了。

还需要说明的是，本书严格按时间顺序进行写作，以使条理更加清晰。为使书中的时间线索不发生混乱，凡涉及的月份，如无特别注明均依据史书原文呈现。为更好地还原历史，书中使用了一些汉末三国时通用的度量衡单位，如“斤”“里”“石”等，并在必要处进行了古今换算。由于作者水平有限，书中难免存在错漏之处，期待方家和读者朋友们批评指正。

南门太守

2023年4月

第一章

黄巾风暴

184年

一、不安的新年

洛阳。马上就是新年了。

即将到来的这一年，是光和七年（184）。“光和”是东汉第十二位皇帝汉灵帝刘宏的年号，之前他还用过“建宁”“熹平”两个年号。近年来年景不好，时局动荡不安，各地不时有火灾、地震发生，“星孛”（彗星的古称）也偶尔光临，这被视为不吉之兆，预示着将有某些大事发生，因而在人们心里蒙上了更多阴影。虽然如此，人们仍习惯地做着各种过年的准备，尤其在达官贵人云集的首都洛阳城内，过年的气氛要更浓一些。

新年的第一天被称为正旦。夏朝以正月初一为正旦，周朝以十一月初一为正旦，秦朝以十月初一为正旦。西汉初年司马迁提议并参与创制太初历，以正月初一为正旦，从此历代相沿。每到正旦的前一夜，人们就会祭祀门神，以求辟除灾厄。通常的做法是在门上贴老虎画像，在门两侧摆上画有神荼和郁垒形象的桃木牌，再在门梁上悬挂一条苇索，供门神抓鬼使用，时人称这种仪式为“悬苇”，认为可御凶邪。

正旦这天，汉灵帝在德阳殿主持了大型朝会，一般称这种一年一次的活动为“正旦大会”，在京的重要文武官员全部参加。公卿百官和外国使节依次上殿向天子拜贺，然后地方郡国的上计吏上殿拜贺并呈上过去一年地方上的收支文书。这时天下郡国约有110个，除有特别原因并经天子特许可以不参加上计活动的以外，其余郡国都要一一上呈，所以耗时较多。这些仪程结束后，汉灵帝赐下酒宴，参加正旦大会的官员以及使节们都参加，场面十分盛大，宴会中有奏乐和百戏等表演，非常热闹。

这一天，不仅皇宫里有隆重的庆贺活动，各级地方官府也有类似活动。关中有位少年，他的父亲在荆州刺史部南郡任职，这位少年思父心切，步行至南郡看望，到达时刚好遇到正旦节。《三辅决录》记载：“父留之待正旦，使观朝吏会，会者数百人。”一个郡里的正旦聚会参加者就有几百人，可见人们对这个节日的重视程度。这位少年名叫法真，是后来三国时期蜀汉的大臣法正的祖父。

新年前后民间普遍也有宴饮活动，一般以家庭或家族为单位。从元旦头一天晚上开始，人们要守岁到第二天，其实就是流传到现在的年夜饭、守岁等习俗。正旦这天家人们会有聚会，向长辈或年长者祝寿，类似于现在的拜年。至于放鞭炮，在汉末时还没有，因为火药在隋唐以后才被广泛使用，不过这时已经有“爆竹”，指的是燃竹而爆，因竹子焚烧后发出“噼噼啪啪”的响声而得名。

然而，光和七年的这个新年却有些冷清，各地虽然照例有庆祝活动，但规模和气氛较以往太平时节差了许多，宫中的正旦大会也颇有些潦草，汉灵帝刘宏的兴致不怎么高。刘宏出生于汉桓帝永寿三年（157），本年27岁，他继承的是汉桓帝刘志的皇位，却不是刘志的儿子，而刘志也不是前任的儿子，他们都由于各种机缘而骤然荣登大位，扶持他们上位的要么是外戚，要么是宦官。王朝气运隆盛时人主大抵长寿，其生子往往早且多，皇位的继承人也好选。与之相反，王朝衰败时人主也难以长寿，自汉光武帝、汉明帝后东汉多为“短命皇帝”，最长者不超过40岁，还有几位不超过10岁。人主早逝不仅带来政局的混乱，也制造出王朝延续的问题，所以汉章帝以后出了许多“少年皇帝”：汉和帝10岁继位，汉安帝13岁，汉顺帝11岁，汉冲帝2岁，汉质帝8岁，汉桓帝15岁。汉灵帝刘宏继位时年龄也不大，只有12岁。此时外戚权势极大，天子废立常取决于外戚集团意志，汉安帝、汉质帝、汉桓帝、汉灵帝均为外戚所立。之所以立年少的皇帝，原因是容易控制，皇太后将大权交给父兄，更容易操控局势。《后汉书·皇后纪》这样评价当时的政局：

东京皇统屡绝，权归女主，外立者四帝，临朝者六后，莫不定策帷帟，委事父兄，贪孩童以久其政，抑明贤以专其威。

刘宏是汉章帝刘炟的玄孙，父亲刘苌封解渎亭侯，早逝，刘宏袭爵，居河间国。永康元年十二月二十八日（168年1月25日）汉桓帝刘志驾崩，皇后窦妙临朝问政。刘桓无嗣，窦妙的父亲窦武召见出身于河间国的宗室刘儵，问宗室中谁较为贤明，刘儵推荐了刘宏。窦武入宫禀告窦妙，窦妙派刘儵等迎接刘宏来洛阳登基。刘宏即位后，一开始小心翼翼，以求保命，后来看到宦官与外戚争斗，外戚集团落败，刘宏转而依靠宦官。即位十多年来，刘宏学会了一套平衡之术，在宦官、外戚和士人朝官间周旋，有时分化瓦解，有时借力打力，倒也坐稳了御位。

只是，外戚、宦官轮流专权所造成的政治黑暗严重侵蚀了东汉王朝的健康肌体，这个王朝已经到了日薄西山的境地。外戚与宦官为争夺权力经常展开你死我活的斗争，无论外戚还是宦官，一旦形成专权的局面，就会利用手中掌握的权力为非作歹，他们掌权都是为了满足自己的贪欲，于政治无补，于社会无益，只会导致吏治更加腐败，经济更加混乱，民生更加凋敝。

在人祸加剧的同时，天灾也更加频繁地光顾，据《续汉书·五行志》记载，从汉顺帝至汉桓帝在位期间，约四十年中发生大雨水11次、蝗灾6次、旱灾6次、地震山崩29次、重大疫情3次，其中震灾为主要灾害，明显多于其他时期。汉灵帝即位以来，情况也好不到哪里去，据《后汉书·灵帝纪》记载，仅汉灵帝即位至光和元年（178）的十一年中就发生了十多次重大自然灾害：

（建宁二年）夏四月癸巳，大风，雨雹。

（建宁四年）二月癸卯，地震，海水溢。

（建宁四年三月）大疫，使中谒者巡行致医药。

（建宁四年）五月，河东地裂，雨雹，山水暴出。

（熹平二年）春正月，大疫，使使者巡行致医药。

（熹平二年）六月，北海地震，东莱、北海海水溢。

（熹平三年）秋，洛水溢。

（熹平四年）夏四月，郡国七大水。

（熹平四年）六月，弘农、三辅螟。

（熹平六年）夏四月，大旱，七州蝗。

（熹平六年冬十月）辛丑，京师地震。

（光和元年二月）己未，地震。

（光和元年）夏四月丙辰，地震。

天灾不仅造成物质损失，冲击了经济，也严重打击了人们的心理。在对自然界认识较为有限的古代，天灾常被解读为来自“上天”的警示，天灾的频繁发生自然被理解为“上天”的严重不满，于是各种谣言纷起，人心惶惶。几个月以来，有一条神秘预言便不胫而走：“苍天已死，黄天当立，岁在甲子，天下大吉。”这几句话通俗易懂，就连不识字的农民都能理解其含义，分明是说一个旧的时代即将结束，一个新的时代即将到来，也就是要改朝换代了。

这当然是要造反，属十恶不赦之列，但无论怎样禁止，这几句话却无法被扑灭，反而越传越凶，甚至洛阳城中的官署以及一些州郡官署的门外也突然被人用白土写上“甲子”两个字。《后汉书·皇甫嵩传》记载：“讹言‘苍天已死，黄天当立，岁在甲子，天下大吉’。以白土书京城寺门及州郡官府，皆作‘甲子’字。”许多人预感到将会有某件大事发生。究竟是什么事？在它还没有发生时，人们自然说不清。但这样的感觉很不好，它是一种等待，是一种煎熬，是等待中不安的煎熬。

二、一个农民的理想

还在正月里，朝廷有关部门得到一个惊人密报：有人真的要造反！告密的人姓唐，范晔在《后汉书》中称他为“济南唐周”，袁宏的《后汉纪》称他为“济阴人唐客”，《资治通鉴》采用了前者，于是人们普遍称他为唐周。唐周是太平道信徒，还是太平道首领张角的弟子。

消息很快上达汉灵帝。对于太平道，汉灵帝其实并不陌生，因为这是一个半公开的组织，汉灵帝并不认为它对自己的统治有什么危害。至于张角，这个名字在唐周告密之前已有多位大臣向汉灵帝提及，并且说过张角要造反，但汉灵帝并不相信。袁宏《后汉纪·孝灵皇帝纪》记载：

初，司徒杨赐、卫尉刘宽、司空张济、御史刘陶并陈角反谋，宜时捕讨，以绝乱原。上不从。

杨赐是汉灵帝的老师，他还教过一个学生，名叫何进，杨赐有个儿子名叫杨彪，杨彪有个儿子名叫杨修；刘宽是汉室宗亲，是汉高祖刘邦的十五世孙；这里的张济不是那位出身“凉州军”的将领，而是汝南郡人，汉末大臣，经杨赐推荐为汉灵帝讲习儒学经典，也算是汉灵帝的老师；刘陶也是汉室宗亲，西汉淮南厉王刘长之后，沉勇有谋。这几位是当时少数的忧国忧民、头脑较为清醒的大臣，他们从不同渠道得到了有关太平道的信息，一致认为太平道是一个危险组织，太平道首领张角最终会造反。可是，汉灵帝接到他们的上疏，并没有予以关注。

几年前，杨赐还在司徒任上，刘陶时任司徒掾，是杨赐的下属。刘陶向杨赐密报了一件事，说北方的冀州刺史部一带兴起了一个叫太平道的组织，由民间秘密宗教发展为半公开的结社行为，入教人数众多，势力很大，将危及朝廷。杨赐立即让刘陶展开调查，不查不知道，一查很吃惊。

“太平道”的名字源于一部叫《太平清领书》的书。这部书杨赐听说过，但从未见过，因为它一直被封存在东观里，下令封存这部书的是汉顺帝刘保。东观是东汉宫廷中贮藏档案、典籍和从事校书、著述的地方，位于南宫中，建筑高大华丽，最上面一层的高阁有十二间之多，四周殿阁相望，绿树成荫，环境幽雅。汉章帝、汉和帝以后，东观成为宫廷收藏图籍档案以及修撰史书的主要处所，藏有五经、诸子、传记、百家艺术等典籍，又被辟为近臣习读经传的地方。《太平清领书》的作者于吉是一名方士，精通方术，这是一种用自然变异现象和阴阳五行之说来推测、解释人和国家的吉凶祸福、气数命运的神秘学问，涵盖医卜、星相、遁甲、堪舆和神仙之术等。于吉写的《太平清领书》篇幅浩大，全书分为十部，每部十七卷，共一百七十卷，书中内容庞杂，以老庄之道、鬼神信仰以及阴阳五行、神仙家的方术为基础，创造了一套极为神秘复杂的神学体系。这部书里既有老子的宇宙观、《周易》的元气论，也谈长生不老的修道理论。

用一生的时间去研究这些深奥与广博的学问，精力和时间恐怕也不够用，于吉之所以能写出这部书，是因为这部书属于众人智慧的结晶。除《太平清领书》外，当时流行的类似书籍还有《包元太平经》《太平洞极经》等，它们共同构成了"太平书系"，也就是人们所说的《太平经》。就东汉末年而言，《太平经》并不是对某一部书的特指，它最早以两卷"太平本文"为基础，先由西汉的甘忠可扩充为十二卷的《包元太平经》，之后再由多人继续扩充，是耗费众人心血、贯穿诸多时空的层积式智慧结晶。

于吉扩写的《太平清领书》重点谈的不是成仙修道，而是治国。于吉在书中陈述了一套政治设想，不仅描绘了太平盛世的模样，也阐述了要达到太平盛世的途径，概括而言就是君明、臣良、民顺。汉顺帝时，于吉的学生宫崇把这部书献给朝廷，汉顺帝让大臣们讨论，大家认为这是妖妄之经，汉顺帝于是下令将其封存。

汉桓帝无子，听人说有个名叫襄楷的方士很有些法术，便下旨召他进宫，看看能不能解决他无法生子的问题。襄楷弄了一些所谓的灵丹妙药，汉桓帝吃后有了一定效果，很高兴，认为襄楷不简单，遇到治国理政的疑难问题也常向他请教。襄楷是于吉的另一名学生，为完成老师的心愿，于是旧事重提。《后汉书·襄楷传》记载，襄楷再次将《太平清领书》推荐给朝廷，但汉桓帝对这个兴趣不大。过了十几天，襄楷有些着急，再次向汉桓帝上书，其中称：

前者宫崇所献神书，专以奉天地、顺五行为本，亦有兴国广嗣之术，其文易晓，参同经典，而顺帝不行，故国胤不兴。孝冲、孝质，频世短祚。

襄楷的意思是，前面献书汉顺帝不搭理，结果造成国运不兴，汉冲帝、汉质帝都成了短命皇帝。言外之意，我再次献书如果还不搭理，那后果将很严重。襄楷看来有些着急了，因为这样的话显然有威胁和诅咒的意味，任何帝王看了恐怕都会不悦。汉桓帝看了襄楷的上书，只得将《太平清领书》交给尚书台，下诏让尚书们审看。尚书台的结论很快出来了，认为这部书“析言破律，违背经艺，假借星宿，伪托神灵，造合私意，诬上罔事”。尚书台还给出了处理建议：“请下司隶，正楷罪法，收送洛阳狱。”汉桓帝认为襄楷“言虽激切”，但所说“皆天文恒象之数”，所以不应治重罪，而交“司寇论刑”，最终襄楷被判了两年有期徒刑。襄楷出狱后政治热情依然不减，只是把活动的重点由朝堂转向了民间。

襄楷到冀州刺史部一带活动，在此处认识了张角，二人志同道合，一见如故。张角是冀州刺史部巨鹿郡（治所在今河北省平乡县）人。与当时的一般农民不同，张角有文化。在襄楷推荐下张角看了《太平清领书》，十分佩服。张角早年信奉黄老学说，对谶纬学也有研究。当时还没有科举考试，要做官主要靠的是被举为孝廉或茂才，但外戚、宦官轮流当政，政治黑暗，像张角这样的人被举荐为孝廉或茂才的可能性极低，上太学也是遥不可及的事，这意味着他向上晋升的道路几乎全部堵死。所以，张角与襄楷一样把实现政治抱负的舞台放在了下面。张角有两个弟弟，一个叫张梁，一个叫张宝，张角领着他们，手持一根九节杖，经常活动在冀州刺史部一带，用符水、咒语等为人治病，竟然多有灵验，深得穷人的拥戴。袁宏《后汉纪·孝灵皇帝纪》记载："初，角弟良、弟宝自称大医，事善道，疾病者辄跪拜首过，病者颇愈，转相诳耀。"这里的张良，即张梁。《后汉书·皇甫嵩传》也记载：

> 初，钜鹿张角自称"大贤良师"，奉事黄老道，畜养弟子，跪拜首过。符水咒说以疗病，病者颇愈，百姓信向之。

张角等人治病，最重要的方法是"符水咒说"。所谓咒说，就是念一些咒语上传给所谓"天神"，用来与神灵沟通的，也称"神祝"，《太平经·神祝文诀》记载："天上有常神圣要语，时下授人以言，用使神吏应气而往来也。人民得之，谓为神祝也。"所谓符水，就是符箓焚化于水中，或直接向水画符诵咒，有时会让病人将此水饮下，认为可以辟邪治病。从科学角度看这两种方法都毫无效力，是一种迷信，但史书称“病者颇愈”，又是什么道理呢？一方面，张角等人大约懂一些民间医术，也采用一些民间偏方验方来辅助治病；另一方面，“符水咒说”虽无科学道理，但作为一种心理安慰，对病人也是有一定效力的，有助于某些病症的治疗。《三国志·张鲁传》裴松之注引《典略》揭示了这种信则灵、不信则不灵的原理：“太平道者，师持九节杖为符祝，教病人叩头思过，因以符水饮之，得病或日浅而愈者，则云此人信道；其或不愈，则为不信道。”关于张角懂不懂医术，史书没有确切记载，不过在民间传说中张角是懂医术的，其实这也符合常理，因为古时医巫往往不分，毫无医学常识就敢给人看病，也是不现实的。

随着名气的增大，有不少人跑来愿意给张角当学生，张角开始招收徒众。来的人越来越多，形成很大声势，不过张角并不害怕。张角不仅有文化，还有胆识，他索性创建了太平道，制定了纲领、目标、教义，并设计了称号、教区组织、口号、宗教仪式、活动内容、传教方式等。《后汉书》的作者范晔认为，张角创立太平道的思想来源正是《太平清领书》。《后汉书·襄楷传》记载：

初，顺帝时，琅邪宫崇诣阙，上其师干〔于〕吉于曲阳泉水上所得神书百七十卷，皆缥白素、朱介、青首、朱目，号《太平清领书》。其言以阴阳五行为家，而多巫觋杂语。有司奏崇所上妖妄不经，乃收藏之。后张角颇有其书焉。

襄楷向汉桓帝献《太平清领书》，即所称“神书”，李贤在此作注时称“即今道家《太平经》也”。于是，关于张角创立太平道的指导思想，有一种看法认为其便来自《太平经》，这种看法其实并不严谨。如前所述，《太平清领书》与后世的《太平经》并不能完全等同，而且就汉末而言，“太平经系”也有“旧经”与“新经”之分。于吉及弟子将政治理想寄托于帝王和朝廷，所以其思想以“辅汉”为特色，“急教帝王，令行太平之道”，将社会改良作为主要手段。而张角创立太平道时“辅汉”思想大为降低，他的思想应该是在对《太平清领书》进行改造基础上产生的。吕思勉先生在《道教起源杂考》一书中指出：“当时巫鬼之流，分为两派：一与士大夫交结，如于吉是；一则荧惑细民，如张角、张修是。”这两种思想是有区别的，襄楷之前属于前者，“辅汉”失败后则转向后者。

三、“三十六方”

太平道的出现迅速产生了很大反响。当时，社会上有大量流民，也就是失去土地无家可归的人，这些人都是土地兼并的受害者，没有人关心，也看不到前途。太平道的出现至少给他们以温暖和希望，所以不用动员，这些人都主动前来入道。还有一些人虽不是流民，但看到这个组织发展势头很盛，于是也加入进来，他们中有基层官吏，甚至还有宫里的宦官。为了入道，有的人甚至变卖家财远道来投，以至于道路堵塞，在路上生病和死去的就有近万人。《资治通鉴·汉纪五十》载：“或弃卖财产，流移奔赴，填塞道路，未至病死者亦以万数。”

徒众太多，需要建立起完善的组织体系予以管理。张角于是自称大贤良师，是太平道的总首领。张梁、张宝自称大医，是太平道核心领导成员。张角派出八名弟子到四面八方宣传教义、发展徒众。《三国志·孙坚传》记载：“中平元年，黄巾贼帅张角起于魏郡，托有神灵，遣八使以善道教化天下，而潜相连结，自称黄天泰平。”经过多年发展，太平道势力已遍布东汉十三个州中的青、徐、幽、冀、荆、扬、兖、豫等州，徒众达数十万人。张角把徒众划分为三十六个“方”，大的万余人，小的六七千人，每个“方”都设一个渠帅作为首领。这样的组织很特别，不同于陈胜、吴广起义，也不同于绿林、赤眉，他们在起事前就有了严密的组织和各层级领导机构，尤其是各方的渠帅，在地方上也都很有影响力。《后汉书·皇甫嵩传》记载：

角因遣弟子八人使于四方，以善道教化天下，转相诳惑。十余年间，众徒数十万，连结郡国，自青、徐、幽、冀、荆、杨、兖、豫八州之人，莫不毕应。遂置三十六方。方犹将军号也。大方万余人，小方六七千，各立渠帅。

此处的“杨”应为“扬”，即扬州。那么，这里的“方”

又是什么呢？《后汉书》说它类似于将军的名号，即相当于“军衔”，可这又与“渠帅”相冲突。从字面上看，“方”似乎与位置有关，区分的是不同“方位”“方向”，但“三十六方”又未免有些太多了。于是，又有了三种不同记载：一是袁宏的《后汉纪·孝灵皇帝纪》称“十余年间，弟子数十万人，周遍天下，置三十六坊，各有所主”，这里说的“坊”，类似于里巷、街区，可以理解为36个不同的地方；二是《三国志·孙坚传》将“三十六方”称为“三十六万”，这与《国语·吴语》所说“万人以为方阵”相符合，但与“大方万余人，小方六七千”重复且人数并不相等；三是《献帝春秋》将“三十六方”称为“三十六万方”。

清代学者惠栋就此进行了考辨，认为“坊”更有道理，后来转写为“方”。惠栋认为：“袁宏《纪》作‘坊’，‘方’与‘坊’古字通，盖张角列部署为三十六坊，各有甲乙以别之也。”然而，将“方”理解为“坊”也有些勉强，“坊”与地名关联时多在城市里，广大农村较少有“坊”字这样的地名，而农村又是太平道发展的重点区域。至于“万方”，显然更难以说通。清代学者何焯认为：“‘万’字疑衍，想因下‘方’字而妄增加也。”

看来，这是一个需要搞清楚的问题。该怎样理解太平道的“方”呢？似乎应与太平道的性质结合起来。太平道是一个宗教组织，“方”与宗教、祭祀、职官等结合时还有以下含义：一是方技，古时指医经、经方、神仙术、房中术等，由此有方术、方士等词，《周易·系辞上》称“方以类聚”；二是周代以来祭祀四方被称为“四方祭”，后简称“方祭”，或称“方望”“方帝”；三是代指社坛，社坛为方形，象征大地之形，即“地道曰方”，祭地祇的社坛也称“方丘”，将四方之神与地神合祭称五社、五祀，也称“方社”；四是执掌某种事务的官名，《周礼·夏官》载有职方氏、土方氏、怀方氏、合方氏、训方氏、形方氏等，后来也有一定沿用，如“尚方”，为秦汉时少府之下的属官，执掌御用器物制作。

综合来看，太平道所称的“方”不是“坊”，更不是“万方”，而就是“方”，应该是与宗教有关的某种组织称谓，其首领为渠帅。至于“三十六方”与“三十六万”，二者是有关联的，联系起它们的仍然是张角奉为指导纲领的《太平清领书》。张角看到的《太平清领书》原版原文已不可见了，但它无疑是现今通行《太平经》的“母版”。在《太平经·甲部》中有下面一段话：

闲居之时，前向有疑，问之傅。后顾虑遗，问之承。右有所昧，问之弼。左有未明，问之辅。咨询四辅，相、保、傅、宰，成功在师，不可阙也。圣帝垂范，使后遵行。入有保，保用事也，阴属右，静宝真也。出有师，师用事也，阳属左，动归寂也。至此最难。故略辅相而言师也。望有傅，傅在前，敷说议趣也。顾有宰，宰在后，决断是非也。其余公卿有司、仙真圣品、大夫官等三百六十，一从属三万六千人，部领三十六万，人民则十百千万亿倍也。常使二十四真人，密教有心之子，皆隶方诸上相，不可具说，但谛存其大，自究其小也。

《太平经》中地位最高的天君掌握着“簿疏善恶之籍”，管理诸神，是凌驾于天、地、人的最高存在。辅助天君的有“一师四辅”等，此外还有“公卿有司、仙真圣品、大夫官等”，再以下则有“从属三万六千人，部领三十六万”，还“常使二十四真人”。这些构想大概让张角深受启发，他的“三十六方”设计应源于此。之所以将每“方”人数控制在“大方万余人，小方六七千”，是取其平均数，使总人数满足“部领三十六万”的要求。

四、麻木与自信

太平道搞得有声有色、如火如荼，要完全瞒过朝廷已不可能。司徒掌民事，杨赐作为司徒是较早发现问题的大臣之一。光和六年（183）秋天杨赐向汉灵帝上书，指出“角诳曜百姓……遭赦不悔，稍益滋蔓”，将是朝廷的大患。杨赐提出建议：“今若下州郡捕讨，恐更骚扰，速成其患。宜切敕刺史、二千石，简别流民，各护归本郡，以孤弱其党，然后诛其渠帅，可不劳而定。”杨赐请汉灵帝下诏给各州刺史、各郡太守，要求他们一一清查太平道徒众的原籍，把他们遣送回家，从而削弱太平道的力量，之后再诛杀他们的首领，这样不必大动干戈就能化解危局。应该说杨赐的这一招很厉害，甚至比直接以武力镇压效果还要好。可是，这份重要奏疏却没有得到汉灵帝的批示，事后证明，汉灵帝当时根本没有看到这份奏疏。汉灵帝在兰台看到这份奏疏已经是太平道起事以后的事情了。

为什么会这样？是汉灵帝沉迷于享乐而没时间看，还是宦官有意将其扣押起来不让汉灵帝看？分析起来，后一种可能性更大。太平道起事后朝廷进行过追查，宦官封谞和徐奉都是太平道信徒，其中封谞很不简单，他是著名的“十常侍”之一。

假设一下，如果当初汉灵帝及时看到了这份奏疏，又会怎样呢？从各种迹象看，也不会怎么样。太平道闹出的动静越来越大，汉灵帝不可能不会通过其他渠道得知这些消息，但汉灵帝本人并没有把太平道当回事，他甚至觉得太平道把流民组织起来，教人向善、做好事，其实挺好。这并不是妄加揣测。汉灵帝的这种心理已从一些蛛丝马迹中透露出来。经学是两汉治国思想的根基，但种种迹象表明汉灵帝对经学不太感兴趣，他更崇信黄老之学，尤其对老子的思想充满崇拜。汉灵帝可能会认为，太平道这个同样视老子为先师的教派，与他的思想还有些吻合呢。

如果太平道真的闹事，汉灵帝也不怕。东汉自安帝以来，各处大小不等的农民起义频繁爆发，汉安帝在位19年发生农民起义4次，汉顺帝在位19年发生农民起义13次，汉冲帝、汉质帝在位时间都很短，也有4次，汉桓帝在位21年发生了14次。从汉安帝到汉桓帝，约六十来年发生大大小小的农民起义多达35次。这些农民起义来势都很迅猛，轰轰烈烈，动辄数万人甚至数十万人参加，但朝廷一旦出兵镇压就会很快沉寂下去。汉灵帝对此已经习以为常，不怕有人闹事。

杨赐呈交那份奏疏后因故离职。《后汉书·杨赐传》记载，杨赐离任司徒一职前对太平道的事仍念念不忘，他又将上疏中的想法与下属刘陶沟通，询问刘陶的看法。刘陶大加赞同："此孙子所谓不战而屈人之兵，庙胜之术也。"刘陶于是继续跟踪此事，见汉灵帝仍迟迟没有批复，刘陶于是上疏道："角等阴谋益甚，四方私言，云角等窃入京师，觇视朝政。鸟声兽心，私共鸣呼。州郡忌讳，不欲闻之，但更相告语，莫肯公文。宜下明诏，重募角等，赏以国土，有敢回避，与之同罪。"然而，刘陶的上疏也如泥牛入海，没有下文。过了一阵，刘陶找了个机会向汉灵帝当面询问此事，汉灵帝却像是没有听见，莫名其妙地岔开话题，"诏陶次第春秋条例"。汉灵帝让刘陶不要操心太平道的事，而是为自己编一本更容易阅读的《春秋》。刘陶没办法，只得前往兰台，在那里埋头查阅资料，以完成天子交给的新工作。

五、甲子年与黄头巾

唐周是否为"三十六方"之一的渠帅？这一点不得而知，但他是张角的弟子，说明他也是太平道骨干成员之一，所以知道很多秘密。唐周向朝廷告密：太平道定于本年三月五日在多地起事，洛阳也是其中之一，张角为此已派大方首领马元义来到洛阳，中常侍封谞、徐奉是太平道的内应。

汉灵帝接到报告，立即被吓醒了。太平道的这些人原来并不是传传道、治治病而已，而是要把自己从天子的宝座上赶下去，是奔着改朝换代来的。从唐周的密报中可以看出，太平道的起义计划相当具体详尽，刀快架到脖子上了。汉灵帝立即下诏，对已经潜入洛阳的马元义等太平道骨干分子实施抓捕。由于有唐周的情报，马元义等人很快被抓到，汉灵帝下诏将马元义车裂于洛阳。汉灵帝把唐周的告密信下达给三公府、司隶校尉部，让他们迅速行动起来，防范太平道起事。汉灵帝还派钩盾令周斌总负责，清查在宫省直卫、朝廷各办事机构以及洛阳内外隐藏在百姓中的太平道信徒，很快查出来一千多人，全部予以诛杀。《后汉纪·孝灵皇帝纪》记载“五月乙卯，黄巾马元义等于京都谋反，皆伏诛”，此处在时间上有些问题，马元义“谋反”其实是在二月，被捕后不久即被杀害。根据唐周密报中提供的线索，汉灵帝又向冀州刺史部下达诏书，命他们抓捕张角等人。《后汉书·皇甫嵩传》记载：

中平元年，大方马元义等先收荆、杨数万人，期会发于邺。元义数往来京师，以中常侍封谞、徐奉等为内应，约以三月五日内外俱起。未及作乱，而张角弟子济南唐周上书告之，于是车裂元义于洛阳。灵帝以周章下三公、司隶，使钩盾令周斌将三府掾属，案验宫省直卫及百姓有事角道者，诛杀千余人，推考冀州，逐捕角等。

平时由于人浮于事、真正有才干的人被逆淘汰，所以东汉朝廷的办事效率十分低下。然而这一次事关重大，是你死我活的斗争，所以从天子到三公府、朝廷各衙署乃至司隶校尉部、河南尹、洛阳县等都迅速运转起来。由于处置及时，洛阳总算没有乱，这场大火被浇灭在未燃之时。对朝廷来说，对立了大功的唐周应该给予嘉奖，封个万户侯都不过分，但唐周却从此销声匿迹，史书对他没有再作任何记载。

这件事发生在光和七年年初，距离太平道原定的发动全国起义的三月五日还有一个多月时间。现在看来，太平道选的这个起义日子恐怕有些问题，因为这个日子应当在上一年年底就确定了，甚至时间还要早，提前几个月就定下起事的时间，张角等人不怕夜长梦多吗？太平道已经有了几十万徒众，成分很复杂，大家的动机各不相同，要做到完全保密十分困难，唐周告密正好说明了这个问题。

刘邦斩蛇起义，陈胜、吴广在大泽乡揭竿而起，都属于说干就干。相较于他们，张角等人有更充分的时间做起义的准备工作，从而使计划更周密，这本来是好事。然而，准备得时间太长也未必全是好事，尤其是提前几个月就定下了起义的时间，反而会弄巧成拙。那么，张角等人为什么选三月五日这个日子呢？关于这个问题，《三国志·孙坚传》提供了一个信息：

中平元年，黄巾贼帅张角起于魏郡，托有神灵，遣八使以善道教化天下，而潜相连结，自称黄天泰平。三月甲子，三十六万一旦俱发，天下响应，燔烧郡县，杀害长吏。

原来，中平元年不仅是甲子年，这一年的三月五日还是甲子日。甲子年中的甲子日，这是一个“双甲子”，在张角等人看来这个“双甲子”无疑充满了巨大诱惑。汉安帝刘祜是东汉第六位皇帝，他于106年至125年在位。在刘祜驾崩的前一年，即124年，他下诏正式启用干支纪年法，以当年作为60年一个甲子的开始。干支纪年法在此之前就有了，相传诞生于黄帝时代。但是，在刘祜之前干支纪年法并不是唯一的纪年法，还有岁星纪年法，而后者的影响更大。岁星即木星，通过它12次入宿而定轮回，所以当时一个轮回不是60年，而是12年。但木星入宿在时间上有细小的误差，刘祜后来就以诏令的形式确定更为科学的干支纪年为法定纪年法。有人认为中国历史上第一个甲子年是公元前837年，但那是后人倒推上去的，倒推的基点就是124年，因为这一年才是真正意义上的第一个甲子年。

从124年开始，经过一个甲子后正好是184年，在太平道看来这不仅是一次轮回，还是有史以来的第一次轮回，是新时代的开始，他们宁愿等一等，也要把起事的日子定在这一年中。而三月五日又是一个甲子日，甲子年的甲子日，轮回的意味更浓，是更值得期待的日子。

此外，“三月五日”还有另一层含义，这与东汉末年十分流行的谶纬术有关。在谶纬术看来，“三五”代表着“三正”和“五行”，“三正”指天、地、人，“五行”即金、木、水、火、土，它们之间有一种相包、循环的关系，可以用来解释朝代更替。《后汉书·郎顗传》载：“臣闻天道不远，三五复反。”唐代李贤解释这句话时引用了宋均的注语：“三，三正也。五，五行也。三正五行，王者改代之际会也。”在汉末，“三五”成为预示着循环相生的一个词语，暗含着旧事物逝去、新事物降临的意思，也有祈天神佑、王者改代的意味。在此前后的一些史籍中，常有这方面的记述：

为天数者，必通三五。（《史记·天官书》）

三五环复。（《易纬辨终备》）

三五相包而生。（《汉书·律历志》）

至道不远，三五而反。（《春秋合诚图》）

考七耀之盈虚，步三五之变化。（《抱朴子·勖学》）

无论出于哪种考虑，都说明张角等人很在意起事的日子是不是“吉期”。不仅在时间选择上如此，在其他方面也有一些细致的考虑。在组织和动员百姓过程中，太平道提出了“苍天已死，黄天当立。岁在甲子，天下大吉”的口号，这十六个字十分好记，虽然通俗易懂，但也是很有讲究的。“岁在甲子，天下大吉”在前面已经说过，而“苍天已死，黄天当立”则出于另一些考虑，这也与五行学说有关。

五行学说认为天下万物皆由五类元素组成，分别是金、木、水、火、土，彼此之间存在相生相克的关系，如金生水、水生木、木生火、火生土、土生金等，这是古人对自然现象和规律长期观察总结的结果。比如金生水，是因为高温能使金属融化成水；水生木，因为水灌溉树木，树木便能欣欣向荣；木生火，因为火以木料做燃烧的材料，木烧尽，则火会自动熄灭；火生土，因为火燃烧物体后，物体化为灰烬，而灰烬便是土；土生金，因为金蕴藏于泥土石块之中，经冶炼后才提取为金属。

古人对这些自然规律总结之后深信不疑，认为这揭示了自然的奥秘，自然界中的一切现象均可以找到五行去对应，比如颜色，金对应的是白色，木对应的是青色，水对应的是黑色，火对应的是红色，土对应的是黄色。周朝是火德，秦朝取代它，所以是水德，对应的颜色是黑色，所以秦朝的官服一律是黑色的。汉取代秦，按说它是木德，青色应该是“国色”，但是，从汉高祖刘邦到汉武帝刘彻、“新帝”王莽、汉光武帝刘秀，基于各种政治的需要，对德运和“国色”不断进行调整。刘邦承秦制，尊水德，尚黑色；刘彻尊土德，尚黄色；王莽尊火德，尚红色；刘秀继续王莽的做法，尊火德，尚红色。

也就是说，现在尊崇的是火德，“国色”是红色，所以取代它的就应该是土德，基本色是黄色。按照现代品牌视觉识别系统理论，一个品牌的基本色很重要，从公司的商标到产品外包装，再到职场装修以及凡能看到、摸到的东西，都要以这个颜色或与它相近的颜色作为设计的主体色调。太平道虽然不懂视觉识别理论，却明白这个道理，他们也推出了自己的“视觉识别符号”，那就是给每个人发了一条黄色头巾。这支起义队伍后来便被称为黄巾军，这场起义被称为黄巾起义。

不过，“黄天当立”也并非张角的发明。在东汉末年，希望推翻刘氏统治而自代的各方面人物莫不依托“黄德当兴”“黄天代赤”等符命，曹丕后来称帝，便声称“黄龙见于谯”，称帝后建元黄初；孙权称帝，声称“黄家当兴，而赤家衰”，说黄龙见于武昌，所以改元黄龙。在黄巾起义发生之前，民间其实也流行类似的说法。20世纪70年代在安徽省亳县（今安徽省亳州市）发现了曹操宗族墓葬群，墓中出土了刻有文字的墓砖。这些墓砖上的文字大多是筑墓工匠所刻，其中元宝坑一号墓中有两块墓砖，上面分别刻着这样的文字：

岁不得賭。人谓壁作乐，作壁正独苦，却来却行壁，反是怒皇天。壁长契。（第30号墓砖）

王复，汝使琖作此大壁，径冤我，人不知也。但抟汝属，仓天乃死，当搏。（第32号墓砖）

该墓葬中还有一块墓砖，上面刻有“建宁三□四月四□”字样，当为“建宁三年四月四日”。建宁三年是公元170年，那时民间就流行起“仓天乃死”的说法了，“皇天”虽不是“黄天”，但大意应相同。其后不久的熹平二年（173）六月，洛阳城中虎贲寺附近突然出现一个“黄人”，一下子引起全城轰动，围观者多达几万人。《续汉书·五行志》记载：“洛阳民讹言虎贲寺东壁中有黄人，形容须眉良是，观者数万，省内悉出，道路断绝。到中平元年二月，张角兄弟起兵冀州，自号黄天。”看来，与黄色有关的符命在汉末十分流行，这是衰世之兆的一种，太平道充分利用了这种社会心理，戴黄头巾，甚至穿黄颜色的衣服，收到了很好的效果。晋代杨泉《物理论》记载：“黄巾被服纯黄，不将尺兵，肩长衣，翔行舒步，所至郡县无不从，是日天大黄。”

六、八州并起

叛徒告密，已潜入洛阳的骨干和徒众大多被朝廷杀害，追捕的诏令传向各地，这些突然发生的情况令太平道瞬间面临灭顶之灾。好在太平道此时的实力确实已足够大，没有被一口吞掉，大贤良师张角决定提前起事。光和七年二月，太平道举行了祭天仪式，并在仪式上“杀人以祠天”。之后，张角自称天公将军，张宝称地公将军，张梁称人公将军，他们在冀州刺史部正式起义。民间称起义军为黄巾军，但在官府文书中一律蔑称他们为“蛾贼”。“蛾”在此处并非指貌似蝴蝶的那种昆虫，而是指一种体形较大的蚂蚁，即蚍蜉。《礼记·学记》中有“蛾子时术”之语，汉末学者郑玄注：“蛾，蚍蜉也，蚍蜉之子，微虫耳；时术，蚍蜉之所为，其功乃复成大垤。”以“蛾贼”称黄巾军，除了是一种蔑称，还言其人数之众。

张角宣布起义后没有立即称王或称帝，而自称“天公将军”，这也与《太平清领书》有关。如前所述，按照当时流行的一些看法，天、地、人被视为“三正”，在宗教上具有至高之位。黄巾军首领自称“天公将军”“地公将军”“人公将军”，是与“三正”相契合的，目的是把自己神化起来以超越世俗。今存《太平经》中有很多内容来自《太平清领书》，其中有以下内容，显然张角等人制定称号时深受其影响：

天地人三相得，乃成道德，故适百国有德也。

故天主生，地主养，人主成。

三合而成德，适百国。

提前一个多月起事，虽然时间上仓促了些，但黄巾军一开始仍然发展得很顺利，所过郡县，朝廷任命的官员望风而逃，起义军迅速占领了很多地方，仅用十来天时间就闹得天下震动。那些黄巾军一时还没有到达的郡县，老百姓等不及了，纷纷杀了本地官吏响应黄巾军。《后汉书·皇甫嵩传》记载：

角等知事已露，晨夜驰敕诸方，一时俱起。皆着黄巾为标帜，时人谓之“黄巾”，亦名为“蛾贼”。杀人以祠天。角称“天公将军”，角弟宝称“地公将军”，宝弟梁称“人公将军”。所在燔烧官府，劫略聚邑，州郡失据，长吏多逃亡。旬日之间，天下向应，京师震动。

黄巾军来势之猛可用“横扫一切”来形容，除了州郡治所被占领、官员纷纷逃亡外，还有两位东汉的藩王被俘。《后汉书·灵帝纪》记载：“中平元年春二月，巨鹿人张角自称‘黄天’，其部帅有三十六方，皆着黄巾，同日反叛。安平、甘陵人各执其王以应之。”东汉延续西汉的做法，郡县制与分封制并行，地方上某郡如果分封给藩王就成为封国，如安平郡被分封出去后就成为安平国，甘陵郡被分封出去后成为甘陵国，如果藩王被废或无人继承，封国则废除，又恢复为郡。此时的安平王名叫刘续，是汉章帝刘炟的曾孙；甘陵王名叫刘忠，也是汉章帝之后，辈分低于刘续。黄巾军占领甘陵国时，甘陵相冯巡以及刘忠的子嗣均被杀。安平国在今河北省，甘陵国在今山东省，都是黄巾军最活跃的地区。

黄巾军把刘续和刘忠关在大本营广宗，没有杀他们，因为知道他们身分尊贵，可以换钱。经过讨价还价，朝廷付出巨资把刘续和刘忠赎回。不过，二人后来的命运却迥异，几个月后刘续“坐不道”而被诛杀，安平国除，而刘忠又做了几年的甘陵王，朝廷派宗室出身的名臣刘虞担任甘陵相，刘忠因病去世后授谥号“献”，因为无子嗣而国除。

黄巾军此时的活动范围十分广泛，除张角兄弟所在的冀州刺史部外，其他许多州也有黄巾军的活动。东汉共有十二个州刺史部，另有类似于州刺史部的司隶校尉部，故通常说东汉有十三个州。关于黄巾军所涉及的范围，史书上有“六州”“七州”“八州”等不同记载：

沃贼张角，起兵幽冀，兖豫荆杨，同时并动。(《金石萃编》载《郃阳令曹全碑》)

今张角起于赵魏，黄巾乱于六州。(《后汉书·傅燮传》)

黄巾贼张角等立三十六方，起兵烧郡国，山东七州处处应角。(《续汉书·五行志》)

黄巾作慝，变乱天常，七州二十八郡同时俱发。(《续汉书·五行志》)

自青、徐、幽、冀、荆、杨、兖、豫八州之人，莫不毕应。(《后汉书·皇甫嵩传》)

这些记载虽然有所不同，但大体情况是一致的：黄巾军已经席卷了几乎整个北方地区和南方的扬州，而这些地方正是当时最重要的经济区和人口集中区。细节上有所出入，可能与时间有关。唐代李贤为《后汉书·傅燮传》作注时指出：“此云六州，盖初起时也。”说明黄巾军刚发动起义时是在幽、冀等六个州，青、徐二州的起义发生时间稍晚些。在黄巾军面前东汉的地方政权简直不堪一击，说明黄巾军确实经过了长期准备，来势迅猛，也说明东汉政权早已不得人心。不过，这还不是最重要的原因，因为说到准备充足，其他朝代的起义军也能做到；说到人心向背，又无法解释黄巾起义来得迅猛但最后也退得很快这个事实。

黄巾军迅速得手的另一个重要原因，是东汉在军制上存在着严重的缺陷。东汉沿袭了西汉的军制架构，主要兵力集中于南军、北军。南军负责四方征战，是野战部队；北军驻扎在洛阳附近，负责京师的防卫。北军之外，天子还有一部分近卫部队，如卫尉属下的部队以及虎贲、羽林等，性质与北军差不多。除了这些中央军，东汉没有严格意义上的地方部队，州郡不典兵。州不用说，本身就不是正规的行政建制，州刺史的品秩与县令相当，只负责纠举官员差失，相当于中央派到各州的“监察组组长”。郡和县虽设有都尉、县尉等，但他们的职责是维护社会治安，充其量算是警察部队，与正规军不能同日而语。正规军的职责是打仗，想升迁得靠战功，所以真正的军人都不怕打仗。地方治安部队管缉盗，管百姓纠纷、盘查陌生人，管得很宽、权力也大，但升职靠上司，不会惦记打仗的事，加上生在本乡本土，牵挂也多，谁会真拼命？

所以，在黄巾军面前郡、县治安部队形同虚设。国家有事，按理说应该交给南军处理，这是朝廷的一支常备军，也是精锐之师，但不幸的是，此时此刻这支力量却指望不上。汉末，南军主力一直奋战在西部和北部前线。在西部，东汉陷入与羌人作战的泥潭，进不能全胜、退不得脱身，虽然成就了“凉州三明”（指的是皇甫规、张奂、段颎，三人表字中都有“明”字，故并称“三明”）等一批名将，但除了无休止地花钱，至今仍未看到休兵止戈的曙光。在北部，虽然匈奴人暂时消停下来，但新崛起的乌桓人和鲜卑人跟当年的匈奴人一样强悍，东汉朝廷与他们你来我往，陷入胶着之中。

地方如果有军权，怕作乱；地方如果没有军权，一旦有事就会出现更大的麻烦。这样的矛盾困扰着中国历史上多个朝代的统治者，典型还有宋朝，国家很富有，军费开支也很巨大，但近百万的禁军都摆在了京师附近，地方武装多属“老弱病残”，辽、西夏的骑兵一阵猛冲就能轻易打到天子门前。东汉面临的也是同样的问题，黄巾军的势力如风卷残云般扩散开来，眼看就要打到洛阳了！

第二章

九死一生

184年

一、解除党人之禁

看到黄巾军所向披靡的攻势，汉灵帝慌了。汉灵帝是一个多才多艺的皇帝，吃喝玩乐、琴棋书画无不擅长，但打仗却不行，也缺乏思想准备。汉灵帝依靠的是宦官，遇到这样的事情自然先找宦官商量。可是，宦官也慌了。宦官们权势很大，钩心斗角有一套，但他们这些人整天生活在深宫里，头上只有巴掌大的一片天，缺乏见识，更没有真才实学，又天生胆小怕死，看到黄巾军如此厉害，他们也被吓住了。

此时的朝廷中，经过两次“党锢之祸”的清洗，三公九卿已多为宦官们的党羽，在激烈的官场斗争中能跻身上位，靠的不是能力，而是阿谀奉承、溜须拍马，关键时刻大多也拿不出手。汉灵帝无奈，只得召集御前会议，集中众人的智慧来研究如何对付黄巾军。这是一次重要的会议，参加这次会议的大臣想必有很多，三公、九卿应该都参加了，此外还有一些列席人员，如宦官头目赵忠、张让等。

史书也对这次会议进行了重点记述，只是没有提及以上这些大臣的名字，而只记下了一位列席者。这位列席者名叫皇甫嵩，字义真，凉州刺史部安定郡人，名将皇甫规的侄子。皇甫规是“凉州三明”之一,一员宿将。皇甫嵩的父亲名叫皇甫节，曾任雁门郡太守，也是一名边将。在叔父和父亲影响下，皇甫嵩少年时便有从武之志，不仅好诗书，而且熟习弓马。皇甫嵩被察举为孝廉、茂才，之后担任过霸陵、临汾县令，后因父亲去世而离职。丧假期满，太尉、大将军相继征辟他为官，但他没有应召。汉灵帝后来以公车征辟他为侍郎，后改任北地郡太守。北地郡属凉州刺史部，是边境地区，在这里当郡太守与内地不同，主要职责是配合正规军对敌作战。皇甫嵩是来洛阳公干的，因为有长期边防作战的经验，又是名将之后，所以被汉灵帝点名列席了会议。

皇甫嵩果然不负众望，在会上提出了化解时局危机的具体方案，包括以下内容：下诏给各州郡，命他们组织地方武装，修筑防御工事，制造军器；在洛阳周边地区各个方向重点构筑八个战略据点，即八关，分别是函谷关、大谷关、广城关、伊阙关、轩辕关、旋门关、孟津关、小平津关，每关设一名都尉，负责军事；对现有军力进行整合，从北军及天子的禁卫军中抽调人马组建讨伐兵团，分路讨伐冀州刺史部和颍川郡等重点地区的黄巾军；将西园的钱拿出来，还有西园的厩马，用以充实军力。

这些建议汉灵帝全部接受，南军一时半会抽不回来，只有看北军的了。打仗要花钱，朝廷财政分两部分，大司农管理国家的钱财，少府管理皇室的钱财，目前这两个地方都快到了破产的边缘。西园则是汉灵帝自己的“小金库”，属个人财产，汉灵帝通过各种渠道搜刮的大量钱财都藏在那里，现在国库空虚，拿不出来钱，只得从西园拿钱了。汉灵帝尽管心疼，但也只得如此，咬了咬牙，答应了下来。

除了此次御前会议，还有一些大臣向汉灵帝上疏提出应对黄巾起义的方案，其中侍中向栩提出的方案最有“特色”。侍中原为加官，后也单设，“出入禁中，顾问应对，位次常侍”，相当于皇帝的高级顾问，品秩与九卿相当。向栩上疏认为，对黄巾军不必派兵进讨，只需派人到黄河上向北诵读《孝经》即可退敌。《后汉书·独行列传》记载：

会张角作乱，栩上便宜，颇讥刺左右，不欲国家兴兵，但遣将于河上北向读《孝经》，贼自当消灭。

向栩字甫兴，从小喜欢读书，但性格卓诡不伦，有些另类。王粲在《英雄记》中记载，向栩最喜欢读《老子》，“状如学道，又似狂生”。他平时披头散发，头顶戴一个绛色的绡头，经常坐在灶台北面的一张板床上，一坐就能坚持很久，常在那里沉思，谁也不知道他在想什么。时间久了，床板上都留下了膝踝足趾的印记。向栩不喜欢说话，但时而发出长啸，有朋友来了也不正眼瞧，自己该坐就坐，该躺就躺。有人跑到他面前行拜见之礼，他也不作答，只当没看见。有人拜向栩为师，他就给人家改名字叫“颜渊”“子贡”“季路”“冉有”什么的。好歹也是个知识分子，但向栩常骑驴入市，向别人乞讨。有时还把要饭时结识的乞丐邀请到家里来，好酒好肉招待。向栩不是真的穷到要当乞丐，而是“体验生活”，但没有人能猜透他到底想什么，公府征辟他、推举他为孝廉，他都不去。向栩最后还是应征了，居然被朝廷任命为赵国相。一上任，向栩就给自己配了好车好马，很会享受，于是大家怀疑之前他是在装样子。到任后不太管事，不看公文，府衙里的草长得好高。后来改任侍中，每次议论国家大事都直言不讳、声色俱厉，以至于众人都害怕他。念《孝经》退黄巾军的建议只能用“雷人”一词来形容，没有人会当真，但这件事却为向栩悲惨的结局埋下了伏笔。

在这次会议上，皇甫嵩还提出了一项建议，汉灵帝听完却犹豫了。皇甫嵩认为，要想彻底战胜“蛾贼”，除了出钱建队伍还不行，还得有人才，而大量的人才仍被禁锢着，没有政治权利，不能出来为朝廷效力，应当立即推行改革，解除禁锢，重新任用党人。

“党人”一词的原意是结党之人，孔子曾说过“君子矜而不争，群而不党”。在宦官眼里，那些不肯与他们合作的士人统统都是党人。士人作为群体产生于春秋战国，当时的士人没有多余的财产，也没有固定的主人，即“无恒产，无定主”，算不上一支政治力量。到两汉时，士人发展成为士大夫阶层，获得了稳定的做官途径，参与政权管理，成为官僚队伍的主体。汉末政治黑暗，宦官和外戚轮流掌权，士人既是他们拉拢的对象，又是他们专权的障碍，宦官、外戚于是对士人展开了打击，肯与他们合作的仍然是士人，不肯合作的就被他们称为党人。

解除对党人的禁锢，这一条让汉灵帝很为难，因为本朝对党人实施禁锢的决定正是他做出的，解除党锢不仅面子上下不来，而且他也有些担心，不知道会不会因此产生新的混乱。汉灵帝的内心深处其实是讨厌党人的，在他看来，党人们一天到晚吵吵闹闹，不是对他进行批评就是找宦官的碴。相较而言，汉灵帝更喜欢宦官。

汉桓帝死时没有留下政治遗言，也没有给东汉王朝留下一个小太子，太尉陈蕃与窦太后的父亲窦武商议后迎接刘宏继位为新皇帝。陈蕃与窦武准备联手清除宦官，但不够果断，窦武坚持按程序和律法办，先搜集宦官们犯罪的证据，待证据无懈可击后才上书太后，要求惩办宦官。案子涉及的人很广，包括了大部分宦官。宦官朱瑀正好在太后的寝宫值班，偷偷看到这封奏书，见上面提出将现任宦官一网打尽，也包括自己，顿时感到既恐惧又愤怒。朱瑀立刻召集太后宫中的十七名宦官秘密商议，同时向宦官头目曹节等人通报情况。

此时已是半夜，曹节把汉灵帝叫醒，递给他一把刀，让他到德阳殿躲一躲，那里比较宽敞，动起手来不容易造成误伤。曹节告诉汉灵帝，如果遇着乱兵，只要上下挥舞着刀就没人敢靠近。这场事变的结局是，宦官们以看似微弱的力量瓦解了大将军窦武手中的军权，窦武自杀，随后太尉陈蕃也被杀于北寺狱，凡与窦武、陈蕃有关系的人全部受到调查，轻的也被免去官职永不录用，窦氏家族全体人员被发配到交州刺史部日南郡。宦官们化解了一场严重危机，外戚被消灭，士人出身的朝官受到重创，天子只是一名少年，大权集中到曹节、王甫、侯览、张让等宦官头目手中。

可是，宦官们也有苦恼。以李膺、范滂等为代表的一些士人虽然因陈蕃、窦武事件被罢黜，但在民间却受到舆论的追捧，享有巨大号召力，他们虽然不能掌握权力，但通过互相激扬和标榜提高声望。东汉以来民间产生了“清议”的传统，用舆论来评议时下各类人物，人们便把李膺、范滂等人视为“清流”，而把宦官以及与宦官合作的人视为“浊流”。人们在清议的基础上制造出一些名号，把一些志同道合的人标榜为“三君”“八顾”“八俊”“八及”“八厨”等，刚刚被诛杀的陈蕃、窦武等人，以及此时被罢黜不用的李膺、范滂、张俭等都上了这些榜单。

这些人明摆着不拿国家法律当回事，没把朝廷放到眼里。于是，在曹节等人精心策划下，一张大网慢慢张开，进入这张网的有多达数百名著名士人，宦官们将他们全部称为党人，建议实施抓捕。奏书呈递给汉灵帝，这位少年对党人还没有概念，只是觉得一次捕杀这么多有名望的人是否有点过分，于是问曹节党人犯了什么罪，曹节说他们图谋不轨。汉灵帝又问什么叫图谋不轨，曹节想了想说，就是不让陛下当皇帝。汉灵帝这下子明白了，立即同意抓捕。宦官们于是动手，党人逃亡的逃亡，被抓的被抓。李膺等被抓入狱中拷打致死，参与逃亡的党人成百上千。从此党人元气大伤，在政治舞台上暂时被边缘化。

几年后，永昌郡太守曹鸾上书为党人鸣冤，要求解除对党人的禁锢，汉灵帝不但不听，反而收捕并处死曹鸾。接着，汉灵帝又下诏书，凡党人的门生、故吏、父子、兄弟中有担任官职的，一律罢免并禁锢终身。此举使党锢的范围扩大，波及更多无辜者。汉桓帝时也曾发生过一次党锢事件，所以汉灵帝在位期间这场持续多年的对党人的禁锢被称为东汉历史上的第二次“党锢之祸”。

大多数党人目前仍在禁锢之中，出身于士人的朝臣，要么与宦官合作甚至巴结奉承宦官，要么装聋作哑、苟安于世，汉灵帝对此较为满意。现在要为党人集体解禁，让他们重新担任职务，甚至掌握军权，这个弯转得未免太大了，汉灵帝一时还想不通。不过，汉灵帝的思想工作很快就被做通了。《后汉书·党锢列传》记载，御前会议结束后，有一个名叫吕强的宦官给汉灵帝讲了这样一个道理：“党锢久积，人情多怨。若久不赦宥，轻与张角合谋，为变滋大，悔之无救。”吕强认为，朝廷的党锢政策施行得太久了，已引起民怨，如不及时赦除，党人们就会跑到张角那里，那样一来麻烦就大了。汉灵帝的智力很正常，如此浅显易懂的道理自然一下子就听明白了，于是“大赦党人，诛徙之家皆归故郡”，不仅废除了对党人的禁锢令，而且释放了被判刑的党人，为党人重新担任朝廷官职扫清了政治障碍。

宦官阵营总体是腐朽的，但其中也有个别不一样的宦官，吕强就是一个。吕强从小在宫里当宦官，虽然也担任过小黄门、中常侍等高级宦官职务，但不在“十常侍”之列，他是宦官中少有的正直之人，之前就曾上书汉灵帝，请求斥奸佞、任忠良、薄赋敛、厚农桑、开言路。汉灵帝虽不能用，但也知道他是一个清忠奉公的人。

二、讨伐兵团

光和七年三月，汉灵帝下令调整朝廷的军事领导机构，升河南尹何进为大将军，大将军府设在洛阳城内都亭。《后汉书·何进传》记载："中平元年，黄巾贼张角等起，以进为大将军，率左右羽林五营士屯都亭，修理器械，以镇京师。"这是继梁冀、窦武之后朝廷再次设立大将军。何进是何皇后的哥哥，自从妹妹进宫得宠，何进也开始了自己的仕途，先在禁卫军中担任武官，后来下派到豫州刺史部颍川郡当太守。妹妹被册立为皇后以后，何进改任河南尹。洛阳是县，长官是洛阳令，洛阳令的上级就是河南尹，管辖洛阳周边的几个县，再往上归司隶校尉管。河南尹虽然相当于郡太守，但权力和影响更大。河南尹品秩二千石，大将军的品秩则为万石，由河南尹直接跳升为大将军，一步迈过了好几个台阶，也一步迈进了朝廷的核心权力层。何进之所以能实现如此大的飞跃，完全因为他特殊的身份。

大将军位高权重，是最高武职，手握天下兵权，必要时可与天子分庭抗礼，所以这个职务很敏感，也不常设。如果需要设立这样一个职务，通常都是由外戚来担任，作为天子的“一家人”，军权在外戚手里还是放心的。从另外一面说，外戚如果想控制朝廷，不担任这个职务也无法做到，之前的梁冀、窦武皆如此。不是外戚的权臣如果谋求大将军一职，等于告诉世人自己想谋反，所以汉灵帝提拔何进担任大将军，所有人都不感到意外。

之前也提到过“品秩”，这是东汉王朝官制中的一个重要概念。所谓品秩，是官制中与官职并行的身份等级制度，按官职高低授予不同政治待遇以表明官员等级尊卑。具体而言，品秩包括“品”与“秩”以及相对应的收入待遇等三个方面：“品”是级别，类似于后世官制中的“品”；“秩”是秩序，即上朝时站的位置，类似于班位；“品”与“秩”确定后，这名官员的收入待遇也就确定了。汉朝和三国时期的官员，谈论其品秩时常用“××石”来表示，这里的“石”是容量单位。“二千石”可以理解为2000石粮食，指的是官员的收入，同时用这个收入来区分级别。

曹魏后来进行了官制改革，推出九品中正制，在此之前官员品秩沿用的是汉朝制度。《续汉书·百官志》记载，东汉官员品秩分为若干等：万石，中二千石，真二千石，比二千石，千石，八百石，比八百石，六百石，比六百石，五百石，四百石，比四百石，三百石，比三百石，二百石，比二百石，百石，比百石，斗食。所谓“比”，字面是“比照”的意思，表示“次于”，如比四百石就是次于四百石。所有官员都对应到以上序列中，举例而言，大将军、三公是万石，朝廷中的九卿是中二千石，郡太守是真二千石，光禄大夫是比二千石，丞相长史是千石，大县的县丞、县尉是四百石。按照最初设计，“××石”也代表着每年可以领取的粮食数量。当时发放粮食通常用“斛”来计量，1斛即1石。不过，每个月领取的具体数字并不是除以12的结果，中间会有些调整，“××石”表示的只是约数。对官员来说，都希望全部发成实物，因为粮食才是更硬的“通货”，但国家调集不来那么多粮食，汉高祖时由漕运转来京都的粮食每年约几十万斛，到汉宣帝时增加到400万斛仍不足以供应。所以，从西汉延平年间起，三公以下官员的俸禄按“半钱半实物”发放。

何进直接指挥的“左右羽林五营”指的是左羽林、右羽林以及北军五营，它们是天子禁卫军的主体。汉代初期以卫尉率南军，守卫宫城；中尉统北军，屯卫帝都。汉武帝时，在南军新设两支侍卫禁兵，分别是建章营骑和期门骑，后改称羽林、虎贲，其中羽林取“为国羽翼，如林之盛”之意，后扩编为左右两营，皆以中郎将为长官。汉武帝又取阵亡将士子弟在羽林骑中抚养，另成一支“羽林孤儿”。西汉时，北军有八校尉营，东汉精简为五校尉营，即屯骑、越骑、步兵、长水、射声五营。

何进以大将军身份屯驻在洛阳城内的都亭。亭是汉代的一级行政建制，在乡以下，但都亭却不是一个专有地名，不仅洛阳有，在洛阳以外的城市也有。清代俞正燮在《癸巳类稿·少吏论》中指出：“都亭，邑中传舍也。”也就是说，都亭是城市里普遍设置的一类地方，类似于政府开办的宾馆、招待所，这样就容易理解汉代为什么会出现大量的都亭侯了。何进屯驻于洛阳都亭，相当于把大将军的指挥部临时设在“洛阳宾馆”。除何进率领的禁军各部，讨伐黄巾军的军队还有三支，一支由新任命的北中郎将卢植统率，负责讨伐冀州的张角，另外两支分别由刚任命的左中郎将皇甫嵩、右中郎将朱儁统率，讨伐豫州刺史部颍川郡的黄巾军。

在这里，简要说一说东汉的军制。东汉的军制分战时和平时两种，人们熟悉的各种各样的将军多属“战时体制”，该体制分成两大块：“中央司令部”和下面的各个“战区”。朝廷的中央军在平时分南军、北军，而战时或其他特殊时期则更复杂，最上一层的指挥机构由大将军、骠骑将军、车骑将军和卫将军组成，其中大将军相当于全国武装部队“总司令”，下面的几位分别相当于第一、第二、第三“副总司令”。从大将军到卫将军均不常设，也不全设，如果不设大将军，骠骑将军就相当于“代理总司令”，如果不设大将军也不设骠骑将军，车骑将军就是“代理总司令”，依此类推。到后面的三国时代，仍然沿用这种设置，唯一特殊的是孙吴，在大将军的前面加了一个“上”字，成为“上大将军”，其实相当于大将军，而下面的大将军则相当于骠骑将军。

在战时，东汉“中央司令部”下通常分成东西南北四大“战区”，分别由前将军、后将军、左将军、右将军等所谓“四方将军”任总指挥。“四方将军”之下还有所谓“四征将军”，即征东将军、征南将军、征西将军、征北将军。再往下，还有所谓“四镇将军”“四平将军”“四安将军”。从“四方将军”到

“四安将军”，如果同时设置，那“四方将军”相当于“战区司令”，后面几位分别相当于第一、第二、三、第四“副司令”。当然，大多数情况下他们不会同时设置，在没有“四方将军”的情况下“四征将军”就相当于代理“战区司令”，依此类推。

除了以上这些高级将领，汉末三国更多的是一些杂号将军，手下通常有一个军，按照当时的编制，人数大约1万。现代军制中的“军”通常有一个番号，如第一军、第二军、第三军等，当时人们不习惯这样做，但也得有一个用以区别的名称，于是就有讨逆军、讨虏军、横野军等，指挥他们的将军就是讨逆将军、讨虏将军、横野将军，这就是“杂号将军”。比这些“杂号将军”地位稍低一点的是偏将军、裨将军。“杂号将军”之下还有一些其他军官，如中郎将、校尉、都尉、司马等。中郎将和校尉地位差不多，中郎将过去是禁军的指挥官，后来天下乱了，各地实力派也任命自己的手下为中郎将，但通常在人们的心目中中郎将比校尉分量稍微重一些。都尉地位更低些，而且各郡国地方武装指挥官也称都尉。

现代军队编组的方法，由上至下通常有军、师、旅、团、营、连、排、班等，东汉军制里没有这些名目，但有类似叫法，从上到下依次是军、营、部、曲、屯、队、什、伍。最下面的伍，就是五个人组成的战斗小组，是最基层的战斗单位，主官为伍长；二伍为一什，主官为什长；五什为一队，主官为队率；二队为一屯，主官为屯长；五屯为一曲，主官为军侯；二曲为一部，主官为司马。司马是东汉军中重要的军职之一，许多名将在军旅生涯的起始阶段都担任过该职。算下来，一曲的人数是500人，一部的人数为1000人，与现在一个团的编制相近。所以，部的指挥官司马可以看作是“团长”，佐军司马相当于“副团长”，别部司马相当于“独立团团长”。司马往上，五部为一营，是5000人，主官为都尉或校尉；二营为一军，人数为10000人，主官便是“杂号将军”。需要注意的是，军中还有一个军司马，和司马不是一回事，他是将军、中郎将等将领的主要助手，相当于文职里的长史。

大将军的地位高于三公，骠骑将军、车骑将军与三公同列，可见其地位之高。在何进被任命为大将军前，近年来军队中拥有高级军衔的将军较少，张奂、皇甫规此时分别承担着西线和北线的防卫作战指挥任务，他们的军职分别是护匈奴中郎将、护羌校尉，再高的军职全部空缺，那时还不算战时，是按平时的军制设置的。现在，汉灵帝一口气任命了三名中郎将，虽然看起来军职不高，但也属于正常，毕竟得留下足够的晋升空间，以备这些将领们立功以后加以晋升。

皇甫嵩的情况已做过介绍，现在看看另外两名中郎将的情况。

卢植是幽州刺史部涿郡涿县（今河北省涿州市）人，他有几个鲜明特征：一是身长“八尺二寸”，约合现在1.93米；二是声音洪亮，“音声如钟”；三是酒量特别好，史书说他一次能喝一石酒。卢植年轻时一心向学，与郑玄一起拜马融为师。学成后，卢植谢绝了马融的挽留，回家乡涿县开馆教书，他教出了两个著名的学生，一个名叫公孙瓒，一个名叫刘备。熹平四年（175），扬州刺史部九江郡有人造反，卢植因“才兼文

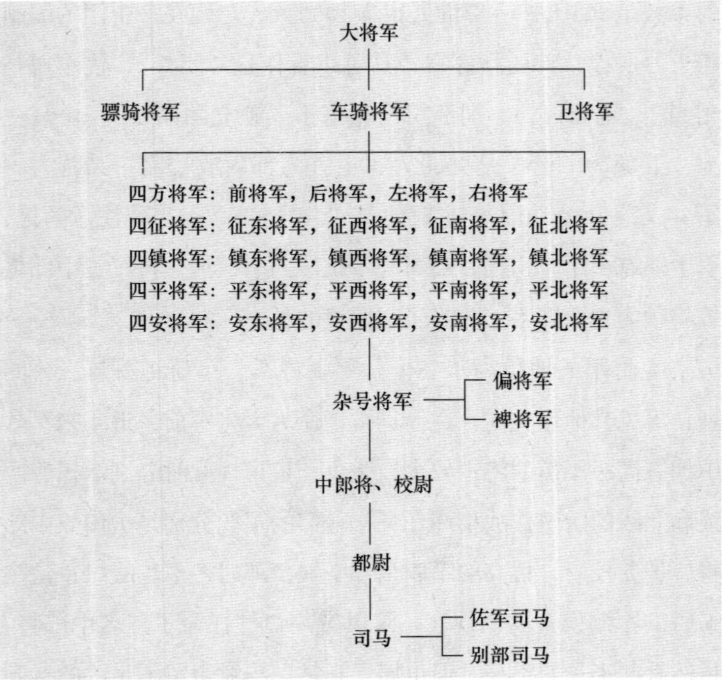

图1　汉末三国主要军职示意图

武”而被公府选中，由布衣直接拜为品秩二千石的九江郡太守，到任后很快平息了叛乱，名声大振。正在卢植仕途看好的时候，他却以生病为由辞官。朝廷后来多次征召，卢植没有办法，只好来到洛阳，但提出请求，希望担任闲职，于是被任命为议郎。卢植与谏议大夫马日磾，议郎蔡邕、杨彪、韩说等人志趣相投，整天待东观里校书，补撰《东观汉记》。在汉灵帝眼中卢植是难得的军事人才，从事文化工作是极大浪费，于是任命他为北中郎将，同时命宗员为他的副手，带领一部分由北军五营中抽调的兵士和临时征募的人马，讨伐冀州刺史部的黄巾军。为便于指挥，汉灵帝授予卢植“持节”的特权，意味着他是代表天子在征伐，拥有一定临机特权。

朱儁是扬州刺史部会稽郡上虞县（今浙江省绍兴市上虞区）人，在不同史书中也把他的名字写成“朱儁”或“朱隽”。朱儁家境较苦，小时候父亲死了，母尝以贩卖一种叫缯的纺织品为业。朱儁年轻时担任过县里的书佐，“好义轻财，乡闾敬之”。熹平二年（173），有人在会稽郡造反，郡太守尹端讨伐不利，被州刺史纠举，经过有关部门审理，判处弃市的大罪。朱儁这时已担任郡里的主簿，从母亲那里要来一笔巨款，亲自赶到洛阳为尹端找门路、拉关系，上下打点，费尽周折，使尹端从死罪改判为“输作左校”。左校是将作大匠的下属机构，主要负责京城工程建设，“输作左校”就是服劳役刑。尹端保住一条命，但并不知道是什么原因，朱儁也从不向别人提起。后来交州刺史部也有人造反，没有人能平息。光和元年，朝廷拜朱儁为交州刺史，前去平乱。朱儁到任后很快将事态平息，因功被封为都亭侯，食邑1500户，拜为谏议大夫。

皇甫嵩是名将之后，有在边地作战的经验，卢植、朱儁分别在地方上平定过叛乱，从这三个人选的确定上可以看出汉灵帝这一回真用心了，也真是急了。以往出风头的事都被宦官们所垄断，就在数年前，宦官们还谋划过远征鲜卑的军事行动，但那是“形象工程”，现在要来真的了，不能指望宦官，要靠人才。

三、群雄初登场

尽管授予皇甫嵩等人的仅是中郎将，但在掌权的宦官们看来这些人仍然不能让人放心，出于无奈才用他们，不仅官职不能给得太高，而且还得采取一些防范和制衡措施，比如时不时派人前去督促检查，当然派去的必须是自己人。对此，汉灵帝表示同意。

当然，只有这三名中郎将还远远不够，还需要补充一批有才干的人，于是另外一些人也加入到讨伐兵团之中，其中有曹操、孙坚、刘备、公孙瓒、陶谦、王允、关羽、张飞等。这是汉末三国风云人物的首次集中亮相，他们的年龄、出身和经历各不相同，在社会上的地位也悬殊，但都因为相同的际遇而参加了后面的作战，从而开始了他们人生中的一次重要转折。

（一）议郎曹操

曹操字孟德，豫州刺史部沛国谯县（今安徽省亳州市）人，父亲曹嵩是宦官曹腾的养子，曾任大司农等职。曹操不仅出身于宦官家庭，而且母亲很早就故去了，他写过一组题为《善哉行》的诗，其中一首中写道："自惜身薄祜，夙贱罹孤苦。既无三徙教，不闻过庭语。"说的是自己的母亲很早就去世了，从来没有得到过慈母的关爱，也没有得到过严父的训导。少年时期，曹操身体发育很慢，不长个子，相貌平庸，《魏氏春秋》称其"容貌短小"。汉末的官场和社交场不仅重出身，而且重长相，在这些方面曹操都很吃亏。

但是，曹操是一个上进心极强的人，他渴望得到世人的认可。汉末注重品评，有些特殊人物所做的评语对一个人的知名度十分重要，曹操于是在这方面刻意寻求突破。曹腾生前有个好友名叫桥玄，曾担任司空，善于品评人物，对曹操十分看重。桥玄第一次见到曹操就觉得这个青年不一般，对曹操说："今天下将乱，安生民者其在君乎！"桥玄还对曹操说自己已经老了，死后愿将妻子儿女托付给曹操，这当然是莫大的信任。名臣李膺的儿子李瓒是袁绍的妻弟，但他更看好曹操，也曾表示愿意在死后"以妻子儿女相托"。李瓒对曹操十分推崇，经常向别人推荐，临死时对儿子说"天下英雄无过曹操"，并"嘱诸子从之，得免于乱世"。名士何颙以善于识人著称，见到曹操，交谈之后也给予了很高评价："汉家将亡，安天下者必此人也！"

汝南郡有一对堂兄弟，名叫许靖和许劭，他们凭借识人之术在家乡清河的一个小岛上开办了讲坛，每月初一命题清议，称"月旦评"，他们评论乡党、褒贬时政，由于不虚美、不隐恶、不中伤，只辨人之好坏、分忠奸善恶，所以非常知名，经他们品评的人无不名声大振。桥玄给曹操写了一封推荐信，曹操兴冲冲跑到清河岛，却遭到许氏兄弟的冷遇，原因大概是把曹操当成了普通的宦官子弟。但曹操不灰心，仍坚持让他们给自己做出评价。许劭最后还是送给曹操两句话："君清平之奸贼，乱世之英雄（一说'治世之能臣，乱世之奸雄'）。"对于这个评价，曹操相当满意。

曹操后来进入太学学习，20岁时从那里毕业，又被举为孝廉，有了做官的资格。曹操最想得到的是洛阳县令一职，却未能如愿，仅被任命为洛阳县令下面的北部尉，但曹操没有气馁，而是努力在这个岗位上干出成绩，以期引起外界的注意。一到任，曹操就把官署的四门修缮一新，还做了不少五色大棒悬挂在各门口，曹操申明禁令，规定凡违反治安管理命令的，无论平民还是权贵一律五色大棒伺候。曹操需要尽快向世人证明自己是治世的能臣，也是乱世中的英雄，他渴望建立功业。

一天夜里，曹操带人巡查，突然遇到了一群违反夜间禁行规定的不速之客，其中一人自称是蹇硕的叔父。蹇硕是当时炙手可热的大宦官，他的叔父自然是一般人不敢招惹的。但曹操不在乎，一声令下，手下的人一拥而上，将对方全部拿下。五色大棒就是给那些违禁的人准备的，这位蹇叔根本不经打，一顿棒子下去竟一命呜呼了。这是曹操刚上任几个月就做出来的惊人之举，在常人看来也太过鲁莽了，毕竟对方不是一般人物，贸然结下如此深仇大恨，蹇硕能饶得了你吗？但是，经过思考与判断，曹操一定认为这件事不至于酿成太大的危机，所以值得一试。曹操看到，当时的形势对当权的宦官未必有利，对于已经亲政的汉灵帝来说，平衡宦官、党人、外戚的关系颇费脑筋，这使得宦官也有顾忌的地方，蹇硕因为叔父犯罪遭受惩处而发起报复，反而要考虑会造成的后果和影响。

青年时代的曹操心中的理想仍是做一名“治世能臣”，这是那个时代大多数青年精英的共同人生目标。多年后，曹操在《让县自明本志令》中回忆此时的人生理想：“欲为一郡守，好作政教，以建立名誉，使世士明知之。”当然，只做一名品秩二千石的郡太守也许目标太小了，曹操后来还对军事产生了兴趣：“意遂更欲为国家讨贼立功，欲望封侯作征西将军，然后题墓道言‘汉故征西将军曹侯之墓’。”只是，曹操所处的是一个风云激荡的时代，被时代的激流所裹挟，任何人都难以预测和左右自己未来的轨迹。

曹操担任洛阳北部尉两年后升任顿丘县令，不久因从妹夫濦强侯宋奇被宦官诛杀而受牵连免官。光和三年（180），曹操又被朝廷征召为议郎。议郎的主要职责是在天子身边“顾问应对”，通常年纪较大，像曹操这样25岁就当上议郎的并不多见。当时担任议郎的大约是两种人：一种是来混日子的，工作不累，待遇不错，适合养老；另一种是混资历的，在天子身边工作过，这是一种炫耀的资本，只等有机会就可以出任郡太守、州刺史，这类人通常好表现，抓住一切机会在天子面前显露自己。曹操是一名新手，当学究太嫩，想表现自己还没有多少资本，但他在这个岗位上也不甘平庸。

一直到光和七年之前，曹操都在议郎岗位上任职，时间长达五个年头，其间有过多次重要谏言，其中一次是为陈蕃、窦武平反，但没有任何下文。曹操逐渐意识到政治的衰败已经很严重，靠他一个区区议郎改变不了任何事情。而且，一再激怒宦官阵营，自己终将成为这些政治群狼的打击目标，甚至会危及整个家族。曹操有了顾忌，于是选择沉默。《三国志·武帝纪》裴松之注引《魏书》记载：“是后政教日乱，豪猾益炽，多所摧毁。太祖知不可匡正，遂不复献言。”

朝廷决定讨伐黄巾军后，曹操被任命为骑都尉，率领一支数千人的骑兵归皇甫嵩指挥。对于这项任命的背景，史书没有做交代。一个可能的原因是曹操喜欢军事，并且有了点名声，所以被征召入伍。曹操不好读死书，喜欢读杂书，尤其是法家、兵家著作。《孙子兵法》一书现在的名气极大，但在曹操之前这部书的影响力还没有这么大，曹操很早就发现了《孙子兵法》的巨大价值并认真研读。皇甫嵩、卢植恰巧也都担任过议郎，如果曹操与他们刚好共过事，他们应该比较熟悉曹操。这个个子虽不高却干练果敢的青年，没准给二人留下深刻的印象，被点名要到军中来不是不可能。另一个可能的原因是，曹操得到名将张温的帮助。张温是军中前辈，资历比皇甫嵩、卢植还要老，曹操的祖父曹腾善于发现和提携人才，张温、张奂曾受到过曹腾的提携。《后汉书·宦者列传》记载："腾用事省闼三十余年，奉事四帝，未尝有过。其所进达，皆海内名人，陈留虞放、边韶，南阳延固、张温，弘农张奂，颍川堂谿典等。"名将张奂已经去世，但张温仍活跃于军界，虽然因为边境战事脱不开身而没有出现在讨伐黄巾军的兵团里，但在军事方面无疑保持着重要的发言权，如果曹操事先得到消息并求助于张温，张温的建议应该在汉灵帝的决策中发挥了重要作用。

此外，还有一个原因是当时朝廷也很难找到适合带兵的人。这个原因看起来有些荒谬，然而确实存在。东汉的教育体系虽然发达，但培养的都是文人，武将基本靠"自学成才"，或者像张奂、卢植那样弃文从武。由于教育结构的失衡，军事人才匮乏，到需要的时候还真找不到合适的人。而且打仗不是好玩的事，面对的又是来势凶猛的黄巾军，冲锋陷阵，马革裹尸，很多人还没有做好这样的思想准备。骑都尉看着很威风，但危险系数极大，前途并不被看好，世族大家中即使有子弟符合条件，也会被劝告不要出这个风头，比如在禁军中任职的袁术一贯喜欢出风头，这一次却销声匿迹了，毕竟给天子当侍卫与上战场厮杀完全是两码事。

（二）县丞孙坚

孙坚字文台，扬州刺史部吴郡富春县（今浙江省杭州市富阳区）人，《三国志·孙坚传》说他是春秋时期军事家孙武的后人，但不是很确定。《吴书》说孙氏在富春“世仕吴”，但估计官职并不高，因为史书没有记载下孙氏这些先人的名字。《宋书》里有一个《符瑞志》，专门讲各类符瑞如何应验的事，据它的记载，孙坚的爷爷是一个瓜农，有一年遭遇饥荒，有三个少年跑来要瓜吃，孙坚的爷爷为人厚道，就给了。这三个少年吃了瓜，对孙坚的爷爷说这座山风水很好，往下走百步可作冢，后世子孙必有当天子的。孙坚的爷爷信了，临终告诉家人务必把自己葬在那里，但不知是他记错了还是家人没有弄准，他最后葬的不是百步远的地方，而是30步，这就大有差别。

孙坚的父亲是一名基层官吏，有一次孙坚和父亲一起乘船去钱唐（今浙江省杭州市），路上碰到一伙海盗在抢劫来往的商人，得手后海盗们正在分赃，别人都不敢靠前。孙坚观察了一下，发现海盗们警惕性不高，就对父亲说可以发起攻击，但父亲不同意他冒险。孙坚不顾反对，操刀只身来到这伙海盗面前，手里指指点点，嘴上念念有词，好像自己这一方有很多人似的。这一招很有效，海盗们丢下抢来的东西就跑。孙坚只身追赶，杀了一名海盗。孙坚的英雄壮举惊动了官府，这一年他只有17岁，被征召到官府当差。

第二年吴郡南面的会稽郡闹民变，孙坚由于胆大心细又不怕死而被抽调去平乱，立下不少战功，受到扬州刺史臧旻的赏识。臧旻上报朝廷，孙坚被提拔为盐渎县（今江苏省射阳县）县丞。年轻有为、胆识超群、战功赫赫，又有本州刺史的赏识，按理说孙坚的前途很光明，但此后他的仕途却很不顺利，干了十年仍原地踏步，还是县丞，先是盐渎县，后来到盱眙县、下邳县，官没有升，离家乡却越来越远。

让孙坚感到安慰的是，他的家庭比较幸福。孙坚的妻子姓吴，也是吴郡人，先后生下两个男孩，大的名叫孙策，漂亮英俊；小的名叫孙权，虽谈不上英俊，面相却很好。《三国志·吴主传》裴松之注引《江表传》记载，孙权长着一个大方脸，嘴特别大，眼睛很有神，而且上身长、下身短，后来还长出紫色的胡须。看到孙权的长相太特殊，孙坚专门请人来相面，相面的人说这个孩子有贵人之相，前途不可限量，孙坚听了很高兴。在当时的社会上孙坚只配做一个小角色，尽管他不甘寂寞，渴望家族振兴，也希望儿子们将来大富大贵，但这些又几乎是不可能的。

孙坚正在基层苦熬的时候爆发了黄巾起义，朱儁受命讨伐。朱儁的老家在会稽郡，跟孙坚也算是同乡，年轻时在家乡任过职，因为这个缘故听说过孙坚的名字。朱儁正在用人之时，就给任下邳县县丞的孙坚写了一封信，让他到军前来效力，这一年孙坚三十岁。对别人来说打仗是一件危险的事，但对孙坚来说，打仗几乎是他目前能建功立业的唯一途径。经过十年的基层磨砺，他已经看得很明白，如果一切按部就班下去，他也就是基层公务员的命了，所以他愿意去军前效力。让孙坚不放心的是妻子吴氏和九岁的孙策、两岁的孙权，不久前吴氏又生下了一个男孩，取名孙翊。孙坚把他们母子几个安置在寿春（今安徽省寿县），之后就去找朱儁。

孙坚喜欢结交朋友，不管走到哪里，身边都有一帮气味相投的年轻人，他们中有需要帮助的，孙坚从来没有二话，视他们为自己的兄弟。听说孙坚要去投军，下邳县有不少人愿意跟随，孙坚又招募了一些人，前前后后跟着他走的有一千多人。朱儁很高兴，立即任命孙坚为佐军司马。

（三）长史公孙瓒

公孙瓒字伯珪，幽州刺史部辽西郡令支县（今河北省迁安市）人，《后汉书·公孙瓒传》说他“美姿貌，大音声”。有一个名叫刘基的人担任辽西郡太守，很赏识公孙瓒，让公孙瓒做本郡的上计吏。公孙瓒善于归纳总结，“常总说数曹事，无有忘误”，意思是汇报事情从不细说，而是把几件事概括起来说，从来没有遗漏和出错的。刘基不仅器重公孙瓒，还把女儿嫁给了他。为进一步培养公孙瓒，刘基还把公孙瓒送到卢植办的私学里读书，公孙瓒在这里遇到了刘备，二人很投脾气，成为很好的朋友。

学业完成后公孙瓒又回到本郡，但他的岳父刘基不知道犯了什么事被廷尉抓了起来，要押送到洛阳去审问。此去洛阳路途遥远，公孙瓒做出一个决定：辞去公职，陪岳父去洛阳。一路上，公孙瓒亲自驾车，精心护送，总算把岳父护送到了目的地。后来岳父被判流放日南郡，该郡在现在的广西以及越南北部一带，路更远，更凶险。公孙瓒又做出一个决定：陪岳父一块去日南郡。《后汉书·公孙瓒传》记载，公孙瓒准备了米和肉，跑到洛阳北面的邙山上，冲着北方向祖先祷告说："昔为人子，今为人臣，当诣日南。日南多瘴气，恐或不还，便当长辞坟茔。"公孙瓒慷慨激昂，周围的人都十分感动。但他们最后没有去日南郡，走到半路上遇到朝廷大赦，公孙瓒又护送岳父回到了辽西郡。大家认为公孙瓒的行为既是义行又体现了大孝，推举他为孝廉，他的名声在家乡迅速传播开来。

成为孝廉就有了重新步入仕途的资格，公孙瓒不久后被朝廷任命为辽东属国长史。辽东属国相当于一个郡，在辽西郡的北边，长史相当于郡政府的"秘书长"。那时辽东属国是边疆地区，与鲜卑人相邻，鲜卑在东北地区崛起，跟乌桓人一样，不断袭扰内地。《后汉书·公孙瓒传》记载，公孙瓒有一次率数十骑出巡边关哨所，遇到数百名鲜卑骑兵，他命令大家退到一个空亭内，对众人道："今不奔之，则死尽矣！"敌人不断靠近，公孙瓒手持两头有刃的长矛突然冲出，杀死杀伤敌兵数十人，自己一方也伤亡近半，激战半天才得以脱身。每次与敌人相对时公孙瓒都很有气势，他声色俱厉，无比愤怒，像是赴死一样，敌人为之胆寒。公孙瓒逐渐打出了声威，就是在夜战时听到他的声音，敌人都会怕得要命。辽东属国因为有公孙瓒这个厉害的长史，鲜卑人不敢随便过来。公孙瓒喜欢骑一匹白马，敌人常常互相提醒说见到骑白马的要避开。

因为与卢植有师生之谊，公孙瓒也加入到讨伐黄巾军的朝廷军队中，在卢植手下效力。与刘备的平民身份不同，公孙瓒是朝廷正式任命的官员，又举过孝廉，还有带兵的经验，卢植任命他为自己的军司马，相当于负责处理日常事务的“秘书长”。

（四）议郎陶谦

陶谦字恭祖，扬州刺史部丹阳郡（郡治在今安徽省宣城市）人，出生在一个小官吏之家，父亲当过县长，但陶谦很小的时候父亲就死了，他的这个经历与刘备很相似。父亲死后，陶谦缺乏管教，一直到了十四岁还整天在外面晃荡，既不读书，也不认真谋划未来，整天弄几块破布缝成旗子打着玩，又弄个竹竿当马骑，一群孩子跟在他屁股后面乱跑。看来这个孩子已经成了“问题少年”，将来肯定没有多大出息。

不过，有人不这么看。这个人姓甘，曾当过苍梧郡太守。甘太守有一次乘车外出，刚好碰见陶谦，把他叫住，跟他聊了聊。聊完，甘太守很高兴，马上做出一个决定：把女儿嫁给陶谦。陶谦也很高兴，但甘太守的夫人却不愿意。甘太守一再坚持，最终促成此事。《三国志·陶谦传》裴松之注引《吴书》记载：“谦父，故余姚长。谦少孤，始以不羁闻于县中。

年十四，犹缀帛为幡，乘竹马而戏，邑中儿童皆随之。故苍梧太守同县甘公出遇之涂，见其容貌，异而呼之，住车与语，甚悦，因许妻以女。甘公夫人闻之，怒曰：‘妾闻陶家儿敖戏无度，如何以女许之？’公曰：‘彼有奇表，长必大成。’遂妻之。”陶谦娶太守女儿为妻的经历，又与公孙瓒有些相似。

陶谦从此像是变了一个人，开始发奋学习，还上了官学，毕业后先后到州郡做官，还被举过孝廉和茂才。孝廉重德，茂才重才，都是很不容易得到的，有了这些也就拥有了做官的资格。陶谦先被任命为尚书郎，后出任舒县、卢县县令。陶谦做官很勤勉，也有政绩，但脾气不好，“性刚直”，遇事不会拐弯。《三国志·陶谦传》裴松之注引《吴书》记载，舒县归扬州刺史部庐江郡管辖，当时的庐江郡太守名叫张磐，是陶谦父亲的朋友。张磐念旧，对陶谦很照顾。陶谦却不领情，“耻为之屈”。陶谦因公事进见，汇报完工作，张磐总是热情地留他吃饭，陶谦经常推辞。实在推辞不了，吃饭的时候也总拉个脸。一次，大家一块喝酒，喝得高兴，就跳舞助兴。轮到张磐跳，毕竟是郡太守，年纪也大些，所以有些矜持，就让陶谦替他跳。张磐大概没把陶谦当成纯粹的下级，而把他当成了晚辈。可陶谦更不高兴了，开始不情愿，再三催促才起身，之后勉强比画了几下，该转身的时候也不转。张磐提醒：“不当转邪？”陶谦回答：“不可转，转则胜人。”弄得气氛很尴尬。

年轻时的陶谦就是这副臭脾气，大概因为倔得出了名，所以朝廷后来任命他为幽州刺史，这个官职的品秩虽然与县令相当，却可以监察郡太守。黄巾起义爆发的这一年陶谦已经

52岁了，汉灵帝任命他为幽州刺史，让他配合朝廷军队镇压黄巾军。

（五）党人刘表

刘表字景升，兖州刺史部山阳郡高平县（今山东省微山县）人，出身于汉室宗亲，是西汉鲁恭王刘余的后人，年轻时曾拜名士王畅为师。王畅是当时知名学者之一，“建安七子”之一的王粲是他的孙子。王畅不仅是学者还是高官，先后四次被任命为朝廷的尚书令，后来官至三公之一的司空。

刘表出身宗室，还是名师之徒，且“姿貌温伟”。刘表“身长八尺余”，约合今1.9米左右，很有风度。在重出身、重师承以及重相貌的汉末，刘表很早便知名于世，与老师王畅一起被列为党人“八俊”之一。当时名士们喜欢互相标榜，除“八俊”外还有“八顾”“八友”，刘表均名列其中。在“党锢之祸”中刘表也受到株连，被宦官抓捕，但幸运的是及时逃脱了，一直过着东躲西藏的生活。黄巾起义爆发后党锢解除，刘表才恢复了自由。何进就任大将军，慕刘表之名，将他召进大将府任掾属。后来何进更委刘表以重任，让他担任北军中候一职，这个职务很重要，负责监督北军五营。

（六）侍御史王允

王允字子师，并州刺史部太原郡祁县（今山西省祁县）人，比陶谦小五岁。王允出身于太原王氏，这个家族世代都有人担任州郡要职，在当地影响很大。王允十九岁时为郡吏，他志向远大，一心建功立业，每天习诵经传，一早一晚还练习骑马射箭。著名党人郭泰见过王允，一见称奇，称赞他“王佐才也”，也就是辅佐帝王的人才。

太原郡所属晋阳县有一个名叫赵津的人，他和兄弟谄事宦官，在地方为非作歹。还有一种说法，说赵津本身就是宦官，担任小黄门。赵氏兄弟在地方上没人敢惹，王允不信邪，带人把赵津抓起来杀了。王允当时的职务不详，虽然不是郡太守，但权力也很大，可以抓人、杀人，其实这是当时司法体制的实际情况，法律体系并不是特别完善，可以抓人的借口有很多，只要有理由，杀了人也没事，就像曹操棒杀蹇硕的叔父那样。赵津的兄弟通过宦官直接告到了天子那里，当时还是汉桓帝在位。汉桓帝大怒，让彻查，结果王允没事，太原郡太守刘质却倒了霉，下狱而死。

王允既痛又愧，刘质的老家在青州，他亲自送丧，并在青州为刘质守丧三年，之后回家，继续在郡里为吏。郡太守王球品行较差，想录用一个名叫路佛的人，而这个人既没有能力，人品也不行，王允据理力争。王球大怒，把王允抓了起来，要杀他。并州刺史邓盛听说，赶紧点名征王允为州政府从事，王允才躲过一劫。

这种宁死不屈、敢于和黑恶势力作斗争的性格让王允吃尽苦头，也让他有了一定名声。王允后来被朝廷发现，任命为侍御史，这是御史中丞的属官，主要职责是举劾非法、受命执行办案。黄巾起义爆发后，除三支负责讨伐的主力军，朝廷还向一些州重新派遣了刺史，王允被任命为豫州刺史，协助朝廷主力镇压黄巾军。王允到任后，征辟荀爽等名士担任州从事，整顿武装，配合皇甫嵩、朱儁讨伐豫州境内的黄巾军。

（七）无业青年刘备

刘备字玄德，出生于汉桓帝延熹四年（161），比曹操小六岁，是幽州刺史部涿郡涿县（今河北省涿州市）人。刘备的老家在涿县楼桑村，村中有一棵非常高大的桑树，“高五丈余，遥望见童童如小车盖”。有个名叫李定的人善于看风水，专门跑来看了看，发现这棵树不仅高大，而且样子奇特，形如伞盖。李定看完，惊叹道“此家必出贵人”。这就是刘备的家，他的父亲名叫刘弘，祖父名叫刘雄。刘雄在外地当过县令，但到刘弘时家境就衰落了。刘弘很早便因病去世，刘备与母亲相依为命。

刘家也曾经显赫过，追溯族谱，可以上推到汉武帝刘彻的异母弟中山王刘胜。在《三国演义》中，刘备与汉献帝初次见面就开始叙家谱，叙到最后，发现刘备比汉献帝高了一辈，汉献帝当场就叫刘备为“皇叔”。为了让大家相信这一段，小说里还详细罗列了二人的传承关系，一代一代，写得很具体。但这是小说虚构的，刘备和汉献帝刘协都是汉景帝的后代，刘协是汉景帝的第十三世孙，刘备是第十八世孙，也就是说汉献帝其实比刘备高了五辈。这并不奇怪，因为刘备这一支早在西汉时就平民化了，而汉献帝刘协不仅是汉景帝的后代，还是汉光武帝刘秀的后代，无论在西汉还是在东汉，他这一支始终是贵族，由于生活条件好，所以每一辈人的平均寿命就长，家族传承的速度就慢，辈分自然就高了。

刘备母子的日子过得很拮据，母子俩靠做小生意挣点钱，主要是贩卖鞋子或者织席子。《三国志·先主传》记载：“先主少孤，与母贩履织席为业。”但刘备的母亲很伟大，对儿子寄予了很高期望，坚持让刘备读书。为了让刘备在学业上有突破，在刘备十五岁时母亲做出一个惊人决定：送他到卢植开办的私学里读书。卢植在家乡办私学，校址在缑氏山中。卢植是名士，所办私学花费自然不会少，刘备能到这里求学，除了母亲辛苦积攒的钱还有赖于他人的资助。平时资助刘备的，一个是叔父刘子敬，还有一个是名叫刘元起的同宗。

作为寒门子弟，母亲含辛茹苦供养自己上学，有这样的机会，一定会拼命学习，发奋努力，然而刘备却没有。《三国志·先主传》记载：“先主不甚乐读书，喜狗马、音乐、美衣服。”刘备成年后个子长到了“七尺五寸”，约合今1.76米，也算是一个大高个。除个子高，刘备还有两个显著特征：一是胳膊长，二是耳朵大。刘备站着手臂自然垂下时手可以越过膝盖，扭头可以看见自己的耳朵。在古代相面师看来，长成这样是十足的贵人相，具体来说就是帝王之相。佛家有所谓三十二大人相，垂手过膝便是其一，认为凡有此相者好布施，不贪所得，是贵人。

刘备不爱读书，却展露出一些与众不同的天赋。他平时话不太多，喜怒不形于色，却非常懂得尊重人，喜欢结交各类豪侠，平时身边总跟着一些追随者。附近的中山国有两个大商人，一个名叫张世平，一个名叫苏双，他们常来涿郡一带贩马，非常有钱，听说刘备的名声，主动前来相见，觉得刘备不简单，“乃多与之金财”。

刘备来卢植这里读书，时间大约在汉灵帝熹平四年（175），两年后就发生了庐江郡民变，卢植受朝廷征召担任庐江郡太守，前去平叛，刘备也是在这个时候离开了卢植的私学。一个十八岁左右的少年，在社会上晃荡着。在其后六七年里史书对刘备的记载只有三个字：“合徒众。”刘备发挥他情商出众的优势，在身边聚集了一帮人，他们非官非商，整天混在一起，既不打家劫舍，也不效命官府，能挣钱的时候就挣点，没事的时候就喝酒，反正就那么混着。

在这帮人里，刘备与两个人最情投意合，一个是关羽，一个是张飞。关羽原来字长生，后改字云长，河东郡解县人，一般认为此地在今山西省运城市解州镇。关羽生年不详，只知道他比刘备年龄小，因为犯了什么事，亡命到涿州后与刘备相识。正史中关羽的出身只有这些，至于有的说他祖父名叫关审、父亲名叫关毅、妻子姓胡，还有的说他在家乡杀了人才逃亡的，以及说他本不姓关等，这些都是传说，没有依据。古人讲究“行不更名，坐不改姓”，但关羽改了自己的表字，人们通常认为这大概是因为关羽曾经亡命、为躲避追杀或通缉的缘故，但也有一个说法，说关羽追随刘备时，刘备身边已有一个范长生，长生大概也是表字，关羽或许为避此“长生”而改了自己的表字。这位“范长生”在史书上没有留下什么记载，但他确实存在，且活了很久，一直到十六国的成汉时期仍在，足足活了一百三十岁。清代王棠《知新录》记载：

当时有范长生，亦事昭烈，至李特时犹存，年一百三十岁。羽先字长生，岂因同范而改邪？

史书中对张飞的记载更简略，说他字翼德，也有写作益德的，是涿郡本地人，比关羽还小几岁，把关羽也当兄长，其他就没有了。在评话、小说里，有的说张飞家境富裕，还有的说他出身屠户，这些都没有史书记载做依据。推测起来，张飞与刘备家境差不多，都属当时社会的下层。史书也没有直接提到“桃园结义”的事，但他们三个人平时的确以兄弟相称，不分彼此，几乎寸步不离。关羽、张飞与刘备私下里是兄弟，在公开场合二人就跟随左右，刘备坐着，他们站着，十分恭敬，有时一站就是一天。《华阳国志》记载：“河东关羽云长、同郡张飞益德并以壮烈为之御侮。先主与二子寝则同床，食则共器，恩若弟兄，然于稠人广众中，侍立终日。”

除了关羽、张飞，简雍也是在这一时期开始追随刘备的。《三国志·简雍传》记载：“简雍字宪和，涿郡人也。少与先主有旧，随从周旋。”这段时间正是太平道逐渐成事时期，作为太平道活动的核心区，涿州一带想必也到处是争先恐后加入太平道的人，刘备等人没有像其他人一样蜂拥而去，成为一名太平道教徒，想来可能是他汉室宗亲的出身以及在卢植老师那里接受经学、儒学教育的结果。恰在这时卢植带兵回来了，为了讨伐黄巾军，朝廷的军队在扩充兵源。刘备知道属于自己的机会来了，于是毫不犹豫地带着关羽、张飞等手下一帮人参加了卢植的军队。由于刘备等人还只是平民身份，卢植把他们编到

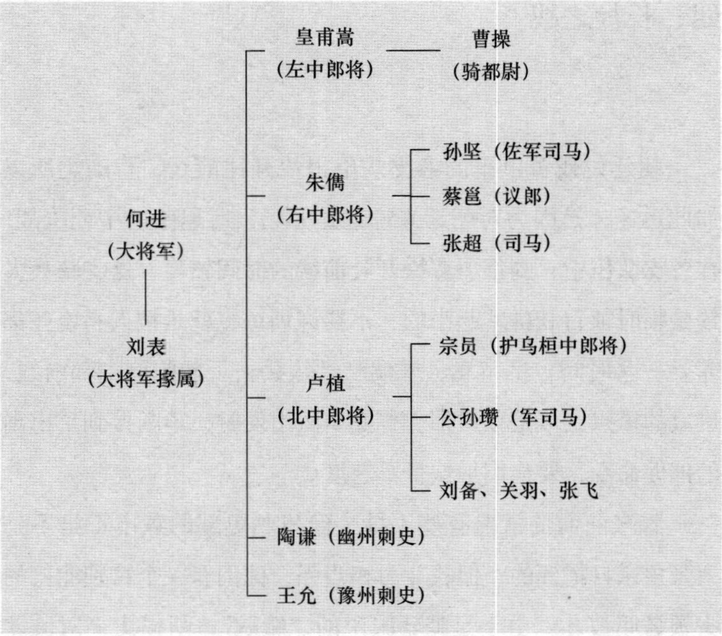

图2　东汉朝廷讨伐黄巾军主要人员组成情况

校尉邹靖的队伍里效命，暂时没有具体职务。

以上这些只是此次因朝廷镇压黄巾起义而改变自身命运的一部分人，还有很多人也参加了朝廷的军事行动，只是史书记载不多。比如名将张郃，也是在这时参加朝廷军队，《三国志·张郃传》记载："张郃字俊乂，河间鄚人也。汉末应募讨黄巾，为军司马。"还有议郎蔡邕、司马张超，也曾出现在朱儁指挥的镇压黄巾军的军队中。

四、长社之战

朝廷讨伐黄巾军的各支队伍很快开往前线，行动之所以如此迅速，是因为对朝廷来说这是一场没有退路的生死决战。在各支队伍中，骑都尉曹操开赴前线的时间较晚，这支骑兵大约是临时征召和拼凑起来的，不要说训练，就是把人马凑齐都需要一些时间。皇甫嵩、朱儁已经领兵去了豫州刺史部前线，进攻的重点区域是颍川郡。曹操率队出发时，不断接到皇甫嵩的催促命令，要他们加快行军速度。

看来前面的情况有些不妙。豫州刺史部的黄巾军虽不是由张角亲自指挥的，但战斗力相当强，他们有一个特别能打的头领名叫波才。由于是朝廷眼中的“蛾贼”，所以史书对波才没有太多记载，推测起来他应该是张角安排在各地的渠帅。波才很有军事头脑，面对朝廷两路大军的进攻，没有丝毫畏惧，更没有撤走的意思，在颍川郡就地展开了反击战。

战斗首先由朱儁所部打响，结果波才所部大胜。《后汉书·皇甫嵩传》记载：“儁前与贼波才战，战败。”幸亏皇甫嵩及时接应，朱儁所部才没被歼灭。皇甫嵩看到敌兵太多，朝廷的人马有限，认为不能硬拼。颍川郡在洛阳的东南方向，范围包括今河南省许昌市、平顶山市等地，距洛阳最近处只有几十里远，越过郡内西北部的嵩山就是洛阳八关之一的轩辕关，如果突破此关，洛阳就无险可守了。所以朝廷才把两路大军都派到这个方向。对皇甫嵩和朱儁来说，这一仗根本输不起。皇甫嵩想找个地方把人马集中起来，跟波才打消耗战。这时曹操率领的骑兵已在路上，大将军何进仍在洛阳不断征调人马，随着时间的推移，战场形势会逐渐向朝廷有利的方向发展。

皇甫嵩决定把人马退往长社，在那里坚守待援。长社是颍川郡下面的一个县，县治在今河南省长葛市以东。春秋时这里是郑国的长葛邑，相传其社庙里的树木疯长，故取名长社。对于皇甫嵩的企图，波才也看出来了，所以立即集中人马向长社围攻过来。黄巾军至少好几万人，而城里的守军只有几千人。说起来朝廷的军队远不会这么少，《后汉书·皇甫嵩传》记载："于是发天下精兵，博选将帅，以嵩为左中郎将，持节，与右中郎将朱儁，共发五校、三河骑士及募精勇，合四万余人，嵩、儁各统一军，共讨颍川黄巾。"总兵力有四万多人，长社城里似乎不会只有几千人，但城里的人马确实只有那么多，因为人太多就进不来了。作为一座普通的县级城池，长社的规模很小。如果去过北京西南郊宛平城，就更容易理解这一点，通常这样的城池只有四个门，站在其中任何一个门楼上都能看到其他各个门楼，城墙之内的常住人口通常也只有万余人。

长社城下，波才指挥大批黄巾军展开了猛攻，情况危急。皇甫嵩是经验丰富的将领，一面指挥守城，一面思考着如何摆脱困境。在冷兵器时代攻城是最艰巨的作战，何况城里有皇甫嵩这样久在边地、战斗经验丰富的将领。皇甫嵩调度有方，城外的数万黄巾军将长社城围攻了两个月，没有丝毫进展。此时到了农历五月，已是盛夏，将士的血汗味、尸体的腐臭味混在一起令人喘不过气来，城外的黄巾军不由得放慢了攻城的节奏，在城外依草结营，打算避过炎热天气再行围攻。

皇甫嵩看到城外黄巾军营寨的附近长满树木和草，顿时有了主意。像波才这样的农民起义军将领，在军事上多属于自学成才。《孙子兵法·行军篇》指出“好高而恶下，贵阳而贱阴”，波才把人马驻扎在有树有草的低洼地带，其实犯了兵家之忌。《后汉书·皇甫嵩传》记载，皇甫嵩及时捕捉到这个稍纵即逝的战机，把大家召集起来说：

兵有奇变，不在众寡。今贼依草结营，易为风火。若因夜纵烧，必大惊乱。吾出兵击之，四面俱合，田单之功可成也。

皇甫嵩认为，用兵有正、有奇，主要看兵法的变化，而不在人多人少，现在敌军依草结营，正适合用火攻，如果趁夜纵火，敌人必大乱，我军同时四门出击，必然建立田单之功。田单是战国时齐国大臣，率兵抵抗燕军，在劣势情况下布下火牛阵，一通大火大败燕军，收复失去的七十余城。

要实施火攻，最好有大风相配合，当然方向很关键，要往敌军方向刮。凑巧的是，当天夜里起了大风，方向很合适。皇甫嵩命令军士扎好火把，登上城墙，派一些作战勇猛的士兵冲出城去，一边纵火，一边大喊大叫，城上的人都举着火把呼应。黄巾军白天不停地在攻城，晚上都累了，本想好好睡一觉，明天接着攻城，突然被惊醒，睁眼一看，到处是火。树也着了，草也烧了，火借风势，很快把黄巾军的营寨吞噬。

皇甫嵩下令全线出击，朝廷的军队大呼大喊，令人恐惧。

黄巾军大乱，损失惨重。恰在这时一支骑兵杀来，迎着黄巾军发起猛攻，黄巾军彻底丧失了战斗力。这支骑兵正是曹操率领的，他们日夜兼程赶赴前线，来得正是时候。皇甫嵩、朱儁、曹操指挥人马继续扩大战果，波才弃军而走。长社之战是朝廷军队讨伐黄巾军的首次大胜，对朝廷而言十分重要。黄巾军在长社之战中损失惨重，《后汉书·皇甫嵩传》记载：

其夕遂大风，嵩乃约敕军士皆束苣乘城，使锐士间出围外，纵火大呼，城上举燎应之，嵩因鼓而奔其阵，贼惊乱奔走。会帝遣骑都尉曹操将兵适至，嵩、操与朱儁合兵更战，大破之，斩首数万级。

黄巾军被斩杀数万人，这个数字如果来自朝廷的档案，那显然就有些夸张了。一战斩首数万，在当时绝对是一场大会战的规模，波才手下有数万人，但要说他们全部被斩首了，又不符合战场规律。不过，至少也有数千或上万吧，对朝廷来说，那也相当不简单了，作为双方交手的首次大战，取得这样的大捷，又在京师洛阳附近，意义自然不用多说。

颍川郡一带的黄巾军被击破后，朝廷根据形势变化，把豫州刺史部境内的军队一分为二：一路由皇甫嵩率领，包括曹操的骑兵部队在内，开赴黄河下游的兖州刺史部东郡，那里的黄巾军在首领卜已率领下渐成气候；另一路由朱儁率领，仍留在洛阳以南，重点进攻荆州刺史部南阳郡的黄巾军。

皇甫嵩率曹操等部先进讨了汝南郡、陈国的黄巾军，在阳翟追上波才，再次将其打败；在西华打败另一名黄巾军将领彭脱。之后，皇甫嵩、曹操进击东郡的黄巾军。东郡在洛阳的东面，是南下北上的重要战略通道，黄巾军如果在这里坐大，影响力和威胁一点儿不亚于颍川郡。皇甫嵩率曹操等部赶到东郡，他们所面对的卜己是张角手下三十六名渠帅之一。皇甫嵩、曹操很快把这股黄巾军打败，生擒卜已，前后斩首七千余级，兖州刺史部境内的黄巾军也基本被平定了。

多年后曹操重返东郡，担任东郡太守，那时黄巾军余部重新起事，不仅东郡，整个兖州刺史部以及相邻的青州刺史部都是他们的活动范围，就连兖州刺史都被黄巾军余部杀了，州郡陷入恐慌，最后大家公推曹操为兖州牧与黄巾军余部交战，这成为曹操政治生涯的一个重要转折点。曹操之所以受到众人的一致拥戴，与他随同皇甫嵩参加平定卜己部有关，这次战斗成为曹操的一笔政治资本。

五、临阵换将

在南线激烈交战的同时，卢植在冀州刺史部也指挥人马对张角率领的黄巾军展开了围攻，几仗下来黄巾军被斩杀上万人。张角渐渐不支，退到了广宗。《后汉书·卢植传》记载："连战破贼帅张角，斩获万余人。角等走保广宗。"广宗县治在今河北省威县一带，属河北省邢台市，这里是黄巾军的大本营，一千八百多年过去了，这一带仍然流传着太平道乐、黄巾鼓等与黄巾军有关的民间文艺形式，被列为非物质文化遗产，可见当年黄巾军在这一带的影响力有多大。

这时各地的黄巾军纷纷受挫，广宗是黄巾军为数不多的据点之一。为了更有把握地打好这一仗，卢植命令不急于攻城，而是在广宗城外修堡垒、挖壕堑、造云梯，做好攻城的准备。眼看广宗城即日可下，却发生了意外，卢植被撤职并险些丧命。

起因是朝廷派来的一名宦官，名义上是监军，其实是专门来刁难和搞破坏的。这个宦官名叫左丰，打仗是外行，弄权、搞钱却很老练。这时战场形势转好，宦官们的老毛病又犯了，认为对党人或跟党人走得比较近的那些人还是得提防着。左丰来冀州战线，就是对卢植不放心。不过，左丰的职务只是小黄门，还不是“十常侍”那样的大宦官，对于卢植是不是党人他倒不关心，在他看来此行是美差，可以好好捞一笔钱。前线将领给宦官行贿已是军中的潜规则，但卢植这边却毫无动静，不是他不懂这里的名堂，而是不愿去做。《后汉书·卢植传》记载：“帝遣小黄门左丰诣军观贼形势，或劝植以赂送丰，植不肯。”

将领们手握兵权，难道还怕一名宦官吗？在汉末，将领们确实怕，因为打仗需要经费，而经费都掌握在宦官以及他们在朝中的心腹们手里，这比真刀真枪还要厉害，哪怕你已经是一代名将，提起宦官仍然会心存忌惮。东汉末年的名将“凉州三明”之一的段颎，在战场上杀人如草芥，与羌人作战中总共打了180多仗，斩首3万多级，俘获牛马羊骡驴骆驼等42万多头，前后靠的是44亿钱军费的支撑。如果没有军费，一仗都打不下去；如果经费不充足，想取胜也很难。正是因为有切身感受，所以一代名将段颎在宦官面前总是低三下四，甚至像一条哈巴狗。《后汉书·段颎传》记载：“颎曲意宦官，故得保其富贵。”战场上下反差如此之大，都是因为权力。

但卢植不是段颎，他本质上是一名学者，有着政治洁癖，他打心底里瞧不上这些宦官。卢植大概认为，此时汉灵帝不应该也不会再偏袒这些宦官，所以并没有把左丰当回事。卢植继续做攻城的准备，左丰空手而归。左丰咽不下这口气，向汉灵帝汇报情况时说了卢植的坏话：“广宗贼易破耳。卢中郎固垒息军，以待天诛。”左丰认为广宗城很容易就被攻破，但卢植只修营垒，不让出兵，说什么不用打贼兵自会被老天爷消灭。汉灵帝闻言大怒，当即下诏将卢植革职审查，派一辆囚车到冀州前线，把卢植押解回洛阳。囚车到达，卢植傻眼了，只有长叹无语。卢植离开前线，最失落的恐怕要数公孙瓒和刘备了，老师出了事，他们却帮不上忙。老师这一走生死难料，他们今后将何去何从，心中不禁茫然。

押回洛阳就落入宦官之手，卢植一向瞧不起宦官，宦官对他怀恨在心，这一次看来凶多吉少。按照宦官们的一贯手段，他们甚至会说卢植与黄巾军私下里串通一气，不攻城是想伺机谋反，那样一来卢植就没命了。不过卢植最终保住了性命，这是因为接替卢植的人水平不怎么样，并没有像左丰说的那样三两下就攻破广宗，这反而救了卢植的命。

接替卢植的这人名叫董卓，字仲颖，凉州刺史部陇西郡临洮县人。陇西郡是东汉的“大西北”，这里是少数民族聚居区，也是东汉的主要战场。当时，这一带居住的羌族势力强大，屡屡起兵反抗朝廷，朝廷则一次次派大军镇压，战事绵延数十年。正是在这种情况下，凉州成为武人和冒险家的乐园。陇西郡位于今甘肃省南部的临夏、陇南、甘南之间，董卓的老家临洮县却不是现在的临洮县，而是临洮县以南几百里外的岷县，这两个地方都在洮河岸边，是现在人们由川渝方向去往兰州的必由之路，在东汉时这里相当偏僻和落后。

董卓出身于下级官吏之家，他的父亲董君雅在颍川郡的纶氏县（今河南省登封市）当过县尉。县尉是县令或县长的下属，负责维护治安、缉盗等工作。董卓的父亲一生最大的官职就是县尉，说明他们不是名门望族。不过，出身于遥远的边地，而能在当时经济、文化十分发达的颍川郡做官，说明董君雅也有一定本事。当时年轻人最好的前途是研习经学，之后进入太学学习，毕业后踏入仕途，袁绍、曹操等人都是这样过来的。但董卓不是，《后汉书·董卓传》说他“粗猛有谋”，虽粗犷勇猛，但也善于谋略，这或许与他出身于凉州有关，又或许与他父亲任职县尉有关。总之，青少年时期的董卓没有日后当一名文人或文官的基因。

董卓小时候在老家生活，《后汉书·董卓传》说他“尝游羌中，尽与豪帅相结”。“羌中”指的是羌族聚居区，大体上在陇西郡与武都郡一带，核心地区在今天的甘南、川北地区，甘肃省宕昌、武都等地以及著名的九寨沟风景区都在其内，这里与董卓的老家岷县相邻。董卓青少年时期就表现出一身的江湖侠气，他与羌人部落首领交上了朋友。以后董卓回到中原，在田野里耕作为生。羌族中的一些豪杰跑来看望他，董卓便带他们回家，高兴起来，甚至把正在干活的耕牛都杀了款待客人。家里来了客人，有人会杀鸡，再盛情一点的会杀头猪，直接到田地把耕地的牛牵回来杀了，这却不是一般人能做到的。董卓的豪爽感动了这些羌族朋友，回到老家后，他们竟然收集了千余头牲畜赠送给董卓。

董卓善于骑射，能在马上用两张弓左右开射，膂力过人。一身侠气，武力过人，放在首都洛阳恐怕很难派上用场，但在战事不断的陇西就有了用武之地。董卓后来又回到老家，被本郡太守发现，把他召为郡吏，让他负责治安管理工作。当时这一带除羌人外，胡人也经常出来劫掠百姓，做治安工作必须是一把强手。董卓看来干得不错，不久就受到凉州刺史成就的赏识，把他调到州政府任兵马掾。如前所述，东汉的正规军通常不归州郡管，内地的州郡也不典兵，只有都尉管理的治安部队，可边境地区情况特殊，有时会设有一定数目的地方部队，负责守土卫家、配合正规军作战，类似于民团，董卓干的就是这个差事。董卓挺称职，曾领兵讨伐胡人，取得大胜，俘虏了上千人。

董卓因善战而出了名，引起“凉州三明”的注意。“凉州三明”都是凉州本地人，他们对董卓很器重，董卓在他们的提携下逐渐在军中成长起来。汉桓帝在位末期，董卓正式加入朝廷的正规军，来到“凉州三明”之一的张奂手下担任军司马，这个军职的品秩是千石，当时县长、县令的品秩只有四百石至六百石，所以董卓担任的这个职务虽算不上高级将领，但也起点不错。董卓随同张奂参加了与羌人在汉阳郡的作战，打了胜仗，得到了九千匹缣的赏赐。当时物价起伏很大，实物比金钱更有用，董卓得到的是一大笔财富，但他说功劳是自己的也是大家的，于是把所有赏赐都分给了手下，自己什么都没留。

董卓后来被提拔为西域戊己校尉，这是一个不常设的军职，负责屯卫、监护西域诸国。在军中校尉级别较高，可以归入高级将领的行列了。但董卓在这个位置上没干多久就被免了官，具体原因史书没有记载。“凉州三明”之一的段颎这时兼任凉州刺史，见董卓被免官后无事可做，就把他推荐到了洛阳，在司徒袁隗手下任职，职务是司徒掾。司徒是三公之一，可以“开府”，也就是组建自己的办事机构，司徒掾是司徒府里内设部门的负责人，董卓从此成为“袁氏故吏”。

出身于汝南郡的袁氏“四世三公”，也就是四代人里都有人做过三公，他们的门生故吏遍布天下。能成为“袁氏故吏”中的一员，在当时的官场上是值得炫耀的资本。由于这个原因，董卓再次官运亨通，先后担任了并州刺史、河东郡太守等职，成为一名地方大员。卢植被免职时董卓正担任着河东郡太守，汉灵帝大概看中董卓是一员悍将，就改任他为东中郎将，让他接替卢植指挥冀州刺史部境内的讨伐行动。

六、广宗之战

董卓上任，按理说他比卢植的实战经验还要丰富，对付黄巾军应该不成问题。但是，董卓一上手就打了败仗。不是董卓不用心，也不是黄巾军的战斗力突然变强，而是两种不同战法所造成的。董卓长期在凉州与胡人、羌人作战，擅长骑兵和野战，属于速度型和力量型打法，把这种战法拉到河网密布的冀州大平原上，难免找不着感觉。河网、湖泊、山林，这些都能成为黄巾军与朝廷军队腾挪缠斗的有利条件，你想一口吞掉我，我就用游击战对付你。董卓多次试图主动出击，寻找张角的主力决战，但张角不跟他硬拼，总是扑空。

汉灵帝急了，因为左丰告诉他的是，只要一顿饭工夫朝廷军队就能拿下广宗。卢植怯战，换董卓上去，难道还怯战不成？这时有关部门正对卢植进行审查，董卓的表现救了卢植一命，因为这印证了当初卢植稳扎稳打的战略是正确的，卢植仅受到免官的处罚。

董卓有点紧张，怕自己成为第二个卢植，便干脆向汉灵帝上书，直接表明自己实在无能，有辱圣恩，请求治罪，并向汉灵帝推荐皇甫嵩代替自己。在凉州，董卓也曾是皇甫规的部下，皇甫嵩是皇甫规的侄子。汉灵帝批准了董卓的请求，冀州前线再次走马换将，董卓被免职，皇甫嵩前来接任。

皇甫嵩到任后采取了卢植之前的做法，稳扎稳打，不急于求战。这种战法是正确的，稳住了局势。恰在这时张角因病死了。张角是黄巾军主帅，也是黄巾军的精神领袖，他的意外去世让黄巾军一下子失去了主心骨。皇甫嵩闻讯，想趁势一举拿下广宗，结束战斗。然而，这场战斗并没有想象中的那么容易，黄巾军在张梁、张宝率领下顽强抵抗，皇甫嵩无法攻克广宗城。他下令关闭营门，让将士们休整，待城里的黄巾军有所懈怠时趁夜出兵，于鸡鸣时分到达黄巾军阵前。这一仗十分惨烈，从黎明战斗到下午，黄巾军最终战败。《后汉书·皇甫嵩传》记载：

时北中郎将卢植及东中郎将董卓讨张角，并无功而还，乃诏嵩进兵讨之。嵩与角弟梁战于广宗。梁众精勇，嵩不能克。明日，乃闭营休士，以观其变。知贼意稍懈，乃潜夜勒兵，鸡鸣驰赴其阵，战至晡时，大破之。

此战中，张梁战死，黄巾军牺牲了三万多人，还有大约五万人“赴河死”，被焚烧的辎重车辆有三万多辆。广宗之战是黄巾军损失最大的一战，投河而死的大批人员大多是随军行动的老年人、妇女和孩子，黄巾军习惯流动作战，走到哪里家眷就跟到哪里。皇甫嵩下令将张角剖棺戮尸，把张角、张梁的首级传送洛阳。张宝率黄巾军余部退保曲阳，皇甫嵩和巨鹿郡太守郭典等攻击曲阳，城破，张宝战死。两场战斗下来，朝廷军队共获黄巾军将士首级十多万级。

身在洛阳的汉灵帝几乎天天都能收到前方传来的捷报，

他挺高兴，虽然花了西园“小金库”里的不少钱，但这个钱花得值。除收获捷报，还源源不断地有黄巾军将士的首级被送到洛阳来。这些首级，有的面目全非，有的瞋目怒对，有的披头散发，负责押送的人，胆子小显然不行。秦代以来实行军功爵位制，杀了多少敌人就记多大的功，多少颗首级可以换什么样的爵位都有明文规定。所以，将士打完仗，马脖子上经常挂着从敌人尸体上割下来的首级。十多万首级先后送到洛阳，堆成一座小山。汉灵帝下诏，将它们集中在洛阳城南，上面覆盖黄土，真的成为一座假山，取名“京观”。《后汉书·皇甫嵩传》记载：

嵩复与钜鹿太守冯翊郭典攻角弟宝于下曲阳，又斩之。首获十余万人，筑京观于城南。

汉灵帝拜皇甫嵩为左车骑将军，兼冀州牧，封槐里侯。《后汉书·皇甫嵩传》记载：“即拜嵩为左车骑将军，领冀州牧，封槐里侯，食槐里、美阳两县，合八千户。”东汉的侯爵通常指的是列侯，共分为三级，最下面一级是亭侯，之上是乡侯，再往上是县侯，这里的亭、乡、县不是虚指，都对应着具体地名，得爵位者可以将该地作为自己的食邑地，享有该地一定户数的税收。槐里县在关中，属右扶风郡，在今陕西省兴平市附近，皇甫嵩被封为槐里侯，意味着该县的大部分税收不再上缴朝廷，而是归皇甫嵩所有。同时，皇甫嵩享有的食邑还包括相邻的美阳县，在今陕西省武功县以北，两县食邑人数相加为八千户。古人常说“万户侯”是人臣荣耀的顶点，皇甫嵩距此仅一步之遥了。

汉灵帝还任命皇甫嵩为冀州牧，负责冀州刺史部的治理，这条记载表面看起来有些问题，因为那时州中只有刺史，还没有州牧，刺史改州牧是几年以后的事。刺史的品秩只有六百石，州牧的品秩是二千石，虽然他们都能管到郡太守，但具体职责有着很大不同，刺史只是监察官，而州牧是正式的一级行政官，可以直接管理各项政务。可是，如果任命的是冀州刺史，就更讲不通了，左车骑将军的具体品秩不详，但不会低于卫将军，论品秩皇甫嵩现在与三公不差上下，高于九卿，也高于郡太守，让他担任品秩与县令相同的州刺史，不太可能。所以，史书在这里的记载是正确的，刺史改州牧虽然是后来的事，但州牧毕竟是前朝就有的官职，作为特例，临时任命皇甫嵩担任此职是合情合理的。经过一番动荡后，冀州刺史部百废待兴，黄巾军余部还有零星活动，需要一名强有力的领导，汉灵帝命皇甫嵩以左车骑将军的身份兼任冀州牧，考虑的正是冀州刺史部的稳定与发展，这大概也正是几年后刺史改州牧的前奏。

这是皇甫嵩一生中最辉煌的时刻，由一名中郎将直接升任左车骑将军，中间至少跨越了裨将军、偏将军以及“四安将军”、“四平将军”、“四镇将军”、“四征将军”、“四方将军”、卫将军等八级，论军职仅次于大将军何进，并获得县侯的爵位。与皇甫嵩相比卢植有些落寞，不过皇甫嵩没有忘记这个战友。《后汉书·卢植传》记载，皇甫嵩向汉灵帝上疏，“盛称植行师方略，嵩皆资用规谋，济成其功”。卢植因此得以复出，出任尚书。

七、宛城之战

留在南阳一带的朱儁没有皇甫嵩这么好的运气。南阳郡的黄巾军一开始由张曼成领导，张曼成自称“神上使”，聚众数万。马元义事败被捕后，张曼成闻讯在南阳郡起兵，当年三月即攻占了城防坚固的南阳郡治宛城（今河南省南阳市），杀死了南阳郡太守褚贡，声威大震。张曼成在宛城屯兵一百多天，与前来进讨的朝廷军队展开了激烈交战，那时皇甫嵩、朱儁还在全力进攻波才，朝廷在南阳郡暂时无法投入主力部队，汉灵帝仅任命秦颉为新任南阳郡太守，与张曼成周旋，张角则派遣步幸到南阳协助张曼成。步幸到达南阳郡时，秦颉正指挥一些地方武装对黄巾军展开猛攻，在一次战斗中张曼成牺牲，宛城被朝廷军队攻克。黄巾军立即拥立张曼成的副将赵弘为首领，势头得以重振，很快发展到十多万人，重新将宛城攻克。

波才被打败后，朱儁抽身来到南阳郡，与荆州刺史徐璆、南阳郡太守秦颉合兵一处，围攻宛城。仅从人数上看朝廷的军队并不占优势，黄巾军有十多万人，而朝廷的军队加在一起只有一万八千人。然而，黄巾军的组成十分复杂，有时将家属也算在其内，真正有战斗力的人不多，面对朝廷军队的围攻，黄巾军采取固守的战法。在宛城攻坚战中，朝廷军队遇挫，从六月到八月，一直没能攻下来，这让朝中的宦官们找到了借口，想趁机将朱儁召回洛阳，也来一个撤职查办。

不过，朱儁没有重蹈卢植的覆辙。《后汉纪·孝灵皇帝纪》记载，名将张温此时已改任司空，他上疏汉灵帝："昔秦用白起，燕信乐毅，亦旷历年载，乃能克敌。儁讨颍川有效，引师南指，方略已设。临军易将，兵家所忌，可以少假日月，责其功效。"张温认为过去秦国任用白起，燕国任用乐毅，都是经过一年甚至几年才打败的敌人，而朱儁之前讨伐颍川郡的黄巾军立了功，现在引师南向，战略已确定，临军易将是兵家所忌，应该再等等，督促他尽快建功。在"凉州三明"之后，数张温在军中威望最高。汉灵帝很给张温面子，没有马上追究朱儁，但是下诏切责。

朱儁感到了压力，指挥各部加紧攻城，虽然没能把宛城攻破，却在交战中斩杀了赵弘。黄巾军又推举韩忠为首领，仍以宛城为据点对付朱儁。实施围城作战，朱儁手下兵力不足，只得在城外修筑营垒，起土山，居高临下，对城里实施猛攻。等火候差不多了，朱儁命人击鼓，佯攻西南，看到城里的黄巾军都往那里调动，朱儁亲率五千名精兵，突然从东北方向发起猛攻，一举入城。宛城里还有内城，称小城，韩忠退守那里后主动请降，徐璆、秦颉主张接受。《后汉纪·孝灵皇帝纪》记载，议郎蔡邕、司马张超此时也在朱儁军中，二人"皆欲听之"。但朱儁不同意，他认为：

兵有形同而势异者。昔秦、项之际，民无定主，故有赏以劝来者；今海内一统，惟黄巾造寇，降之无可劝，罚之足以惩恶。今若受之，更开逆意，利则进战，钝则降服，纵敌长寇，非良计也。

朱儁认为，用兵有形同而势不同之分，从前项羽与秦朝争天下，老百姓那时没有定主，所以赏赐前来归附的人，用以鼓励那些尚未前来归附的人。现在海内一统，只有黄巾军作乱，接受投降不能劝善，讨伐才可以惩办为恶的人。现在受降会助长作乱的思想，那样一来贼有利就进战，不利就乞降，这样就会放纵敌人，助长寇乱，不是好主意。在如何对待归降的问题上，朱儁很讲原则，认为不能轻易接受投降，不能让乞降成为造反者的一种斗争手段。

站在统治者的角度看，朱儁这番话有一定道理。对比一下明朝末年的情形，其最后一任皇帝崇祯公认比汉灵帝刘宏聪明勤奋，也贤能得多，但他的命运更差，结局更悲惨。崇祯皇帝在位时也遍地是农民起义军，他派出无数大军去征剿，却越剿越多。李自成、张献忠等起义军常常被打得跑路，也常陷入绝境，但他们发现了一个好办法，那就是实在打不下去时干脆投降，朝廷似乎也乐于招抚，一投降就给钱给官给武器，等日子好过些时，再趁机起事，再到打不下去的时候也没关系，就再次投降。朱儁比崇祯皇帝手下的那些将领高明，他看出了招抚不是解决问题的好办法，仍下令继续急攻。

可黄巾军很顽强，朝廷军队连战不克。朱儁登高瞭望，看出了门道。此时蔡邕就在身旁，朱儁回过头对他说，自己已经发现问题之所在，那就是敌军外围坚固，在求降不得的情况下只有殊死一战，因而万众一心，只要把包围撤除，韩忠等人看见，一定会自己出来，待敌人出来，其斗志也就散了。朱儁下令解除对小城的包围，韩忠果然出战，朱儁指挥人马出击，将黄巾军打败。黄巾军向北逃去，朱儁率军追击，一口气追了几十里，斩杀黄巾军一万多人。《后汉纪·孝灵皇帝纪》记载：

儁登土山望之，顾谓邕曰："吾知之矣。今外围周固，内营逼急，忠故乞降，降又不受，所以死战也。万人同心，犹不可当，况十万人乎，其害多矣！不如撤围解驰，势当自出，出则意散，必易破之。"即解围入城，忠果自出。儁因自击之，大破斩忠，乘胜逐北，斩首万余级。

韩忠最后还是投降了。南阳郡太守秦颉曾败于韩忠，一向痛恨他，便没有请示朱儁，自作主张把韩忠杀了。韩忠一死，黄巾军余部感到恐惧不安，他们又推举孙夏为首领，继续在宛城一带作战。朱儁只得率部再攻孙夏。孙夏败走西鄂精山，黄巾军又被斩杀一万多人。南阳郡一带的黄巾军这才被打散，无法恢复元气。在上面这段记载中提到了议郎蔡邕，他是当时最著名的学者之一，还是一位书法家、音乐家，是才女蔡文姬的父亲，至于他是如何来到朱儁军中的，史书未作交代。

蔡邕字伯喈，兖州刺史部陈留郡圉县（一说为今河南省尉氏县，一说为今河南省杞县）人。蔡邕少年时即博学多闻，师从太傅胡广，喜欢文学、数术、天文、音乐。汉桓帝时宦官徐璜、左悺听说蔡邕琴弹得好，命令陈留郡太守督促蔡邕启程来洛阳，蔡邕不得已，只好动身，走到偃师时假称生病返回家中。建宁三年（170），蔡邕被司徒桥玄征召为掾属，后出任河平县长，又被召拜为郎中，在东观校书，任议郎，当时曹操也任议郎，二人成为同事，这成为后来“文姬归汉”佳话的一段伏笔。

蔡邕多次上书直陈宦官专权之弊，引起宦官的憎恨，遭到迫害，不得已亡命江海，曾远走吴会之地。《后汉书·蔡邕传》称蔡邕逃亡“积十二年”，这是从光和元年算起的，按照这个说法，蔡邕此时仍在逃亡之中，但按照《后汉纪·孝灵皇帝纪》的记载，蔡邕此时已经复出，再次担任议郎。推测起来后一种记载是有可能的，黄巾起义的爆发促成党锢解除，一批被视为党人而遭免职或获罪的官员重新复出，汉灵帝之前对蔡邕的印象就很好，加上蔡邕名气很大，此时复出是有可能的。

同在朱儁军中的司马张超不是后来曾任广陵郡太守、参加讨伐董卓的那个张超。广陵郡太守张超字孟高，东平国寿张人；此处的张超字子并，河间国鄚县人，是一位文学家、书法家。《后汉书·文苑列传》记载：“张超字子并，河间鄚人也。留侯良之后也。有文才，灵帝时，从车骑将军朱儁征黄巾，为别部司马。著赋、颂、碑文、荐、檄、笺、书、谒文、嘲，凡十九篇。超又善于草书，妙绝时人，世共传之。”《隋书·经籍志》收录有《张超集》五卷，有目无书，在隋朝时便已散佚。

南阳郡的黄巾军于二月起事，三月攻占宛城，之后四易主帅，虽一再战败，但英勇顽强，不屈不挠，与朝廷的军队殊死搏斗了九个月，成为光和七年黄巾起义的几支主力部队中坚持时间较长的一支。

在朱儁手下的各支部队中，佐军司马孙坚所部是一支战斗力超强的队伍。孙坚打仗很有办法，又不怕死，所以很快立下了战功。朱儁上报朝廷，升孙坚为别部司马。如果佐军司马相当于“副团长”，那么别部司马就相当于“独立团团长”。《三国志·孙坚传》裴松之注引《吴书》记载，孙坚在战场上所向无前，在西华的作战中率部深入敌后，结果被黄巾军打了埋伏。孙坚受伤堕马，脑子却很清醒，卧在草中一动不动，因而没被敌人发现。孙坚伤势挺重，已动弹不得，不过他的坐骑是一匹宝马，独自摸回营寨后“踣地呼鸣”，众人惊异，便随这匹马来到孙坚堕马的地方，在草丛中找到孙坚。孙坚在营中只休养了十来天，没等伤完全好就又带兵出战。在宛城之战中，孙坚又一次冲在最前面，“登城先入”，再次立功。

八、为何“大而不倒”

这一年的十二月己巳日，汉灵帝下诏大赦天下，改年号为中平，寓意天下重新获得安宁。之前，这一年仍属光和七年，属于中平元年的其实只有最后不到一个月的时间。关于改元易号的处理办法，陈垣先生在《二十史朔闰表·例言》中指

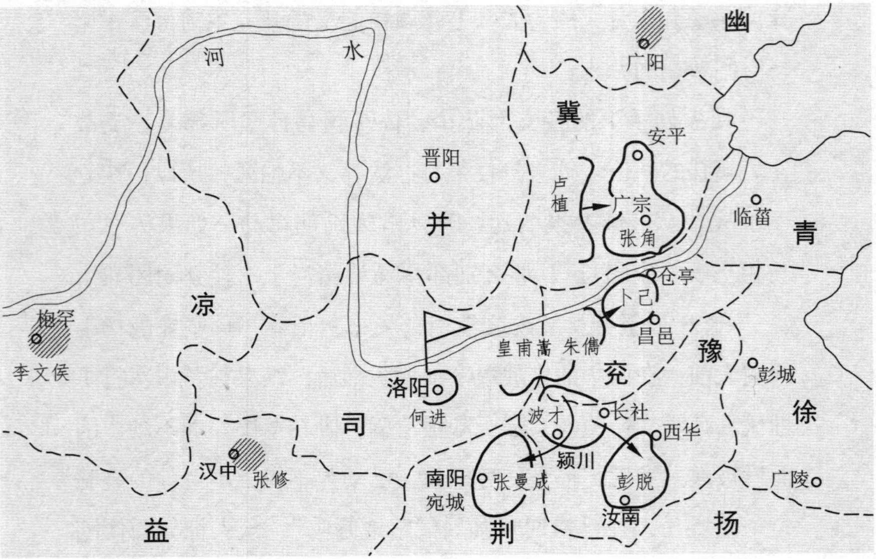

图3　黄巾起义示意图

出："易号改元应从下令之日为始，未必追改以前之月日。今表于年中改元者，悉仍其旧号，而系新号于二年，并于表下著其改元之月日。盖睹二年即知有元年，若削去末年而冠以新元，则何以知汉之始元有七年、晋之咸宁有六年？甚非史实。且凡未改元前，条教号令及民间契约必仍用前元，史家岂能一一代为追改。"按照这一原则，黄巾起义其实应该发生在汉灵帝光和七年而不是中平元年。不过，包括《后汉书》《后汉纪》《资治通鉴》在内，各书均直接以"中平元年"贯穿于全年。

转眼到了中平二年（185）的春天，朝廷任命朱儁为右车骑将军。朱儁率兵回京，改任光禄大夫，封钱塘侯，也是一个县侯，食邑五千户。由太平道发动的这场轰轰烈烈的黄巾起义失败了，虽然其余波仍未平息，但再也无法掀起全国性高潮，这场大风暴让东汉王朝受到了重创，但东汉王朝并没有倒下。

黄巾起义持续的时间不到一年，与黄巾军刚打出大旗时万方影从的盛况、席卷全国的气势相比，这个结局多少出乎人们的预料。有人将原因归结为农民起义的局限性，有人归结为起义军过度分散、缺乏强有力的协调和统一指挥，有人归结为起义前叛徒的出卖，有人归结为朝廷迅速组织起了讨伐部队而皇甫嵩、卢植、朱儁、曹操这些人在军事上也比黄巾军将领高出一筹。

其实，要论局限性，哪一次农民起义都不同程度地存在；要论力量的分散，黄巾军还不算最严重的一个，但有的人却成功了，有的虽然失败也没有败得这么迅速和彻底；至于叛徒，似乎是任何一次农民起义都无法避免的事，好在黄巾军因此付出的损失并不算大，起义仍然顺利启动了；要说皇甫嵩这些人更能打，那也不是主要原因，如果东汉王朝真的大势已去，靠他们几个人是无力回天的。那么，东汉王朝没有在黄巾风暴中倒下，最重要的原因是什么呢？有一块汉朝末年的石碑，上面刻着的一个故事，也许能帮助人们解开这个疑团。

这块石碑上的文字，记录了曹全的故事。曹全是谁？作为历史人物，他微不足道，史书里没有他的传记，也很少提到他。但曹全又是一个知名度极高的人物，在书法领域里足以与王羲之、柳公权等相比。曹全不是书法家，他的知名度来自这块《曹全碑》。《曹全碑》全称《汉郃阳令曹全碑》，因曹全字景完，故又名《曹景完碑》，立于中平二年，早在明代万历初年就出土了，那时正是张居正主持国政时期。几百年过去了，这块石碑仍然幸运地保存着，现存于西安碑林博物馆。这块石碑上的文字不到一千字，记录了曹全的生平事迹，石碑背面还有五十多个人的题名，告诉人们碑上记述的内容经过了见证，是真实可信的。《曹全碑》全文如下：

君讳全，字景完，敦煌效谷人也。其先盖周之胄，武王秉乾之机，翦伐殷商，既定尔勋，福禄攸同，封弟叔振铎于曹国，因氏焉。秦汉之际，曹参夹辅王室，世宗廓土斥竟，子孙迁于雍州之郊，分止右扶风，或在安定，或处武都，或居陇西，或家敦煌，枝分叶布，所在为雄。君高祖父敏，举孝廉，武威长史，巴郡朐忍令，张掖居延都尉。曾祖父述，孝廉，谒者，金城长史，夏阳令，蜀郡西部都尉。祖父凤，孝廉，张掖属国都尉丞，右扶风隃麋侯相，金城西部都尉，北地太守。父琫，少贯名州郡，不幸早世，是以位不副德。

君童龀好学，甄极瑟纬，无文不综，贤孝之性，根生于心。收养季祖母、供事继母，先意承志，存亡之敬，礼无遗阙。是以乡人为之谚曰："重亲致欢曹景完。"易世载德，不陨其名。及其从政，清拟夷齐，直慕史鱼，历郡右职，上计掾史，仍辟凉州，常为治中，别驾，纪纲万里，朱紫不谬。出典诸郡，弹枉纠邪，贪暴洗心，同僚服德，远近惮威。

建宁二年，举孝廉，除郎中，拜西域戊部司马。时疏勒国王和德，弑父篡位，不供职贡。君兴师征讨，有吮脓之仁，分醪之惠。攻城野战，谋若涌泉，威牟诸贲，和德面缚归死。还师振旅，诸国礼遗，且二百万，悉以簿官，迁右扶风槐里令，遭同产弟忧弃官，续遇禁网，潜隐家巷七年。

光和六年，复举孝廉，七年三月，除郎中，拜酒泉禄福长。沃贼张角，起兵幽冀，兖豫荆杨，同时并动。而县民郭家等，复造逆乱，燔烧城寺，万民骚扰，人褢不安，三郡告急，羽檄仍至，于时圣主谘诹，群僚咸曰："君哉！"转拜郃阳令，收合余烬，芟夷残逆，绝其本根。遂访故老商量，俊艾王敞、王毕等，恤民之要，存慰高年，抚育鳏寡，以家钱籴米粟，赐癃盲。大女桃婓等，合七首药神明膏，亲至离亭。部吏王宰、程横等，赋与有疾者，咸蒙瘳悛。惠政之流，甚于置邮。百姓襁负，反者如云。辑治廧屋，市肆列陈，风雨时节，岁获丰年，农夫织妇，百工戴恩。县前以河平元年，遭白茅谷水害，退于戊亥之间。兴造城郭，是后旧姓及修身之士，官位不登，君乃闵缙绅之徒不济，开南寺门，承望华岳，乡明而治，庶使学者李儒、栾规、程寅等，各获人爵之报。廓广听事官舍，廷曹郎阁，升降揖让朝觐之阶，费不出民，役不干时。

门下掾王敞、录事掾王毕、主簿王历、户曹掾秦尚、功曹史王颛等，嘉慕奚斯，考甫之美，乃共刊石纪功。其辞曰：

懿明后，德义章，贡王廷，征鬼方，威布烈，安殊荒，还师旅，临槐里，感孔怀，赴丧纪，嗟逆贼，燔城市，特受命，理残圮，芟不臣，宁黔首，缮官寺，开南门，阙嵯峨，望华山，乡明治，惠沾渥，吏乐政，民给足，君高升，极鼎足。

中平二年十月丙辰造

根据石碑上的记载，曹全的故事是这样的：他出生于敦煌名门望族，以戎马军功名扬河西边陲，后来担任关中地区槐里县的县令，因弟弟病故而辞官回家。这时遭遇了“党锢之祸”，曹全被迫在家隐居了七年。光和七年三月，曹全被重新起用，任命为酒泉郡禄福县县长。这时张角在幽州、冀州一带起兵，兖、豫、荆、扬诸州同时响应，郃阳县农民郭家等也起来造反，他们焚烧城中的官署，使百姓受到骚扰，人人不得安宁。地方同时告急，特急的军情频频传来，皇上征询臣僚的意见，群僚都说问问曹全吧。于是曹全被任命为郃阳县县令。一到任，曹全就扑灭了战火，剿清了残余的叛乱者，收到了斩草除根的效果。接着，曹全又访问本县三老，协同当地人士王敞、王毕等体恤民众的急需，慰问年老的人，抚育鳏寡孤独，还用自家的钱买来米粮赠送给体弱多病者和盲人。曹全的大女儿桃婓等还配制了由七种草药合成的“神明膏”，亲自送到离城很远的亭舍，曹全的下属王宰、程横等人把药送给伤病者，他们大多都被治愈了。曹全施行惠政的美名得以快速传播，百姓们抱着孩子、背着东西纷纷返回故里，房屋得以修缮，商店重新开张，虽是多风多雨的时节，粮食也获得了丰收，种田的农民、织布的妇女以及手工业者对曹全无不感恩戴德。曹全还广泛听取民意，开明治事，扩充官舍。曹全死后，郃阳县57名郡县官吏在王毕、王历、秦尚等人号召下，感恩戴德，同心合力在郃阳故城为曹全竖起了这座石碑。

古人的碑文如同今人追悼会上的悼词，赞美的多，批评的少。真实的曹全肯定没这么高大，汉灵帝更不会为剿灭黄巾军的事直接问到他这位县长，碑文所记有一定夸张和虚饰的成分。但作为一种公开表彰、直接记述历史的材料，基本情况和事实也不会完全凭空虚造。郃阳县是陕、晋之间黄河西岸的一个小县，即使在东汉，这里也是默默无闻的地方。通过一块石碑，可以真切感受到一千八百多年前的那场大起义的影响有多么广泛。可以看出，这场起义远比正史记载复杂得多，也激烈得多。起义军首领不仅有张角兄弟等人，像郃阳县的郭家那样的，各地也有不少，而像曹全这样拼命镇压起义的，也有不少。曹全有能力，在地方上有一定影响，在他的带领下形成了一呼百应的局面。郃阳县的起义军被镇压下去了，根据碑文记载，曹全等人完全靠的是自己的力量。东汉实行郡县制，虽然由于军权高度集中造成了地方军力的空虚，但王朝的架构是完整的，各级官吏的体系是有序的，虽然在起义爆发初期发生了混乱，但一经朝廷牵头，又可以快速组织起来。

曹全不是普通农民，更不是丧失土地的奴婢，在成分上属于地主阶层，他们有财产，有既得利益，是黄巾军打击的对象。不用朝廷号召，他们也会毫不犹豫地站出来与黄巾军作战。这些人在地方上有很强的势力，汉末各地壁坞盛行，其实就是这些人建立起的一个个堡垒，政治上服从朝廷，管理上完全独立，他们才是扑灭黄巾起义这场大火的中坚力量。

东汉王朝建立后，推行以礼治国的统治方略，大力弘扬儒术，从而培养出众多的“铁杆支持者”。东汉王朝虽然衰落了，但很多人脑海中的忠君思想从未泯灭，不管有多少风暴袭来，王朝仍能支撑下去，有人将这种现象称为“大而不倒”。

第三章

继续任性

185—186年

一、拒绝反省

一场大火被扑灭了，汉灵帝松了一口气，宦官们却仍然有些紧张。黄巾起义带来了一些政治上的变化，党人解除了禁锢，外戚何进的大将军一职得以保留，宦官集团的政治对手们在不断壮大。在这场黄巾风暴中，宦官封谞、徐奉信奉太平道，参与起事，令汉灵帝愤怒不已，封谞、徐奉被杀。事情过去了很久，汉灵帝想起此事来仍然有些想不通，于是把宦官头目们叫来训话。《后汉书·宦者列传》记载：

后中常侍封谞、徐奉事独发觉坐诛，帝因怒诘让等曰："汝曹常言党人欲为不轨，皆令禁锢，或有伏诛。今党人更为国用，汝曹反与张角通，为可斩未？"

"你们整天说党人图谋不轨，让我把他们禁锢起来，或者杀了，现在党人都在为国效命，而你们这些人反倒跟张角勾结，你们自己说说，应不应该去死？"汉灵帝的愤怒显然是有道理的，看到他真的翻了脸，张让、赵忠等人赶紧跪下叩头，异口同声地说这些都是“故中常侍王甫、侯览所为”。王甫、侯览在之前的政治斗争中失利，一个被杀，一个自杀，宦官们便把他们拉出来做替罪羊。宦官们确实吓着了，赶紧通知各地的宗亲、子弟，让他们都回来，以避免在地方上再惹出事来。

赵忠、夏恽等人暗中商议，认为出现这样的局面都是一个人造成的，那就是吕强。在赵忠、夏恽等人看来，正是吕强向汉灵帝建议解除党锢，才让党人如此得势，自己如此被动。于是，赵忠等人对吕强展开了陷害，他们说吕强跟党人们一向来往密切，经常共议朝政，用心可疑。还说吕强的兄弟们都是贪官，干尽了坏事。为置吕强于死地，他们编造说吕强经常读史书里的《霍光传》。霍光是霍去病的弟弟，汉昭帝时的重臣。汉昭帝驾崩，没有儿子，在霍光主持下迎立汉武帝的孙子昌邑王刘贺即位，但二十七天后又以淫乱无道的理由把他废掉。尽管霍光也是一代名臣，为汉室尽忠竭力，但他以人臣的身份行废立之事还是被人议论，视为权臣的代表。说吕强常读《霍光传》，就是暗示他也图谋不轨，想谋反。汉灵帝居然相信，让中黄门带兵去召吕强。吕强无奈，被迫自杀。《后汉书·宦者列传》记载：

于是诸常侍人人求退，又各自征还宗亲子弟在州郡者。中常侍赵忠、夏恽等遂共构强，云“与党人共议朝廷，数读《霍光传》。强兄弟所在并皆贪秽”。帝不悦，使中黄门持兵召强。强闻帝召，怒曰：“吾死，乱起矣。丈夫欲尽忠国家，岂能对狱吏乎！”遂自杀。

赵忠、夏军仍不善罢甘休，又进谗言道：“强见召未知所问，而就外草自屏，有奸明审。”审查当然由赵忠等人主持，吕强的整个宗族都遭了殃，财产全部没收。尽管汉末有“十常侍”等宦官专权，但也有像吕强这样清正贤能的宦官。除吕强外，济阴郡人丁肃、下邳国人徐衍、南阳郡人郭耽、汝阳郡人李巡、北海国人赵祐等五位宦官也为人清正忠诚，不争威权，只不过他们是宝官中的极少数。

在一部分有正义感的官员看来，经历了如此大的一场风暴，朝廷无论如何都应当认真反省一下。他们心中对宦官的不满情绪越来越高涨，幻想着汉灵帝经过这场变故能看清宦官们的真面目，从而痛下决心推行政治革新。这种想法是天真的，因为他们并不知道现在能左右国家命运的其实并不是汉灵帝，汉灵帝虽然逐渐成长起来，但他并不是一个强势皇帝，也不得不在各种政治势力之间努力保持着平衡。让汉灵帝去结束宦官专权的局面，这种想法不切实际。

可有人等不及了，向宦官发起了挑战。皇甫嵩手下有一名军官，在黄巾起义还没有完全平息时就直接向汉灵帝上疏，痛陈朝政得失。这位军官名叫傅燮，凉州刺史部北地郡泥阳县（今陕西省铜川市耀州区）人，是太尉刘宽的学生，两次被举为孝廉，此时在皇甫嵩军中任护军司马一职。傅燮在上疏中提出了两个问题：一是黄巾之乱究竟是谁造成的，二是黄巾之乱平息后应该怎么办。傅燮认为问题都是由宦官们造成的，当务之急是除恶扬善，且刻不容缓。这份上疏记载在《后汉书·傅燮传》中：

> 臣闻天下之祸，不由于外，皆兴于内。是故虞舜升朝，先除四凶，然后用十六相。明恶人不去，则善人无由进也。今张角起于赵、魏，黄巾乱于六州。此皆衅发萧墙，而祸延四海者也。臣受戎任，奉辞伐罪，始到颍川，战无不克。黄巾虽盛，不足为庙堂忧也。臣之所惧，在于治水不自其源，末流弥增其广耳。陛下仁德宽容，多所不忍，故阉竖弄权，忠臣不进。诚使张角枭夷，黄巾变服，臣之所忧，甫益深耳。何者？夫邪正之人不宜共国，亦犹冰炭不可同器。彼知正人之功显，而危亡之兆见，皆将巧辞饰说，共长虚伪。夫孝子疑于屡至，市虎成于三夫。若不详察真伪，忠臣将复有杜邮之戮矣。陛下宜思虞舜四罪之举，速行谗佞放殛之诛，则善人思进，奸凶自息。臣闻忠臣之事君，犹孝子之事父也。子之事父，焉得不尽其情？使臣身备鈇钺之戮，陛下少用其言，国之福也。

傅燮认为，天下的灾祸不是来自外部，而是由内部产生。虞舜先除四凶，然后任用十六名贤人辅佐自己，说明恶人不除，真正的人才无法掌握权力。张角起于六州，灾难源自眼前，祸患波及四海，其势力虽然强大，却并不是真正需要担心的，应该担心的是，治理洪水却没有治理源头，结果越治理越泛滥、越严重。傅燮认为，陛下仁德宽容，对很多事情下不了狠心，所以才会造成阉佞弄权、忠臣不进的局面。

傅燮提出，张角被枭首，黄巾驯服，但自己更感到忧虑。为什么呢？因为邪恶的人和正直的人不能同时在朝中存在，就像冷冰和火炭不可能同时盛在一个容器里那样。邪恶的人会发现，正直的人即将成功时就是自己的地位岌岌可危之际，势必花言巧语从中挑拨。曾参很孝顺，但不断有人打他的小报告，就连母亲对他都起了疑心；大街上没有老虎，有三个人一口咬定有，大家就会相信真的有老虎。傅燮警告，如果不能分辨真伪，忠臣义士恐怕还将不断受到迫害，陛下应该效仿虞舜杀四凶，迅速铲平奸佞，那么人才将会自然涌现，凶恶将自然平息！

这是一份极有见地、振聋发聩的上书。傅燮真正想说的是，只要奸恶的人存在，忠良的人就不会有好下场。忠良的人取得了功绩，奸恶的人就会惴惴不安，因为这将威胁到他们的地位，他们一定会反击。汉灵帝看到了这份重要的上疏，但不幸的是，宦官们随后也看到了。中常侍赵忠看完，恨得牙痛，想方设法陷害傅燮。傅燮因功本应授爵位，但黄巾起义平息后朝廷论功行赏，傅燮却没有份。不过，这份上疏大约给汉灵帝留下了深刻印象，汉灵帝觉得傅燮是个人才，不久后任命他为议郎。

这时，抨击宦官的言论多了起来。之前提到的侍中向栩也发难，上疏汉灵帝，批评宦官。看到连向栩这样的书呆子都敢攻击自己，宦官们又气又怕。这一次宦官们毫不留情，立即展开了反击。宦官们诬告向栩是黄巾军的卧底，说他跟封谞、徐奉是同党，向栩因此下狱。宦官们报告汉灵帝，说经过审讯，发现向栩确实是黄巾军的奸细，当初不让朝廷出兵就是证据。就这样，向栩被杀于北寺狱。宦官们担心党人和朝臣们对他们的攻击会铺天盖地而来，他们必须把这股可怕的潮流消灭于未形成之时。

可是，这并没有堵住来自朝臣和党人们的攻击。向栩刚死，郎中张钧又上书，直言“十常侍”之祸。张钧认为张角之所以能兴兵作乱，百姓之所以乐于归附他们，所有的根源都来自“十常侍”。“十常侍”把自己的父兄、子弟、亲属、宾客都派到州郡当官，搜刮民间财富，欺压百姓，百姓有冤没处诉说，所以谋议不轨，聚为盗贼。张钧建议斩杀“十常侍”，把他们的脑袋挂在洛阳南郊，向百姓谢罪，同时派人布告天下。

汉灵帝看到了张钧的上书，没有扔到一旁，而是想了想，把张让等宦官头目叫来。汉灵帝把张钧的上书拿出来让张让、赵忠等人传阅，张让、赵忠等看罢，汗流浃背。张钧说的话并不让宦官们感到意外，意外的是汉灵帝要拿给他们看，不知道是什么意思。张让、赵忠等人都脱下官帽，赤着双脚，叩头不止，哀求汉灵帝不要治他们的罪。他们表示，愿意把财产贡献出来作为军费。汉灵帝看到张让年纪一大把，此时哭得跟泪人似的，于是让宦官们穿好衣服，穿上鞋，该做什么做什么。汉灵帝反而迁怒于张钧，“十常侍”里难道没有一个是好人？朝中那些宦官的爪牙趁机陷害张钧，说他平时在家偷学太平道，于是把他抓起来。张钧也死于狱中。

在这轮斗争中，宦官们尽管处于不利地位，但仍然化解了危机。不过他们心中并不踏实，因为向栩、张钧毕竟是小角色，如果再有更重要的人物出来攻击自己，是否还能顺利过关就不好说了。

二、“诸侯年”

中平二年二月里的一天，洛阳南宫的云台突然发生火灾，火势很大，无法立即扑灭，只能任由它烧，以至于燃烧了半个月。《后汉书·灵帝纪》记载：“二月己酉，南宫大灾，火半月乃灭。”《续汉志》补充：“时烧灵台殿、乐成殿，延及北阙度道，西烧嘉德、和驩殿。”在这场大火中，南宫的中门乐成门是重灾区，北阙、嘉德殿、和驩殿都受到波及。大火熊熊燃烧，房顶过火后露出数百根柱子，夜里一齐燃烧，好像悬挂着的华灯。大火一时难以扑灭，延烧到白虎门、威兴门、尚书台、符节署、兰台、灵台等处。洛阳灵台始建于周朝，里面藏有无数图书、典籍、珍玩，差点儿全部被火烧光。

对于这场大火，人们有一些议论。《续汉书·五行志》记载，当时有许多人认为这场火与汉灵帝执政无道有关，黄巾起义虽然初步平息了，但东汉王朝付出了惨重代价，百姓生活更加困苦，而汉灵帝不仅不能克己复礼，反而更为暴虐奢侈，所授官员不得其人，贿赂成风。人们纷纷议论，说上天看到汉灵帝放逐贤人、笑赏恶人，那还要典章制度有什么用呢？于是放一把天火烧了他的云台、城门和禁中收藏秘籍的殿阁。《续汉书·五行志》记载：

> 京房《易传》曰："君不思道，厥妖火烧宫。"是时黄巾作慝，变乱天常，七州二十八郡同时俱发，命将出众，虽颇有所禽，然宛、广宗、曲阳尚未破坏，役起负海，杼柚空悬，百姓死伤已过半矣。而灵帝曾不克己复礼，虐侈滋甚，尺一雨布，驺骑电激，官非其人，政以贿成，内嬖鸿都，并受封爵。京都为之语曰："今兹诸侯岁也。"天戒若曰：放贤赏淫，何以旧典为？故焚其台门秘府也。

这里提到的"诸侯岁"，是说汉灵帝在本年一口气封出去很多侯爵，是一个"诸侯年"。对封建王朝来说，封侯向来是一件大事，哪怕是较低的亭侯，也并非轻易就能获得，不是官职达到一定品级就能自动获得爵位，而要看有没有特殊的功绩，尤以军功为重。即便久居三公之位，如果没有特别的功绩，也难以封侯。像皇甫嵩、朱儁这样的人，封个县侯并不为过，甚至朱儁手下的孙坚，本年被封为乌程侯，也是一个县侯，大家对此不会议论，因为这都是靠军功取得的。像孙坚那样的，甚至是靠着不怕死换来的。

人们议论的是，一些没有特殊功绩的人也被封了侯爵。何进一直坐镇洛阳，并没有真正上过战场，事后被封为慎侯，虽不能服众，倒也说得过去，毕竟是大将军，名义上是军职最高的人。可是，宦官们也以讨伐黄巾军为由被封侯，就有些难以服众了。《后汉纪·孝灵皇帝纪》记载："以讨张角功，封中常侍张让等十二人为列侯。"此处没有一一列出这十二个人的名字，一般认为他们是张让、赵忠、夏恽、郭胜、孙璋、毕岚、栗嵩、段珪、高望、张恭、韩悝和宋典。这些人没有担任过军职，没有上过战场，同时被封侯，确实令人不满，所以京城的人将中平二年戏称为"诸侯年"。

皇甫嵩以左车骑将军的身份兼任冀州牧，无疑对宦官的专权构成了挑战。史书对皇甫嵩评价很高，说他能体恤士卒，每次行军安营，必须看到将士们的营帐立好后才肯休息。他还关心士兵的伙食，经常亲自品尝普通士兵的饭菜。皇甫嵩是一员猛将，战场上对敌人不乏霹雳手段，但对部下却心慈手软。有人因贪污受贿被查出来，皇甫嵩一律从轻发落，又给他们钱物进行安置，让这些人很羞愧，有人因惭愧而自杀。兼任冀州牧后，皇甫嵩把主要精力用在了冀州的恢复和建设上，他奏请汉灵帝，请求免除冀州刺史部一年的田租，用来救济饥民，汉灵帝诏准。冀州百姓感念皇甫嵩的恩德，作歌谣道：

天下大乱兮市为墟，
母不保子兮妻失夫，
赖得皇甫兮复安居。

歌谣唱的是：天下大乱啊，城市变成了废墟；母亲不能保护儿子啊，妻子失去了丈夫；幸亏有了皇甫将军啊，让我们再次安居。皇甫嵩的个人威望达到顶点，又手握重兵，一时威震天下。于是，皇甫嵩也成为一些有想法的人关注的对象。《后汉书·皇甫嵩传》记载，有一个人秘密拜见了皇甫嵩，向他提出一个让人惊骇的建议。这个人名叫阎忠，曾任信都县县令，是凉州人。阎忠是怎么找到皇甫嵩的？史书没有交代。不过也不难索解，皇甫嵩的老家安定郡也属凉州，阎忠和皇甫嵩算是老乡。信都县属冀州刺史部，如果阎忠是最近离的职，那么他也曾是皇甫嵩的部下。老乡又是部下，这种关系容易变得很亲近。阎忠之前的事迹不详，只知道他是一个很有想法的人。看到宦官当道，朝政黑暗，阎忠劝皇甫嵩："难得而易失者，时也；时至不旋踵者，几也。"阎忠认为圣人应顺时而动，智者应因机而发，将军正手握着难得的时运，脚踏着更为难得的机会，却临机不发，将来很难保全自己。

这些话让皇甫嵩有些不解，问阎忠是什么意思。阎忠继续说，天道无远近，其实谁都能当天子，将军您受命于三月，收功于岁末，用兵如神，谋略无二，摧垮强敌比折断枯枝还容易，消灭顽寇如同沸汤融雪，旬月之间神兵电扫，封尸刻石，向朝廷报捷，威德震于本朝，大名驰于天下，即使商汤和周武王，他们的功业也高不过将军。阎忠说，现在将军您外建不赏之功，内怀高人之德，却侍奉着平庸的皇帝，用什么来保全自己平安呢？阎忠的这番话说得有些离谱了，因为是老乡，皇甫嵩并未制止，而是说自己每天都敬思其职，心中不忘效忠，又怎么会不平安呢？皇甫嵩明显不接受阎忠的看法。但阎忠不想放弃，又说道：

昔韩信不忍一餐之遇，而弃三分之业，利剑已揣其喉，方发悔毒之叹者，机失而谋乖也。今主上势弱于刘、项，将军权重于淮阴，指捴足以振风云，叱咤可以兴雷电。赫然奋发，因危抵颓，崇恩以绥先附，振武以临后服，征冀方之士，动七州之众，羽檄先驰于前，大军响振于后，蹈流漳河，饮马孟津，诛阉官之罪，除群凶之积。虽僮儿可使奋拳以致力，女子可使褰裳以用命，况厉熊罴之卒，因迅风之势哉！功业已就，天下已顺，然后请呼上帝，示以天命，混齐六合，南面称制，移宝器于将兴，推亡汉于已坠，实神机之至会，风发之良时也。夫既朽不雕，衰世难佐。若欲辅难佐之朝，雕朽败之木，是犹逆坂走丸，迎风纵棹，岂云易哉？且今竖宦群居，同恶如市，上命不行，权归近习，昏主之下，难以久居，不赏之功，谗人侧目，如不早图，后悔无及。

阎忠说，当年韩信不忍一顿饭的知遇之恩，放弃三分天下的大业，等到利剑将刺穿喉咙才发出悔恨的叹息，这是什么？这就是白白失去了机会而谋略不足啊！如今主上远不如刘邦、项羽，而将军您权亘于韩信，您足以让风云振动，叱咤间可兴起雷电。如果赫然奋发，趁机推翻已处在危弱中的朝廷，推崇恩德，振奋兵威，征召人才，发动百姓，羽檄于前，大军其后，可以蹈流漳河，饮马孟津，诛杀宦官，铲除凶恶！如此，少年将会为将军奋拳致力，就连女子都会整装而来效命，掀起迅风扫落叶的声威！到那时功业已就，天下已顺，然后请告天命，天下一统，南面称帝，推翻正在衰亡的刘汉，现在正是绝好的机会，是奋发而起的大好时机！朽木不能雕刻，衰世难以辅佐。想辅佐难以辅佐的朝廷，就如同雕刻朽败之木，如同逆着斜坡滚动圆球，如同迎着风驾驶帆船，那是多么困难啊！如今宦官成群结队地占据着要职，作恶多端，天子的诏令无法施行，大权归于近旁的奸佞，在昏君的统治下，忠贤之辈难以久安，将军您虽然建立了不世功勋，却也正是奸佞们忌惮的对象，如不早做打算，后悔都来不及了！

一番话让皇甫嵩感到恐惧不安，对阎忠道：

非常之谋，不施于有常之势。创图大功，岂庸才所致。黄巾细孽，敌非秦、项，新结易散，难以济业。且人未忘主，天不祐逆。若虚造不冀之功，以速朝夕之祸，孰与委忠本朝，守其臣节。虽云多谗，不过放废，犹有令名，死且不朽。反常之论，所不敢闻。

皇甫嵩认为，违反常规的图谋无法在正常形势下得到成功，创图大功也不是庸才能做到的，黄巾军的势力远比不上秦朝、项羽，而我军多是新集结起来的，容易散掉，难成大业。况且，人不能忘记主上的恩宠，上天不护佑造反的人，如果不切实际地去做不可能的事，招来祸患那也是早晚的，不如委身忠于本朝，守住臣节，即使受到谗言陷害，也不过是免职罢了，至少还有美好的名声，死了也能不朽。皇甫嵩强调，对于违反常规的言论，自己不想听。阎忠知道皇甫嵩不会用他的计策，赶紧逃了。阎忠以识人见长，他在西北老家时见过一个少年，觉得他天资不凡，预言这位少年将来会成为陈平、张良一类的人物。这位少年名叫贾诩，以后成为汉末三国时期最著名的谋士之一。阎忠离开皇甫嵩后并没有销声匿迹，他回到了家乡，后来有人造反，又把他推出来，这是后话。

这段神秘谈话引人注目，有人认为阎忠是当年劝韩信造反的蒯通那样的人物，具有非凡的远见，洞悉时局，韩信也罢，皇甫嵩也罢，如果听了他们的建议，结局都将不一样。韩信的情况不好说，当年他确实手握重兵，声望如日中天，如果起兵与刘邦分庭抗礼，至少多了一条出路，不至于死得那么窝囊。但皇甫嵩不同，他不是韩信，或者说个人情况和外部条件都不如韩信，他虽然手握重兵，可一旦公开造反，有多少人会跟着他走很难说。

刘汉朝廷虽然如阎忠所说已江河日下，正走向衰亡，但会不会有人出来振臂一呼它就轰然倒掉？可能性还不大，作为一个“大而不倒”的王朝，它至少还能撑上一阵子。所以，皇甫嵩并不是缺乏智慧和胆识，而是很冷静。不过，阎忠敢于提出这样的观点，说明在他心中已经认定刘汉的国运即将走到尽头，现在已经到了改朝换代的时候了，在上流社会和精英阶层中有这种观点的虽然还不是大多数，但经过一场黄巾起义的洗礼，这种思潮已经开始萌动了。

就在这次谈话后不久，中平二年春天，西北地区发生了叛乱，汉灵帝诏皇甫嵩前往长安坐镇指挥。皇甫嵩由冀州前往关中，中途路过洛阳，汉灵帝特意为他举行了隆重的迎接和欢送仪式。谢承所著《后汉书·皇甫嵩传》记载："皇甫嵩字义真，拜车骑将军，讨平凉羌胡，选将士枭骑万队，戎车三千，公卿百僚皆祖送于平乐观，大会。"然而刚到七月，朝廷便突然免去了皇甫嵩的车骑将军职务，其中的原因有两种记载：《后汉书·灵帝纪》称"秋七月，三辅螟。左车骑将军皇甫嵩免"，关中地区发生了蝗灾，以此为理由将皇甫嵩免职；《后汉书·皇甫嵩传》则称"嵩连战无功，所费者多"，这里指的是平息西北叛乱无功。

其实，真正的理由是另外两个，也记载在《后汉书·皇甫嵩传》中。一是，皇甫嵩征讨张角时路经邺县（今河北省临漳县），见中常侍赵忠"舍宅踰制"，也就是修建的宅子超过规定标准，于是"奏没入之"，引起赵忠不满。二是，中常侍张让私下向皇甫嵩索贿五千万钱，"嵩不与"，由此惹怒张让。赵忠、张让深恨皇甫嵩，便找了些借口将皇甫嵩免职，"收左车骑将军印绶"。皇甫嵩的县侯也被降为都乡侯，食邑由八千户降为两千户。

在宦官们看来，傅燮、向栩、张钧等敢于挑战自己的人都没能成功，皇甫嵩这样手握实权对自己构成挑战的人也受挫了。经历了一些短暂的危机后，宦官们又迅速稳住了阵脚，重新大权在握。现在，宦官们唯一忌惮的人大概只有太尉杨赐，黄巾起义爆发后，杨赐作为汉灵帝的老师多次建议革新政治，语气越来越急切，让宦官们以及汉灵帝都有些不高兴。汉灵帝找了个借口，把杨赐的太尉一职免了。《资治通鉴·汉纪五十》记载："帝问太尉杨赐以黄巾事，赐所对切直，帝不悦。夏，四月，赐坐寇贼免。以太仆弘农邓盛为太尉。"

一天，汉灵帝到兰台查阅档案，在那里发现了杨赐、刘陶之前关于张角的一些奏章，这些奏章中的大部分汉灵帝并没有看到过，被宦官们压下来了。看着奏章，汉灵帝才知道老师的忠心，对于一时生气免除其职务感到有些后悔，当即下诏封杨赐为临晋侯，封刘陶为中陵乡侯。接到诏书，杨赐感到不安，认为当年自己和刘宽、张济一同担任汉灵帝的侍讲，他们二人还没有封侯，于是上书请求将封给自己的食邑分一部分给二人，汉灵帝同意。汉灵帝觉得还需要老师的辅佐，于是任命杨赐为尚书令，几天后改任九卿之一的廷尉。杨赐上书，认为自己不是法律方面的专家，坚决推辞。

中平二年八月，司空张温改任车骑将军，杨赐接替张温担任司空。这一年十月，杨赐去世。汉灵帝以弟子的身份穿丧服为老师致哀，三天不上朝，赠东园棺椁、衣物，赐三百万钱、五百匹布，赐谥号文烈，赠骠骑将军、司空印绶下葬，命公卿以下全部参加葬礼。杨赐是汉末清流士人的代表，是两次"党锢之祸"中没有被打倒的少数党人之一，他多次荣登三公之位，利用自己特殊的身份坚持着党人的信仰，是那个特殊时期里敢于和宦官做斗争的少数朝臣之一。杨赐利用自己的地位和影响保护了一批像刘陶那样年轻有为的人才，孔子的第二十世孙孔融曾受杨赐征召在司徒府做事，杨赐命他暗访百官中的贪污之人，准备予以贬谪罢免，孔融在杨赐支持下检举了大量贪官，他们多为宦官的亲族。

经过两次“党锢之祸”，大多数党人对汉灵帝其实已不信任，杨赐成为汉灵帝与党人沟通的主要桥梁，发挥了重要作用。汉灵帝也感受到了党人们尽忠为国的情怀，所以尽管杨赐多次让他不悦，还是对杨赐给予很高的地位与尊重。杨赐之死算是一个标志性事件：对宦官们来说，因黄巾起义带来的一场风暴基本平息了，政局重新回到了从前，不同的是没有杨赐这样的人与宦官做斗争，党人们和一些有识之士对时局的不满和愤懑再也无处发泄，他们开始寻找另外的途径。

三、“修宫钱”

中平二年春天里发生在皇宫的大火，让汉灵帝和宦官们头疼不已。别处的火灾可视而不见，但皇宫是汉灵帝和宦官们居住的地方，看着四处被烧得面目全非、很多地方还在不停地冒着黑烟的宫殿，他们烦透了。有关部门把重修宫殿的预算报了上来，汉灵帝一看更烦心。又是一笔巨款，国家财政几近崩溃，公卿百官的薪俸都要成问题了，根本拿不出这笔钱。如果要修，还得从自己的“小金库”里出。张让、赵忠很理解汉灵帝的心思，他们趁机建议把全国的田赋每亩增加10钱，用来重修宫室，这笔钱被称为“修宫钱”。《后汉书·宦者列传》记载：“明年，南宫灾。让、忠等说帝令敛天下田亩税十钱，以修宫室。”

东汉的主要货币是“钱”，也就是外圆内方的那种铜钱，具体来说是五铢钱，每枚五铢钱就是1钱。汉桓帝时1石米的价格是50钱。汉代1石为4钧，30斤为1钧，1石即120斤。根据对汉代出土的各种“权”也就是秤砣进行考证，汉代的1斤约相当于如今的半市斤，1石即相当于现在的60市斤。按照现在1斤米平均约5元人民币的价格计算，汉末的50钱约相当于如今300元人民币的购买力，1钱约相当于6元人民币。按照张让、赵忠等人的加税方案，全国每亩土地每年要多征60元的赋税，对农民而言无疑是一笔很大的额外支出。

那时农业技术很落后，亩产很低，大约只有3石，合现在的180斤，除去种子，实际收获已没有多少。那时种田主要“以量取胜”，每户种上百亩甚至几百亩地都是常事，每亩加收10钱，对于一个家庭而言确实是一笔沉重的负担。诏令颁布后，自然招来一片反对。不少地方官员愤而上疏，竭力陈述不能用这种办法盘剥百姓。在这些上疏中，乐安郡太守陆康的言辞最为激烈。《后汉书·陆康传》记载：

臣闻先王治世，贵在爱民。省徭轻赋，以宁天下，除烦就约，以崇简易，故万姓从化，灵物应德。末世衰主，穷奢极侈，造作无端，兴制非一，劳割自下，以从苟欲，故黎民吁嗟，阴阳感动。陛下圣德承天，当隆盛化，而卒被诏书，亩敛田钱，铸作铜人，伏读惆怅，悼心失图。夫十一而税，周谓之彻。彻者，通也，言其法度可通万世而行也。故鲁宣税亩，而蝝灾自生；哀公增赋，而孔子非之。岂有聚夺民物，以营无用之铜人；捐舍圣戒，自蹈亡王之法哉！传曰："君举必书，书而不法，后世何述焉？"陛下宜留神省察，改敝从善，以塞兆民怨恨之望。

陆康认为，过去鲁宣公向农民征收田赋，因为发生蝗灾就停了，鲁哀公打算增加田税，孔子认为是一种过失，因为不能剥夺人民的财产去造那些没有用的铜像，现在抛弃圣人之教而效法亡国的措施，应予深思。乐安郡属青州刺史部，范围在今山东省淄博市、东营市一带。陆康的祖籍是扬州刺史部吴郡吴县（今江苏省苏州市），他有个哥哥名叫陆纡，陆纡有个孙子名叫陆逊。

宦官们看到又有人公然挑战自己，恼怒异常，就将陆康作为打击的靶子，来个杀一儆百。宦官们说陆康上疏里援引"亡王"之句是有意影射当今圣主，心怀险恶，犯了大不敬罪，于是派槛车前往乐安郡，要把陆康押来交付廷尉审讯。眼看陆康凶多吉少，幸亏朝中有人竭力相救，在汉灵帝面前替陆康百般解释，陆康才保住一命，被解职回家。

陆康上疏中说的铜像，是汉灵帝下诏铸造的佛像。汉灵帝本向往道教，对老子深怀敬意，后来对佛教也产生了强烈兴趣。佛教在汉代传入中国，一般认为首次传入是在汉明帝时，中国的第一座佛教寺院洛阳白马寺就诞生在这个时期。不过，由于儒学的长期根植，到汉末时佛教还属于相对新鲜的事物。汉灵帝命人铸造了四座铜佛像，竖立在苍龙门、玄武门外，又铸造了四口大钟，悬挂在南宫里的云台和玉殿堂前。汉灵帝搞这些东西，除兴趣爱好外还有“炫富”的意思，因为铜不是普通物资，把它化成铜水，浇在另外的模具上就变成了钱，巨量的铜意味着一笔笔巨款，汉灵帝通过增加赋税的手段把钱财从百姓手中收上来，又通过铸造铜像、铜钟加以储存，比放在他的西园“小金库”里还保险。不过，汉灵帝做的这些事情其实都是为他人作嫁衣，仅仅几年后，这些东西都归了其他人。

为重修南宫，汉灵帝下诏征调各州郡的木材、石料，不管路途远近，都让他们运到洛阳来。钱虽然由朝廷出，但负责验收的是宦官，宦官拥有了这份权力当然不会放过，又借机敛财。各州郡辛辛苦苦送来的东西，宦官一句话，说不合格那就算白送了，用这种手段逼着州郡以“打折价”与宦官结算，有的居然打到了一折。摊派给各州郡的任务很重，时间来不及，东西不能按数目送上来，宦官们就又多了一笔生意，把之前廉价收购来的东西以原价卖给各州郡。各州郡花了高价买回自己送来的东西，再次呈送，宦官仍然刁难，如此一遍遍往复循环。历史上，官场中有黑的、有贪的、有无耻的，但如此公然、如此高调，恐怕只有汉末才有。大批上等木材在一来一回、一回一来中被积压，有的腐烂掉，结果也延误了工期，宫室一连几年都没有修完。宦官们当然不希望修完，那样他们就少了一个发财的路子。各州刺史、郡太守大多数也多不是什么好官，在上面亏了本，就到下边补回来，而且还要加倍，百姓简直没有活路。《后汉书·宦者列传》记载：

发太原、河东、狄道诸郡材木及文石，每州郡部送至京师，黄门常侍辄令谴呵不中者，因强折贱买，十分雇一，因复货之于宦官，复不为即受，材木遂至腐积，宫室连年不成。刺史、太守复增私调，百姓呼嗟。

汉灵帝还下诏，派西园卫士分赴各地，负责督办采购事项，这些人到了下边，受贿索贿、吃拿卡要不算，还动不动威胁要抓人，给州郡造成了恐慌。这时西北边乱还没有退去，关中地区正受到严重威胁，各地黄巾军余部仍在活动，东汉王朝其实依旧处在风雨飘摇之中，汉灵帝和宦官们还有心思为自己的享受而不顾百姓死活，时任谏议大夫的刘陶实在看不下去了，愤而上疏，言辞恳切。

刘陶被封侯后，汉灵帝一度对他十分器重。《后汉书·刘陶传》记载，刘陶“三迁尚书令”，后又拜侍中，然而“以数切谏，为权臣所惮”，后改任为京兆尹。京兆尹如同河南尹，相当于郡太守，管理长安一带数县。刘陶到任，发现“当出修宫钱直千万”，刘陶大愤，“称疾不听政”。汉灵帝看重刘陶的才学，“原其罪”，改任他为谏议大夫。回到洛阳，刘陶认为如今百姓都想逃亡，而敌兵逼近，朝廷的大军孤悬于外，形势十分危急。刘陶说“闻事之急者不能安言，心之痛者不能缓声”，于是痛心疾首上疏道：

今三郡之民皆以奔亡，南出武关，北徙壶谷，冰骇风散，唯恐在后。今其存者尚十三四，军吏士民悲愁相守，民有百走退死之心，而无一前斗生之计。西寇浸前，去营咫尺，胡骑分布，已至诸陵。将军张温，天性精勇，而主者旦夕迫促，军无后殿，假令失利，其败不救。臣自知言数见厌，而言不自裁者，以为国安则臣蒙其庆，国危则臣亦先亡也。谨复陈当今要急八事，乞须臾之间，深垂纳省。

刘陶说的“三郡之民”指京兆尹、左冯翊、河东郡的百姓，刘陶刚从那里来，自然最有发言权。在这份上疏中，刘陶紧急呈请八件要事，其具体内容不详，估计是说天下大乱都是由宦官所引起，所以必须立即诛杀宦官吧。宦官们立即展开反击，他们对汉灵帝说，张角事发，陛下恩威并施，叛乱分子都已改过自新，现在四方安定，但刘陶却看不到圣政，专门揭发阴暗面。宦官们说，刘陶说的那些事，各州郡都没有报上来，刘陶是怎么知道的？由此断定，刘陶跟那些贼寇私下相通！刘陶因此被下北寺狱，宦官们对他日夜拷打，加强审讯。刘陶彻底心灰意冷，在狱中绝食而死，临终前说：“朝廷前封臣云何？今反受邪谮，恨不与伊、吕同畴，而以三仁为辈。”意思是，我最恨的是不能和伊尹、姜尚为同僚，而与微子、箕子、比干一样落得被冤杀的命运，现在上杀忠臣，下有憔悴之民，看来这个朝代已无法长久了，到时候别后悔莫及！

曾任司徒的陈耽为人忠正，宦官们早已忌恨在心，受刘陶案件的牵连，陈耽也下狱而死。从杨赐到刘陶、陈耽，朝廷里硕果仅存的几位忠良之士纷纷离去，汉灵帝很少能再听到逆耳的忠言了。宦官们围着汉灵帝，哄着他开心。一场黄巾风暴几乎改变了整个世界，就是没有改变汉灵帝和宦官们的任性，他们反而比之前更加任性了。

四、宦官发明家

汉灵帝本质上是一个贪图享乐的人，又有宦官们的百般怂恿，所以常有一些令人瞠目结舌的行为。客观地说，汉灵帝确实有一些灵气，尤其在文艺方面，他喜欢音乐、书法，诗歌、辞赋也写得不错，曾创作《皇羲篇》五十章，艺术水准相当高，《汉诗》中收录有他的作品。《太平御览》还记载“灵帝善鼓琴，吹洞箫”。两汉时期文学与艺术逐渐出现走向融通的迹象，如果按音乐、舞蹈、书法、绘画、棋类、珍玩等主要艺术门类进行划分，刘向、傅毅、张衡、马融、蔡邕、孔融、王粲、曹氏父子等都具备了三种以上的艺术才能，其中曹操、曹丕具备了四种，王粲、曹植具备了五种，马融、蔡邕具备六种。汉灵帝精通多种艺术门类，虽然无法与蔡邕等人的艺术成就相媲美，但也算是一位文艺方面的“通才”。

汉灵帝还有一些个人癖好，比如特别喜欢驴。后宫没有驴，宦官们便从外面精心挑选了几头驴进宫，刘宏爱如至宝，每天乘着四头驴驾驶的车子在皇宫里游玩，有时还亲自驾驶。消息传到宫外，立即引起了轰动，洛阳的许多达官贵人竞相模仿，成为时尚，致使民间驴价陡涨。当人们以乘驴车为时髦时，刘宏又有了新爱好，喜欢宠物狗。为讨刘宏欢心，宦官们别出心裁，把狗打扮一番，给它们戴上进贤冠，穿上朝服，还佩上绶带，拉着这些狗上朝，刘宏看见大悦。《续汉书·五行志》记载："灵帝于宫中西园驾四白驴，躬自操辔，驱驰周旋，以为大乐。于是公卿贵戚转相放效，至乘辎軿以为骑从，互相侵夺，贾与马齐。"就此，《后汉书》的作者范晔批评道：

案《易》曰："时乘六龙以御天。"行天者莫若龙，行地者莫如马。《诗》云："四牡骙骙，载是常服。""檀车煌煌，四牡彭彭。"夫驴乃服重致远，上下山谷，野人之所用耳，何有帝王君子而骖服之乎！迟钝之畜，而今贵之。天意若曰：国且大乱，贤愚倒植，凡执政者皆如驴也。其后董卓陵虐王室，多援边人以充本朝，胡夷异种，跨蹈中国。

范晔引《易经》中的话和《诗经》中的诗句，认为天上行走的莫如龙、地上行走的莫如马，至于驴，那是农夫所用罢了，哪有帝王乘坐驴车的呢？这正是上下颠倒、秩序混乱的象征，也预示着后面将要发生的董卓乱政之祸。汉灵帝喜欢狗，皇宫里便养了很多狗。某天，一只狗突然冲出，一阵狂跑，冲进了司空府，见到的人莫不惊异。范晔的评论更为尖刻："今在位者皆如狗也，故狗走入其门。"

汉灵帝还嫌不够热闹，下令在后宫修建街市，让一部分宫女、嫔妃扮成商人，有的扮成卖唱的、耍猴的，自己则穿上商人的衣服在这个人造集市上逛来逛去，有时饮酒作乐，有时与“店主”“顾客”吵嘴厮斗，不亦乐乎。街市虽然是假的，但店中的货物却不是道具，有很多是从各地搜刮来的珍宝，这些值钱的东西常被宫女、嫔妃们偷走，她们常为偷多偷少而暗中争斗，刘宏对此浑然不知。《续汉书·五行志》记载：“灵帝数游戏于西园中，令后宫采女为客舍主人，身为商贾服。行至舍，采女下酒食，因共饮食以为戏乐。”

中平三年（186），距平息黄巾起义才两年，汉灵帝就迫不及待地下令扩建西园。西园是洛阳城内的皇家花园，人工堆土成山而形成的自然景观。东汉造园一改秦朝和西汉热衷于塑造虚妄仙境的风格，转而如实地再现客观的自然山水，比如汉桓帝时大将军梁冀在宅园中模仿崤山筑造假山。西园模仿的是少华山，张衡《东京赋》中有“西登少华，亭候修敕”之句，唐代李贤注：“谓西园中有少华之山。”蔡邕的叔父蔡质在《汉官典职》中也记载有：“宫中苑，聚土为山，十里九坂，种奇树，育麋鹿麑，鸟兽百种。”在西园，人工堆出的“少华山”上绿竹遍野，浓荫蔽天，自宫外引入的河水萦绕山前，山水相映，景观优美，园中放养着经过驯良的禽兽近百种。

汉灵帝还嫌不够，下令在西园中又大量修建室舍，让人采来绿色的苔藓覆盖在台阶上，引来渠水绕着各个门槛到处环流。据晋代王嘉记述，西园里的渠水中种植着南国进献的荷花，花大如盖，有一丈多高，荷叶夜舒昼卷，一茎四莲丛生，取名夜舒荷。每逢盛夏，汉灵帝就到这里来避暑，他挑选十四至十八岁之间的少女执篙摇橹，陪他彻夜宴饮。其间还有种种荒诞行径，无法尽述。王嘉在《拾遗记》中记载：

采绿苔而被阶，引渠水以绕砌。周流澄澈，乘船以游漾。使宫人乘之，选玉色轻体者以执篙楫，摇漾于渠中。其水清澄，以盛暑之时，使舟覆没，视宫人玉色者。又奏《招商》之歌，以来凉气也。歌曰："凉风起兮日照渠，青荷昼偃叶夜舒。惟日不足乐有余，清丝流管歌玉凫，千年万岁喜难逾。"渠中植莲大如盖，长一丈，南国所献。其叶夜舒昼卷，一茎有四莲丛生，名曰夜舒荷。亦云月出则舒也，故曰望舒荷。帝盛夏避暑于裸游馆，长夜饮宴。帝嗟曰："使万岁如此，则上仙也。"宫人年二七已上，三六已下，皆靓妆而解上衣，惟着内服，或共裸浴，西域所献茵墀香，煮以为汤，宫人以之浴。浣毕，使以余汁入渠，名曰流香渠。又使内竖为驴鸣，于馆北又作鸡鸣堂，多畜鸡。每醉乐，迷于天晓，内竖竞作鸡鸣，以乱真声也。乃以炬烛投于殿前，帝乃惊悟。

中平三年，汉灵帝又命钩盾令宋典修缮南宫的玉堂。玉堂整修完成后较以往更为气派，门前悬挂着的那两口巨大的铜钟，每口可以装入两千斛粮食。另外两口同样的铜钟悬挂在新修缮的云台殿前。这几口钟是掖庭令毕岚所造，他造的四列铜人放置在新整修的苍龙门、玄武门前。汉灵帝还命毕岚铸造了天禄虾蟆，能吐水，放置在平门外桥以东，吐出的水流入宫中。在平门外桥以西，则作翻车渴乌，用来洒扫南北郊的道路。《后汉书·宦者列传》记载：

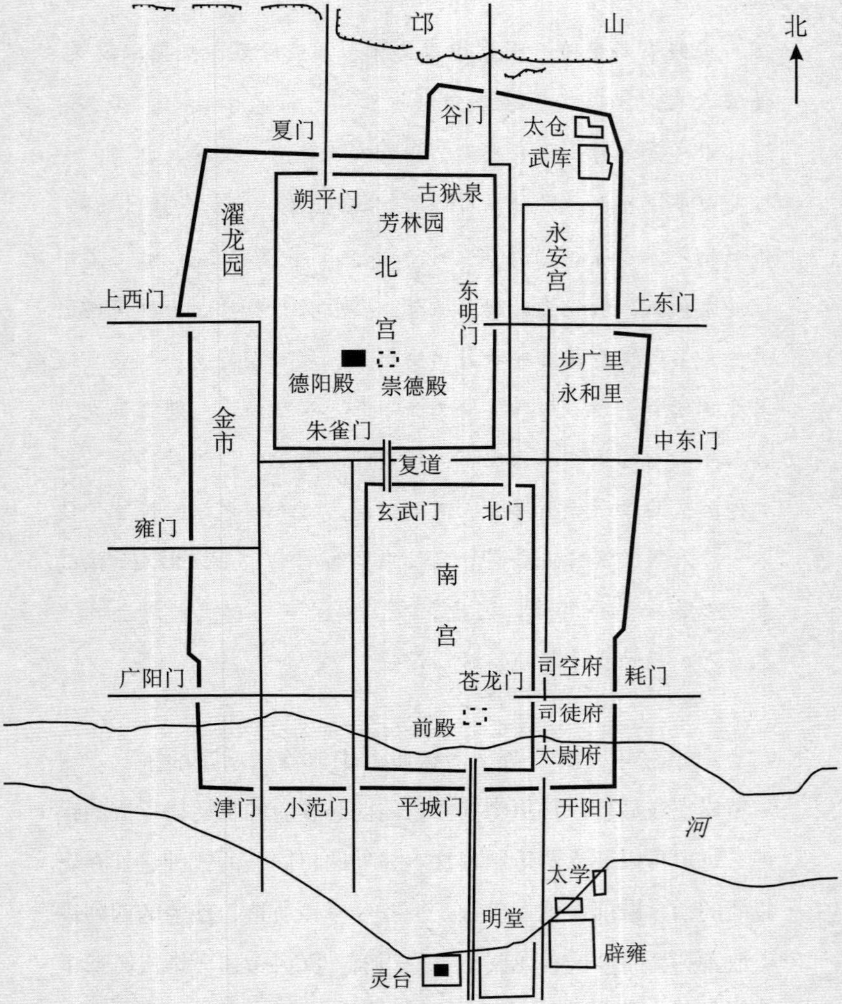

图4　东汉洛阳城市布局示意图

明年，遂使钩盾令宋典缮修南宫玉堂。又使掖庭令毕岚铸铜人四列于苍龙、玄武阙，又铸四钟，皆受二千斛，县于玉堂及云台殿前。又铸天禄虾蟆，吐水于平门外桥东，转水入宫。又作翻车渴乌，旋于桥西，用洒南北郊路，以省百姓洒道之费。

天禄又称“天鹿”“符拨”，是古代神话传说中的神兽，取名与“天命”和“禄位”有关，与此相似的还有辟邪，多将它们雕刻成形以辟邪。从汉代起，辟邪和天禄也作为镇墓兽，天禄头上单角，辟邪为双角，似狮而带翼。古人认为狮虎凶猛可除凶祟，所以用这种神兽来看守阙门和神道，也作为升仙坐骑。从出土的东汉石雕来看，“天禄虾蟆”即“天禄辟邪”，其形象多成对出现，类似于后世大门前摆放的一对石狮子。

对于“翻车渴乌”，唐代李贤注：“翻车，设机车以引水；渴乌，为曲筒，以气引水上也。”据此可知，该装置分为两个部分：一部分是建在河边的水车，即翻车，用来把河水引入上面的水箱；另一部分是在水箱里加装吸水用的曲管，即渴乌，利用虹吸原理把水引出水箱，洒到地面。也就是说，“翻车渴乌”是早期的洒水车，先把水从河里吸上来，再把水挤压出去，洒落路面，较之以手泼水除尘的方法是一大进步。明代徐光启的《农政全书》和宋应星的《天工开物》中绘有“桔槔图”，解释了其中的原理。几十年后曹魏发明家马钧造出了更为轻便灵活的龙骨水车，用来引水灌溉农田，也称翻车。

毕岚是“十常侍”之一，这些东西虽然显示出他的心灵手巧，但其目的只是供汉灵帝享乐。而汉灵帝的种种乖张之举，反映的则是心中的无奈。面对被架空的皇权，汉灵帝早已胸无大志，如果再把他想得智慧一些，也可理解为是在用这些荒诞不经的行为掩饰内心里的不安与骚动。然而，东汉末年的时局始终处在风云激荡之中，宦官集团虽然强大，却也有无法一手遮天的时候，加上汹涌而起的民怨所酝酿出来的冲天怒火，这些都让政局变得越来越不可捉摸。

汉灵帝虽然贵为天子，但始终在宦官们的严密防控之下，即便有政治抱负也难以施展。由于亲自发动了第二次“党锢之祸”，汉灵帝与党人之间形成了难以消解的隔阂，他不敢完全相信党人，党人也不敢再相信他。如此一来，汉灵帝只得更加依靠宦官。汉灵帝的作为如果触动了宦官集团的根本利益，甚至随时会有被“换人”的可能，到那时他面临的将是生命危险。汉灵帝很明白这样的现实，他还得把自己的角色继续演下去，只是志趣不再放在王朝的中兴上面，而是肆意地挥霍着自己的欲望与任性。

五、卖官鬻爵

花钱的地方实在太多，为了创收，汉灵帝打起了卖官鬻爵的主意。《后汉书·灵帝纪》记载：“初开西邸卖官，自关内侯、虎贲、羽林，入钱各有差。私令左右卖公卿，公千万，卿五百万。”唐代李贤注引《山阳公载记》记载：“时卖官，二千石二千万，四百石四百万，其以德次应选者半之，或三分之一，于西园立库以贮之。”这些记载显示，汉灵帝下令在西园设立了专门机构卖官鬻爵，对外明码标价，买一个品秩二千石的官职要花2000万钱，买一个品秩四百石的官职花400万钱，大体上品秩一石合1万钱。在百姓中口碑比较好的可以享受“半价优惠”，但最低不能少于三折。

按照《后汉书》的记载，汉灵帝卖官起始于光和元年，但根据袁宏《后汉纪·孝灵皇帝纪》，这件事情开始于中平元年四月，这一年“初卖官，自关内侯以下至虎贲、羽林入钱各有差”。推测起来，汉灵帝卖官可能始于黄巾起义前，但毕竟不是光明正大的事情，规模较为有限，黄巾起义后朝廷和后宫财政均吃紧，花钱的地方增多，也就管不了那么多了，于是扩大了卖官的规模。

买官买爵需要大量金钱，一时拿不出这么多的钱也没有关系。汉灵帝规定，可以先付一部分，剩下的分次付，相当于

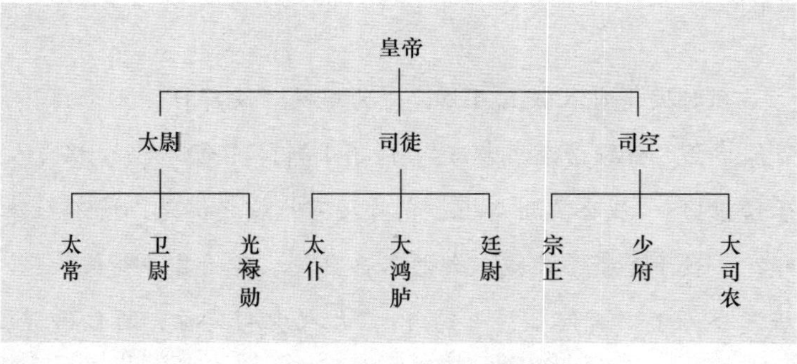

图5　东汉三公九卿设置示意图

“分期付款”；如果连“首付”也拿不出来，也没有关系，可以先上任再交钱，但价钱得翻一番，相当于“零按揭贷款”。这些“天才创意”都出自汉灵帝的头脑。不过，买到手的人也别太高兴，更不要指望一上任就能捞回本钱，因为多数人很快就会被免职，腾出位子好再去卖。曹操的父亲曹嵩这时担任大司农一职，一时心血来潮，花一亿钱买了一个太尉。《后汉书·宦者列传》记载：“嵩，灵帝时货赂中官及输西园钱一亿万，故位至太尉。”不过，曹嵩在这个位子上只干了几个月就被免职。名士崔烈有清名，汉灵帝特意给出“特价”，只收500万钱就卖给他一个司徒。汉灵帝亲自参加了崔烈的就职仪式，仪式上突然有些后悔，对跟前的人说要价低了，至少可以卖1000万钱。崔烈事后也心感不安，问儿子崔钧外面的人是如何议论自己的。崔钧说父亲大人论名望、资历理应位至三公，但现在人们对您却有些失望。崔烈急忙问为什么，崔钧说大家都嫌您身上有铜臭味。崔烈大怒，举起手杖要打崔钧。“铜臭”这个典故，就来自这里。《后汉书·崔烈传》记载：

烈时因傅母入钱五百万，得为司徒。及拜日，天子临轩，百僚毕会。帝顾谓亲幸者曰：“悔不小靳，可至千万。”程夫人于傍应曰：“崔公冀州名士，岂肯买官？赖我得是，反不知姝邪？”烈于是声誉衰减。久之不自安，从容问其子钧曰：“吾居三公，于议者何如？”钧曰：“大人少有英称，历位卿守，论者不谓不当为三公；而今登其位，天下失望。”烈曰：“何为然也？”钧曰：“论者嫌其铜臭。”烈怒，举杖击之。

司马直有清廉之名，朝廷任命他为巨鹿郡太守。汉灵帝考虑到司马直的名望，特意为他减免到300万钱。可司马直仍拿不出这笔钱，也不愿“分期付款”，于是称病不去就任，朝廷则再三催促司马直交钱。司马直无奈，只得出发。行至孟津，司马直留下一封遗书抨击卖官鬻爵的政策，然后服药自杀。《后汉书·宦者列传》记载：“时，巨鹿太守河内司马直新除，以有清名，减责三百万。直被诏，怅然曰：‘为民父母，而反割剥百姓，以称时求，吾不忍也。’辞疾，不听，行至孟津，上书极陈当世之失，古今祸败之戒，即吞药自杀。”

出身于泰山郡羊氏家族的羊续也是一位清廉能臣，曾在第二次“党锢之祸”中被禁锢十多年，黄巾起义爆发后党锢解除，羊续被太尉杨赐征辟为府掾，此后四次升迁，官至庐江郡太守。中平三年南阳郡太守被赵慈等人斩杀，朝廷拜羊续为南阳郡太守。羊续到任，很快平息事态，斩赵慈。羊续宣布政令，为百姓排忧解难，百姓欢欣鼓舞。当时达官权贵奢侈成风，羊续对此很反感，他平时穿破旧的衣服，吃粗劣的食物，坐的车子也很简陋。有部下向羊续进献一条活鱼，羊续接受后将鱼挂在厅堂之上，等部下再次送鱼时，羊续就拿出之前悬挂的鱼给他看，以示拒绝，人们因此称羊续为“悬鱼太守”。

羊续的妻子带着儿子羊秘从泰山郡到南阳郡看望羊续，羊续闭门不让妻子进入，仅让儿子进屋。羊续向儿子展示了自己所有的财产：布被、短衣、盐和一些麦子，仅此而已。羊续对羊秘说，只有这些东西，拿什么给你母亲呢？于是让母子二人返回泰山郡。后来，汉灵帝想拜刘虞为太尉，刘虞推荐了羊续，认为自己不如后者。这时升任三公至少得花一千万钱，宦官来收钱，很多官员都会毕恭毕敬，甚至向其行贿，羊续却让宦官坐在一张席子上，拿出自己的一件破旧棉袄给宦官看，表示自己没有钱。宦官回去报告，这件事也就作罢了，羊续至死没能当上三公。《后汉书·羊续传》记载："时拜三公者，皆输东园礼钱千万，令中使督之，名为'左驺'。其所之往，辄迎致礼敬，厚加赠赂。续乃坐使人于单席，举缊袍以示之，曰：'臣之所资，惟斯而已。'左驺白之，帝不悦，以此故不登公位。"羊续后改任太常，未正式上任就因病去世了。按照制度，九卿一级的官员去世后可以得到一百万钱用于丧葬，府丞焦俭遵照羊续的遗愿，拒绝了这笔费用，对于其他人给予的捐赠也全部拒绝。清廉家风泽被后人，羊氏一门后来人才兴盛，三国时期著名军事家羊祜就是羊续的孙子。

除了到西园买官，走宦官的门路也可以变相买到官职。大宦官张让手眼通天，很多人都想尽办法巴结他。《三辅决录》记载，有一个名叫孟佗的人"以蒲桃酒一斛遗让"，立即被张让推荐为凉州刺史。这里的"蒲桃酒"即葡萄酒，一斛为20000毫升。葡萄酒的酿造技术在汉初张骞出使西域时随葡萄一起传入了中国，不过在汉末时期葡萄酒还是一种较为稀罕的名酒，不是平常人能随便饮用的。

从理论上说，天下的一切都是皇帝的，土地、财产、金钱，这些东西皇帝要多少随时都可以去拿，不必为自己捞钱。汉灵帝刘宏身为皇帝，何以还如此热衷卖官收钱呢？这引起历代史学家们的好奇，他们对刘宏的心理状况分析后认为，刘宏继位前的日子过得不怎么样，心中种下了厌贫的种子，继位后发现他的前任汉桓帝刘志日子过得也不怎么样，于是想方设法搞起了“创收”。

其实，早在汉安帝、汉桓帝时卖官鬻爵就已经有了，并形成了制度。之所以这么做，是因为国库已一贫如洗，庞大的军费开支、官员的薪俸、后宫的开销都是刚性支出，哪一项都不能少，但此时的社会财富正逐渐向豪族聚拢，朝廷的财政极度窘迫，形成了田野空、朝廷空、仓库空的“三空之厄”。汉武帝那样的强势帝王可以通过盐铁专营等一系列垄断工商业的政策增加朝廷收入，同时打压豪强士族，使问题得到解决。但东汉中期以后朝廷对豪强士族的优势已不复存在，无法直接向他们要钱，只能通过增加租税、减少官俸等形式温和地“借钱”，卖官鬻爵跟这些措施其实差不多，也是一种“借钱”的方法，目的是扩大朝廷的财源。

汉灵帝只是延续了前朝的做法，不同的是，他扩大了卖官的范围，最后连三公九卿也卖，卖官的钱也没有交给国库，而是进入了自己的“小金库”。曾在曹魏任大司农的桓范写有《世论》，其中说：“灵帝置西园之邸卖爵，号曰‘礼钱’，钱积如屋，封涂漆书。”正是这些才使汉灵帝在去世后受到更多的诟病，把他称为“卖官皇帝”。

六、“不祥”的新钱

中国古代一些王朝在敛财方面还有一个重要的方法，那就是铸造新货币。在中国古代，铜钱是最重要、流通时间最长的货币，从春秋战国时期的各式铜币，到秦国和秦朝的半两钱，再到汉朝的五铢钱，虽然钱币的形制不断发生变化，但性质都是一样的，是一种以自身金属价值为基础的非信用货币。如果要在铸币上动手脚，以达到搜刮社会财富的目的，方法通常有两个：一是减轻钱币的重量，如标示为“五铢”而真正的重量只有4铢、3铢甚至更低；二是虚拟价值，通常是铸造大钱，比如实际重量只相当于5枚五铢钱，但标上10枚甚至100枚的数目，等于5枚钱当10枚或100枚花。

中平三年二月，汉灵帝下诏发行了一种新的钱币，被称为“四出五铢钱”。与一般五铢钱不同，这种钱背面有四道斜纹，由穿孔的四角直达边廓，故称“四出”。这种钱币铜质虽然不精，铸工也一般，但钱径达到了2.5厘米，重量达到了3.8克左右，均不低于之前使用的五铢钱。“铢”是汉代使用的重量单位，每24铢为1两。秦和西汉时期1两约为今16.14克，1铢约为今0.673克，5铢约为今3.365克；东汉1两约为今13.92克，1铢约为今0.58克，5铢约为今2.9克。两汉时期的五铢钱重量在3至4克，“四出五铢钱”的重量达到了3.8克，较许多通行的五铢钱还要重一些，并不是一种减重钱。

汉灵帝发行“四出五铢钱”的目的看来不是以此搜刮钱

财，也许是因为朝廷长期没有铸钱，社会上流通的钱币太少，因而铸造一批新币以缓解“钱荒”。在东汉建国近二百年的历史中，仅有两次铸行新货币的记载，一次是汉光武帝建武十六年（40），另外一次即汉灵帝的这次，所以汉末时出现“钱荒”的可能性是存在的；另一个原因，也许是汉灵帝通过某种渠道得到了大量铜材，铸造铜钟、铜人等仍未用完，他一向对钱很热衷，于是铸成了新钱。至于铸成四出纹的形式，史书没有交代原因。汉代五铢钱很少在背面铸花纹，铸上显著的四出花纹，是否借此昭示某种非常之意，比如想强调“四方归一”，已不得而知。但无论如何，汉灵帝铸造这种新钱的出发点应该是有利于社会经济稳定，可结果却出乎意料。“四出五铢钱”上市后，人们见到这种新钱直摇头，认为是不祥之兆，理由是钱币上的四道斜纹看着不吉利，预示着天下将分崩离析。《后汉书·宦者列传》记载：

又铸四出文钱，钱皆四道。识者窃言侈虐已甚，形象兆见。此钱成，必四道而去。及京师大乱，钱果流布四海。

这种联想其实没有多少道理，因为“四出五铢钱”并不是汉灵帝的发明。清代学者翁树培在《古泉汇考》中指出：“四出之制，半两已有之。”尽管在考古中没有发现秦国或秦朝有“四出半两钱”的实物，但根据出土实物并对照史料进行研究，有四出纹的五铢钱最早应该出现在汉武帝时期，王莽当政时期新铸的契刀、大泉等钱币中也有过四出纹，汉灵帝只是借鉴了前代的铸币做法而已。

汉灵帝铸造的“四出五铢钱”之所以引发社会的不安和议论，被很多人视为“不祥”的钱币，其实更多原因不在钱币本身，而是动荡不安的社会现实。黄巾风暴平息后，社会没有马上回归正轨，仍然隐藏着各种矛盾和隐患，无论南宫大火还是皇宫里奔跑的驴、狗，以及新钱币上的花纹，但凡出现一些异于常态和常情的现象，人们都会往坏处想，将这些与社会即将发生更大的混乱联系起来。这种末世心理一经蔓延便很难消止，对于一个渴望恢复稳定的社会来说，这才是最可怕的地方。

七、群雄的新岗位

天子继续任性，宦官继续专权，士人出身的朝臣们不甘心现实继续堕落下去，愤而发起反击。就在朝政一片混乱的时候，因镇压黄巾起义而立功的一些人也纷纷走上了新的岗位。

（一）国相曹操

中平元年年底，曹操结束了半年多的军旅生涯，被任命为济南国相。从品秩上说，曹操原来担任的议郎品秩只有六百石，而国相相当于郡太守，品秩是二千石，算是一次仕途的飞跃。济南国归青州刺史部管辖，治所在东平陵县（今山东省章丘市）。黄巾风暴结束了，曹操心里又开始了关于“乱世”“治世”的思考。在治世里做一个能臣也是曹操的人生选项。要做能臣，就要积累实践经验，了解民情，增添阅历，使自己不断得到历练，这次到济南国任职，就是一个好机会。

然而，到任不久曹操便被迎面泼来的水浇了个透心凉，心情变得很差。济南国下辖东平陵、历城等十多个县，由于以前历任国相疏于政务，不能严于治理，造成吏治的腐坏，这些县令和县长绝大多数存在严重问题。现任济南王刘康与当地这些官员结成了同盟，又与朝廷里的宦官们来往密切，织成了一张复杂的关系网，谁到这里担任国相都无法施展拳脚。

曹操没有气馁，接下来的情况让济南国官场为之一震。众人看到，这个30岁的年轻国相很沉稳，手段也很老练，一上任先不多说什么，而是埋头搞起了调查研究，几个月后突然出手，一口气拿掉了十多个县官中的八个。《三国志·武帝纪》记载：“迁为济南相，国有十余县，长吏多阿附贵戚，赃污狼藉，于是奏免其八。”济南国官场炸了锅，出事官员的家人们赶紧通过各种关系去疏通，有的跑来向曹操求情，有的去刘康那里诉苦，还有的利用各自关系到朝廷那里搬救兵。刘康无奈，国相虽然名义上是他的属下，可按照朝廷体制他根本管不了，曹操既不用向他汇报工作，做任何事也不需要事先向他请示。

奸人下台，换上来的是大家公认的清正之人，百姓一片叫好，社会上的作奸犯科之徒失去了保护伞，纷纷窜入邻近的郡国。之后，曹操将矛盾对准了淫祠。西汉初年，刘邦的孙子刘章在铲除吕氏一党中出过力，汉文帝将其封为城阳王，封地与济南国相邻。城阳王作为保护刘氏皇室的功臣，逐渐演化为维护大汉统治的保护神，称为城阳景王。刘氏皇权每当面临危机时，不希望改朝换代的人都会想起城阳景王来，为他修庙祭祀。仅在济南国，各种祭祀城阳景王的祠庙就多达六百多座，这就是所谓淫祠。淫，是泛滥的意思。

淫祠背后隐藏着复杂的腐败问题和社会不安定因素，因为这些祠庙均被一些地方势力操控着，所需花费分摊给辖区内的百姓，百姓对此苦不堪言。这些人还以淫祠为依托结成一种势力，打着祈福、禳灾和为百姓祛病的旗号大搞各类非法活动，欺压百姓，鱼肉乡里。淫祠的存在消耗了大量社会财富，使民生更加凋敝，社会风气更加败坏，社会治安更加混乱。曹操颁布命令，禁止再建新的祠庙，对于已建的要进行评估，不符合有关要求的将予以强行拆除，禁止官民进行不法祭祀活动。经过一番整治，济南国的淫祠现象不见了。《三国志·武帝纪》裴松之注引《魏书》记载：

初，城阳景王刘章以有功于汉，故其国为立祠，青州诸郡转相仿效，济南尤盛，至六百余祠。贾人或假二千石舆服导从作倡乐，奢侈日甚，民坐贫穷，历世长吏无敢禁绝者。太祖到，皆毁坏祠屋，止绝官吏民不得祠祀。及至秉政，遂除奸邪鬼神之事，世之淫祀由此遂绝。

意志坚决，做事情方向明确，在实际工作中有着很强的执行力，这些都是做“能臣”的基本条件。如果在其他朝代，曹操很快便会脱颖而出，成为政坛新星。但不幸的是，如今已是末世，上层政治腐烂透顶，整个官场一片黑暗，曹操在济南国刮起来的一股新风，在巨大的黑暗中根本产生不了什么反响，反而给自己带来了麻烦。

不久，曹操即接到诏令，改任他为东郡太守。东郡属兖州刺史部，曹操不久前还在这里战斗过，郡太守的品秩与国相相当，属于不升不降。这项任命有些反常，因为曹操在济南国还不到一年，显然在其背后有着复杂的原因。曹操感到失望，之后做出一个决定：不去东郡上任，而是向朝廷请求调回洛阳。

毕竟父亲曹嵩还在位，曹操于是被改任为议郎。曹操回到了洛阳，心情很糟糕，由失意而感到失望，对于成为一名“治世能臣”，他感到了力不从心。大约在中平二年年底，曹操以生病为由辞去官职，回到故乡谯县隐居。自曹操的祖父曹腾起，谯县曹氏一族慢慢成为旺族，有很多人在外面做官，留在谯县的曹氏族人大都集中在县城东边一带居住，这里有一片宅院群，许多房子都沿涡河而建，背后是城郭和住宅区，旁边是城壕和涡水。

曹嵩至少有六个儿子：长子即曹操；次子曹德，曹操的异母弟；三子曹彬，事迹不详，可能早逝；四子曹玉，死得也较早，后来曹操曾把自己的一个儿子过继给他承嗣家业；五子名字不详，只知道他的儿子名叫曹安民，后来追随曹操；六子曹疾，事迹不详。曹操的几个亲兄弟要么死得早，要么在洛阳和父亲住在一起，他们之间的来往似乎并不多。平时与曹操来往密切的是几个堂兄弟，其中包括曹洪、曹仁、曹纯等人。曹洪字子廉，这些年一直在荆州刺史部江夏郡做官，任蕲春县长；曹仁字子孝，与曹洪并不是亲兄弟，曹操、曹洪、曹仁之前的关系是“从兄弟”，他们的爷爷辈是亲兄弟，曹操的爷爷是曹腾，曹洪的爷爷不详，曹仁的爷爷名叫曹褒，做过郡太守；曹纯是曹仁的亲弟弟，这些年来往于南方的广陵郡、丹阳郡、九江郡等地，做马匹生意。

在谯县，曹操还与夏侯渊、夏侯惇、夏侯廉等来往密切。谯县夏侯氏的祖先可以上推到西汉初年的名臣夏侯婴，也是当地大族。曹氏与夏侯氏世代通婚，成为世交。《三国志·武帝纪》说曹嵩“莫能审其生出本末”，裴松之注引吴人《曹瞒传》及郭颁《世语》称：“嵩，夏侯氏之子，夏侯惇之叔父。太祖于惇为从父兄弟。”此说影响很大，但可能性并不大。曹腾字季兴，说明他的上面还有伯兴、仲兴、叔兴等哥哥，这么多亲兄弟，后代中应该有男丁。曹家即便一开始很穷，但宦官收养子制度始于汉顺帝时，那时曹家已经很富有了，曹腾怎么会放着曹家的孩子不要，而去收养一个异姓人呢？合理的解释是：曹嵩是曹腾其他三个哥哥中某一个哥哥的孩子，是他的亲侄子。当然这也是猜测，曹嵩到底姓曹还是姓夏侯，或者像袁绍揭露的那样，是从不知名的乞丐那里收养的，在没有更有力的考古发现前恐怕还要继续争论下去。

这成为一桩历史悬案，陈寿在其中负有一定责任。陈寿始撰《三国志》是晋朝太康元年（280），这一年陈寿四十八岁，大约九年后完成了该书。陈寿写《三国志》的地点在洛阳，那时他在司马氏朝廷里担任著作郎兼中书侍郎。曹操虽然已死六十年了，但熟悉当朝及前朝历史掌故的人还大有人在，比如曹植的儿子曹志在晋朝担任过乐平郡太守、散骑常侍、国子博士、博士祭酒等职，他于陈寿完成《三国志》的前一年才病逝于洛阳。作为同朝为官的同事兼重要历史事件的当事人，曹志理应引起陈寿的足够重视，除非曹志本人对其祖上也“莫能审其生出本末”，否则这个历史悬案很容易解决。

在谯县，曹操与夏侯渊、夏侯惇、夏侯廉来往更多些。夏侯渊字妙才，按辈分算曹操的同辈。曹操的生母姓丁，丁氏也是谯县大族，曹操的首位夫人便是丁氏，丁氏有一个妹妹嫁给了夏侯渊，曹操跟夏侯渊是连襟关系。《三国志・夏侯渊传》记载，曹操早年在家乡曾惹过官司，犯了重罪，夏侯渊后来替他顶了罪，曹操又通过关系把夏侯渊救了出来。夏侯惇字元让，与夏侯渊是本族，年纪比夏侯渊还大。夏侯廉是夏侯惇的亲弟弟，不过史书提到的不多。

谯县县城以东数十里有一处林木茂盛之地，涡河从这里流过时拐了一个弯，形成一块三面环水面积很大的林带，夏侯渊大概有一处林苑就在这里。曹操亲自动手设计了一处房子，从中平二年年底到中平五年年初，曹操在此生活了近三年，其间从未离开，过上了隐居的生活。在此期间，夫人卞氏在谯县生下曹丕，时间是中平四年（187）。有史书记载，曹丕出生时曹宅上空有车盖状的青云盘桓终日，当然这些是附会之言。《水经注・阴沟水》记载：

城东有曹太祖旧宅，所在负郭对廛，侧隍临水……文帝以汉中平四年生于此，上有青云如车盖，终日乃解，即是处也。

隐居在士人心里是挥之不去的一种情结，当人生出现挫折或对社会现实失望的时候，这种心态就尤为强烈。在汉末，隐居还是士人的一种时尚，是受人敬重的一种生活方式。淡泊名利，与世无争，清静无为，被视为一种美德，由此造就了不少名声很大的隐士，有的人愈隐愈显，愈显愈隐。曹操选择隐居没有沽名钓誉的意思，他是真隐居。关于这一段不算短的日子，曹操25年后在一篇回忆文章中进行过记述。在这篇题为《让县自明本志令》的文章里，曹操写道：

去官之后，年纪尚少，顾视同岁中，年有五十，未名为老。内自图之，从此却去二十年，待天下清，乃与同岁中始举者等耳。故以四时归乡里，于谯东五十里筑精舍，欲秋夏读书，冬春射猎，求底下之地，欲以泥水自蔽，绝宾客往来之望。然不能得如意。

在精舍隐居期间曹操写了不少诗作，保留下来的有一首叫《对酒》的诗。诗中写道："对酒歌，太平时，吏不呼门。王者贤且明，宰相股肱皆忠良。咸礼让，民无所争讼。三年耕有九年储，仓谷满盈。斑白不负戴。雨泽如此，百谷用成……"这首诗是现在能看到的曹操最早的诗作，描绘的是作者心中理想社会的模样：吏役不上门叫嚷，君王圣贤，大臣们都是忠良；人民不争斗，人人都知道礼让；三年耕种，够九年的口粮，家家户户粮满仓……

这是多么美好的一个太平盛世景象！三十岁刚出头的曹操，心中依然向往着一个承平的社会，在这个社会里，政治清平，君王贤明，大臣忠良，官吏爱护百姓，徭役轻薄，民风淳朴，人人都能善终。然而，这些与现实的反差实在太大了，作为官僚士大夫队伍中有良知、头脑清醒的年青一代，曹操的心中一定充满了矛盾、痛苦和无奈吧。

（二）县尉刘备

刘备在讨伐黄巾军中也立了战功，被任命为安喜县县尉。刘备立了什么功？史书没有记载，这并不奇怪，因为他的职务很低，在众多讨伐队伍中刘备、关羽、张飞还属于默默无闻的人。安喜县又写作安熹县，属冀州刺史部，县治在今河北省定州市东南。县里有县令或县长，下面还有县丞，县尉在他们之下，负责缉拿盗贼等工作，刘备在这个岗位干了四年多。

安喜县属中山国，中山国相张纯野心很大，联络了自己的老乡、前泰山郡太守张举一同造反，还勾结乌桓人首领丘力居，形成一个反叛联盟，声势很大，杀了护乌桓校尉、右北平郡太守、辽东郡太守等一批朝廷任命的官员，手下人马多达十多万。张举于是自称天子，张纯自号弥天大将军、安定王，势力波及北方四州，成为黄巾军失败后最大的一次反叛事件。汉灵帝下令北方各州讨伐，刘备也参加了这次行动。这是一场苦仗，打得很惨烈，不亚于镇压黄巾军之战。

一次，刘备等人与叛军相遇，战于旷野，刘备负了伤，躺在地上装死，叛军退去，大伙才找到他，用车把他拉走，捡回了一条命。《三国志·先主传》裴松之注引《典略》记载："平原刘子平知备有武勇，时张纯反叛，青州被诏，遣从事将兵讨纯，过平原，子平荐备于从事，遂与相随，遇贼于野，备中创阳死，贼去后，故人以车载之，得免。"尽管又立下大功，还差点把命丢了，但刘备没有因此升官，因为他在上面没人，也没有钱。政治黑暗导致吏治已完全崩坏，向上升迁的途径只剩下了两条：要么有人替你说话，要么你有足够的钱可以明码标价地去买。

作为基层公职人员，刘备仕途一片黑暗。即便这样，麻烦也会找上门来。一天，刘备突然听说上面正在评估官吏，那些因为军功而任职的将予以淘汰，刘备怀疑自己就在被淘汰的范围内。像刘备这样在讨伐黄巾军中获得官职的人当时有一大批，这些没有按"潜规则"上来的人，自然成为官场"潜规则"排斥的对象，这次评估官吏的目的就是把他们清理掉，好去安插新人。

刘备面临被解职的命运，但他想争取一下，听说郡里的督邮来县上检查工作，便去求见，想跟督邮拉拉关系。督邮是郡太守的属官，汉代郡政府里一般设有若干个部门负责监督考核各县，各部门的负责人称督邮掾，各县官吏的升降赏罚都掌握在这些人手里。刘备打听到督邮住在传舍，于是到那里求见，督邮以生病为由不见。刘备觉得问题更严重了，避而不见，肯定是因为自己的猜测属实，看来这一次被裁撤的人里面一定有自己。

刘备急了，也火了。一气之下，刘备率人来到传舍，硬闯进去，找到督邮，把他捆起来痛打了二百杖，之后把督邮拴在马桩上，把自己的绶带解下来系在督邮的脖子上。出了一口恶气，之后逃亡。《三国志·先主传》记载："督邮以公事到县，先主求谒，不通，直入缚督邮，杖二百，解绶系其颈著马柳。弃官亡命。"裴松之注引《典略》记载得更详细："其后州郡被诏书，其有军功为长吏者，当沙汰之，备疑在遣中。督邮至县，当遣备，备素知之。闻督邮在传舍，备欲求见督邮，督邮称疾不肯见备，备恨之，因还治，将吏卒更诣传舍，突入门，言'我被府君密教收督邮'。遂就床缚之，将出到界，自解其绶以系督邮颈，缚之著树，鞭杖百余下，欲杀之。督邮求哀，乃释去之。"刘备从朝廷官员变成了逃犯，带着关羽、张飞等人开始了逃亡生涯。

（三）中郎将公孙瓒

讨伐完黄巾军，公孙瓒也转到地方上任职，担任涿县县令，该县是他的老同学刘备的家乡。以公孙瓒之前的资历和个人能力，担任郡太守、国相也无不可，之所以没能高就，或许与老师卢植被免职有一定关系。这时西北军情告急，朝廷决定抽调三千名幽州骑兵前去参战，由于公孙瓒打仗很有办法，朝廷于是任命他为都督行事，率领这三千人马前往。公孙瓒率领这支人马走到幽州刺史部蓟县（今北京市附近）时发生了张纯、张举叛乱，朝廷命令公孙瓒率部就地平叛。

以公孙瓒的幽州突骑为主力，加上地方武装的配合，还有朝廷从青州等地调来的郡兵，很快把叛乱平息，张举下落不明，张纯跑到北面的乌桓人那里躲了起来。辽西属国的乌桓首领贪至王率众请降，公孙瓒因功升任中郎将，封都亭侯。官职仍然不算大，不过能封侯已属不易。根据朝廷的命令，公孙瓒率所部不再前往西北，而是进驻辽西属国，主要职责是防范其他乌桓部落的进攻，其中包括乌桓人的著名首领丘力居。

汉末的乌桓人是东汉朝廷在北方的主要对手之一，最知名的首领一个是蹋顿，另一个是楼班，丘力居是蹋顿的叔父、楼班的父亲。丘力居势力很大，活动范围不仅在幽州，还经常深入冀州、青州甚至徐州，常常抢一次就跑，让这些地方苦不堪言。公孙瓒和丘力居交手，时常处于下风。一次，公孙瓒与丘力居战于管子城，公孙瓒奋力拼杀，到最后没有吃的了，马也被吃光了，连弩楯上的干牛皮都煮煮吃了，艰苦到如此境地。还有一次，公孙瓒与刘备的前上司、破虏校尉邹靖追击敌人，邹靖被围，公孙瓒回师救援，邹靖才得以脱身。

朝廷本想用公孙瓒来对付乌桓人，却发现公孙瓒不行，只得另想办法。朝廷于是任命宗正刘虞为幽州刺史，派他去收拾北部边疆的局面。刘虞是汉室宗亲，从祖父到父亲都是高官，本人年轻时举过孝廉，当过郡吏，政绩突出，是一位实干家。此前刘虞曾担任过幽州刺史，任职期间与鲜卑、乌桓、扶余、濊貊等北方少数部族关系融洽，有一定威望，那时的少数部族都按时朝贡，不敢侵扰，百姓中也广为传颂着刘虞的功德。

刘虞到任后，与公孙瓒的做法不同，对少数部族主张怀柔，派使者到乌桓各部晓以利害，丘力居等首领有感于刘虞的声名和诚意，纷纷派遣使者表示愿意归附。公孙瓒看到后，却很不舒服，暗中搞起了破坏，派人挑拨朝廷与这些少数民族的关系，甚至不惜派兵在乌桓使者必经之路上设伏，将使者杀害。但这些办法收效不大，乌桓各部识破了其中真相，归意坚定，他们宁愿绕道也要跟刘虞保持联系。公孙瓒虽然暂时受挫，但他此时转战于政坛、军界，依靠战功而拥有了自己的实力，成为朝廷不得不用的地方实力派。

（四）囚徒王允

王允作为豫州刺史，积极配合朝廷军队对黄巾军的讨伐，一次破敌后，打扫战场时王允意外得到一封信。这封信是张让的一名手下写的，写的是与黄巾军联通的内容，王允看后十分生气，直接呈报给朝廷。汉灵帝阅后大怒，立即把张让叫来一顿训斥。张让吓坏了，赶紧叩头请罪。只不过，这件事也就这样不了了之。《后汉书·王允传》记载："于贼中得中常侍张让宾客书疏，与黄巾交通，允具发其奸，以状闻。灵帝责怒让，让叩头陈谢，竟不能罪之。"

汉灵帝这么做，等于把王允出卖了。张让自然对王允深恨不已，很快便指使人捏造了一个理由控告王允，王允下狱。还没等审问，就遇到汉灵帝下诏大赦天下，王允不仅出了狱，还重新担任了刺史，张让更加气愤。一般来说，遇到朝廷大赦，前面的账就一笔勾销了，但张让不管，大赦令颁布还没过十天，就再次将王允逮捕。落到宦官手中，不死也得脱层皮。《后汉书·王允传》记载，那时杨赐还活着，他不想让王允受辱，派人到狱中对王允说：“君以张让之事，故一月再征。凶慝难量，幸为深计。”话说得有些隐晦，意思是要想不受辱只能自裁。还有人把毒药都给王允准备好了，“流涕奉药而进之”。这件事连杨赐都无能为力，看来只剩一死。可王允很刚强，对劝他的人厉声道：“吾为人臣，获罪于君，当伏大辟以谢天下，岂有乳药求死乎！”王允最后没死，大将军何进亲自出面救了他。何进与杨赐、袁隗联名上疏求情，汉灵帝总算给了面子，张让也无法再固请。王允最终按低于死罪一等被判刑，好歹保住了一条命。王允很感激何进，后来到何进手下效力。

（五）扬武都尉陶谦

陶谦任幽州刺史，黄巾起义平息后改任议郎。从品秩上说，议郎与州刺史都是六百石，但从重要性上说二者不能相提并论。天下动荡，州刺史的作用逐渐显现，已慢慢突破了原有的监察方面的职能，初步具备了“地方大员”的特征。陶谦没能因功升职，甚至有被冷落忽视的嫌疑，这或许与他的坏脾气有关。

不过陶谦很快有了新的用武之地。西北军情吃紧后皇甫嵩被调往关中，以车骑将军的身份主持那里的军事。皇甫嵩在镇压北方的黄巾军期间，作为幽州刺史的陶谦大概有过配合，其才干给皇甫嵩留下了印象，于是皇甫嵩向汉灵帝请求，让陶谦调到自己麾下担任扬武都尉，陶谦于是转战到西北战场。

第四章

凉州风云

186—187年

一、黄巾军余部

天子昏庸，政治黑暗，宦官弄权，官吏腐败，民不聊生。虽然经过一场黄巾军大起义的洗礼，但这一切均未改变，甚至变本加厉了，这自然又激起了新的起义。仅原来黄巾军活跃的地区，就有二十多股农民起义军，每支队伍多者两三万人，少则六七千人。这些起义军的头领都出身于社会底层，这一点从他们的名字中就能看出来：常活动在白波谷的就叫白波，骑白马的就叫张白骑，说话嗓门大的就叫张雷公，胡子多的就叫于氏根，眼睛大的就叫李大目。《后汉书·朱儁传》记载：

> 自黄巾贼后，复有黑山、黄龙、白波、左校、郭大贤、于氏根、青牛角、张白骑、刘石、左髭丈八、平汉、大计、司隶、掾哉、雷公、浮云、飞燕、白雀、杨凤、于毒、五鹿、李大目、白绕、眭固、苦哂之徒，并起山谷间，不可胜数。其大声者称雷公，骑白马者为张白骑，轻便者言飞燕，多髭者号于氏根，大眼者为大目，如此称号，各有所因。大者二三万，小

者六七千。

这些人中最有名气的是张牛角和褚飞燕，他们起事于中平二年，曾联合起来攻击瘿陶（今河北省宁晋县），在这场战斗中张牛角被流矢射中而牺牲，临死前他把手下头领叫来，让他们共推褚飞燕为新首领。褚飞燕为纪念张牛角，改名为张飞燕。“飞燕”是个外号，意思是动作麻利，来无影、去无踪，他的名字其实是褚燕，改名以后，正式名字叫张燕。作为汉末三国时期的一名农民起义军领袖，张燕在历史舞台上活跃的时间较长，影响也比较大。

张燕合并了张牛角的队伍后实力大增，太行山一带的各支起义军纷纷投奔他，部众迅速扩张，人数接近百万。《三国志·张燕传》记载：“牛角死，众奉燕，故改姓张。燕剽捍捷速过人，故军中号曰飞燕。其后人众寖广，常山、赵郡、中山、上党、河内诸山谷皆相通，其小帅孙轻、王当等，各以部众从燕，众至百万，号曰黑山。”“百万”这个数字相当惊人，东汉朝廷用于镇压黄巾起义的总兵力也仅数万，如果张燕手下有百万大军，足以颠覆东汉王朝。不过，这里的人数是张燕手下各部的总人数，既包括能作战的将士，也包括这些将士的家属，甚至来投靠他们的老百姓。即便如此，在那时这个数字也是相当惊人了。

由于经常在黑山一带活动，张燕所部又被称为黑山军。“黑山”这个地名在汉末三国的史书经常被提及，关于它的范围，之前有两种看法：一种认为黑山是太行山脉的南端，范围涉及中山国、常山国、赵郡、上党郡、河内郡等，是太行山脉南部各山谷的总称；另一种看法是，黑山即象山，是太行山脉向华北平原过渡的山谷地带，西有群山，东是平原，进可攻，退可守，自古为兵家必争之地，战国时燕国在此筑城抗拒赵国、中山国的侵略。就此问题，方诗铭先生曾向著名历史地理学家谭其骧先生请教，谭其骧先生有一封回信，收录于《“黑山贼”张燕与袁绍在河北的对峙和战争》一文中。摘录如下：

汉唐时以黑山著称者有二处，一在汉河内郡内，一在赵国境内。而《元和郡县图志》《太平寰宇记》皆谓“黑山贼”得名于保据卫州卫县之黑山，实即见《水经》清水、荡水之黑山，应在今河南修武、新乡之北，浚县、汤阴之西，即太行山之南段。惟除此河内之黑山外，汉赵国即今河北邢台西北之黑山，亦必已著称于汉末。足见黑山决不限于一处，极言之，则古所谓“西山”今之太行山皆得谓之黑山，故《通鉴》胡注谓“自易京西山连接中山，皆黑山贼所依阻”。《通鉴》正文谓“瓒欲自将突骑出傍西山，拥黑山之众侵掠冀州，横断绍后”也。故诸书虽未明言魏郡邺城之西山一称黑山，读史者似可意断邺西之西山亦当为广义之黑山之一部分也。河内北接邺城之西，而赵国之西山即黑山，又南接魏郡，故《英雄记》《列仙传》等记载，皆可通释，不必以为黑山著称之山必须在魏郡境内。

按照谭其骧先生的看法，今太行山在汉末时可统称为黑山，这就解释了“常山、赵郡、中山、上党、河内诸山谷”中各支起义军队伍都“号黑山”的原因。从势头上看，黑山军一点都不输于黄巾军，且大有后来居上的趋势。这让汉灵帝的心情糟透了，好不容易打完仗，又要再打。更麻烦的是，打仗要花钱，这是汉灵帝最心疼的地方。可不打又不行，如果不尽快将其镇压，局势将不可收拾。

正当汉灵帝一筹莫展之时，张燕突然派人到洛阳向朝廷请降。真是意想不到的好事，尽管汉灵帝对农民起义军恨之入骨，但他还是立即下达了接受黑山军请降的诏书，授予张燕平难中郎将一职，负责管理黄河以北各太行山谷的事务。在隶属关系上看张燕所部相对独立，体现在两个方面：一是朝廷明确其可以推荐孝廉；二是规定其可以像各郡国一样每年直接向朝廷上计，就是上报年度工作报告。不是汉灵帝大方，而有可能是张燕请降时就开出了这样的条件，汉灵帝如果不想打仗，就只能接受。与其他农民起义军首领相比，张燕极具政治头脑，对形势的判断相当精准，这一点在以后还会多次体现出来。

黑山军毕竟是一个有些松散的组织，有一些队伍不愿意被朝廷招抚，他们游离于张燕集团之外，其中以白波军影响最大。白波军在郭太等人领导下屯兵于西河白波谷，在那里修筑了“白波垒”（位于今山西襄汾县永固镇），以此为依托转战于太原与河东郡之间，很快发展到十余万人。黑山军归附朝廷后白波军复起，成为一支独立的力量。河东郡属司隶校尉部，处在洛阳与长安之间，形同洛阳的畿辅，所以白波军的崛起一度威震京师。白波军的首领除郭太外还有杨奉、韩暹、李乐、胡才等，曹魏名将徐晃也出自该部。

此外，青州、徐州一带也活跃着大大小小的黄巾军余部，他们被统称为“青徐黄巾”。青徐地区土壤肥厚，气候适宜耕种，农业、渔业、盐业等都很发达，是汉末重要的经济区。但是，汉末时期青徐地区频繁发生海侵、旱涝、蝗灾等自然灾害，朝廷不及时赈救，反而要承受比其他地方更重的赋税，如青州就要通过税赋的形式接济幽州，《后汉书·刘虞传》就有“岁常割青、冀赋调二亿有余，以给足之”的记载，由此导致百姓流离失所，怨声载道。中平四年，北方乌桓势力内侵，青徐地区又遭兵乱。《后汉书·乌桓传》记载：“遂为诸郡乌桓元帅，寇掠青、徐、幽、冀四州。”百姓生活雪上加霜，于是纷纷起事。《后汉书·灵帝纪》记载，中平五年“冬十月……青、徐黄巾复起，寇郡县”。

张角领导的黄巾起义失败后，东汉王朝面临的仍是一个兵乱不解的局面，各地黄巾余部纷起，从中平元年到中平五年，见于史书记载的农民起义就有二十多起，除以上已提及的以外，在《后汉书·灵帝纪》中提到的还有：

（二年三月）北宫伯玉等寇三辅；

（二年十一月）鲜卑寇幽、并二州；

（三年二月）江夏兵赵慈反；

（三年十月）武陵蛮叛，寇郡界；

（四年二月）荥阳贼杀中牟令；

（四年四月）扶风人马腾、汉阳人王国并叛，寇三辅；

（四年六月）渔阳人张纯与同郡张举举兵叛；

（四年十月）零陵人观鹄自称平天将军，寇桂阳；

（五年正月）休屠各胡寇西河，杀郡守邢纪；

（五年四月）汝南葛陂黄巾攻没郡县；

（五年六月）益州黄巾马相攻杀刺史郗俭，自称天子；

（五年九月）南单于叛，与白波贼寇河东；

（五年十一月）凉州贼王国围陈仓；

（五年十一月）巴郡板楯蛮叛；

……

此时的东汉王朝仍陷入“四方兵寇”的局面，黑山军、白波军、青徐黄巾仅是黄巾军余部的代表，各地还有大大小小与朝廷对抗的组织，遍及东南西北，令朝廷难以应对。不仅如此，东汉朝廷还面临着北方的乌桓、鲜卑等少数民族势力的威胁，东部则有一直无法解决的“羌乱”问题，这些问题交织在一起，令东汉朝廷越来越难以招架。

二、“弃凉州”之议

东汉有十三个州，其中广大西北地区归凉州刺史部管辖，下辖陇西、汉阳、武都、金城、安定、北地、武威、张掖、酒泉、敦煌等十个郡和张掖属国、居延属国等两个属国，共有九十八个县，从今陕西省宝鸡市以西算起，包括整个甘肃以及青海、宁夏、新疆的部分地区都属该州管辖。凉州是羌人聚居区，东汉中期以后羌人不断起义，朝廷屡次派兵镇压，为此耗费了巨额的军费支出，但仍未能有效平息“羌乱”，凉州于是成了吞噬东汉财政的一个巨大的无底洞。此外，东汉王朝还在北方面临着匈奴人、鲜卑人、乌桓人的威胁，也需要大量军费投入。在此情况下，一些大臣提出了“弃凉州”的方案。

汉安帝永初元年（107），前左校令庞参及其子庞俊上书，提出将正在凉州征战的车骑将军邓骘召回，留征西校尉任尚督凉州士民转居三辅，等于将凉州放弃。该方案提出后并未立即引发反响，但随后几年对羌作战越来越被动，“弃凉州”的方案引起了朝廷的关注，庞参再次提议，邓骘也认为国用不足，赞同此方案。但是，更多的大臣则持反对意见，郎中虞诩认为凉州为历代祖先所开拓，得之不易，不能轻言放弃，况且凉州、关中构成了首都洛阳的两道安全屏障，是唇齿相依的关系。反对“弃凉州”的大臣慢慢占据上风，此议遂罢。

汉桓帝时，凉州所属的陇西、金城一带再次爆发了羌人起义，羌人有八个部落同时起事，金城陷入危机。汉桓帝任命“凉州三明”之一的段颎为护羌校尉，统一指挥对羌作战。“凉州三明”对羌作战的指导思想不大相同，张奂和皇甫规主张恩威并施，在军事打击的同时予以怀柔，段颎则主张用武力解决。段颎手段强硬，取得了节节胜利，但军费开支让朝廷也招架不住。《后汉书·段颎传》记载，永康元年（167）段颎提出一个54亿钱的军费方案，表示该方案如能通过，自己保证“三冬二夏”即可解决“羌乱”问题。为了让朝廷同意，段颎引用了之前的军费支出情况：“伏计永初中，诸羌反叛，十有四年，用二百四十亿；永和之末，复经七年，用八十余亿。”在之前的二十一年中东汉朝廷共在平息“羌乱”中花费320亿钱，平均每年超过15亿钱。据东汉桓谭《新论》所载，汉代“百姓赋敛，一岁为四十余万万”，即每年财政收入为40亿钱，其中38%被用于对羌作战，而这远不是朝廷全部的军费支出。

汉桓帝除掉外戚梁冀时，通过抄家得到不少于30亿钱的巨大财富，当时还觉得这是一笔花不完的巨款，曾一高兴下诏免掉全国半年的赋税。但面对凉州这个财政无底洞，汉桓帝立即感到了日子的艰难。抄家的钱很快所剩无几，为克服财政危机，汉桓帝下诏，公卿以下的公职人员全部减薪，并向王侯借一半的租税，如此还不能支撑庞大的战争费用，最后连天子的虎贲、羽林卫士也接到了减半俸的诏令。《后汉书·桓帝纪》记载，冬天时虎贲、羽林卫士们都在等着换上冬天的军服，却接到命令“住寺不任事者半奉，勿与冬衣”，天子的卫士中凡不出外勤的，连冬天的军装都减掉了。

就在黄巾起义还未完全平息的中平元年十一月，凉州也发生了叛乱，叛军拥立北宫伯玉为将军，将时任凉州督军从事边章、凉州从事韩遂劫为人质，不予放还。凉州刺史左昌派盖勋率军驻守阿阳县，叛军见阿阳县无法攻破，便转向攻打金城郡，斩杀金城郡太守陈懿，胁迫边章、韩遂入伙，之后推举边章为首领，声势越来越大。中平二年三月，北宫伯玉等率领数万骑兵打着诛杀宦官的旗号攻入关中，侵逼汉家园陵。

韩遂原名韩约，边章原名边允，他们改名字的原因，《献帝春秋》的解释是："陇西以爱憎露布，冠韩约、边允名，以为贼，州购约、允，各千户侯。约、允被购，约改为遂，允改为章。"二人在凉州的陇西一带名气较大，叛军发布文告时就署上他们的名字。改名后，二人干脆参加了叛军，由朝廷官员成为叛军首领，逐渐掌握了兵权。汉灵帝赶紧下诏，将皇甫嵩由冀州调往长安，让他坐镇指挥，对付边章、韩遂。董卓那时已被免职，西北战事吃紧，他又有了用武之地，被朝廷任命为中郎将，听从皇甫嵩的指挥。边章、韩遂的打法与黄巾军不同，他们不固守一地，而是四处出击，进退灵活，皇甫嵩对付黄巾军的战法在西北战场难以奏效，连吃败仗。

面对严峻的形势，汉灵帝召集公卿百官开会讨论，研究破敌之策。会前，司徒崔烈向汉灵帝建议，认为既然皇甫嵩都拿凉州叛军没有办法，不如把凉州放弃算了，汉灵帝大概默许了这项建议。正式会议上，崔烈首先发言，坚决主张放弃凉州。《后汉书·傅燮传》记载："会西羌反，边章、韩遂作乱陇右，征发天下。役赋无已。司徒崔烈以为宜弃凉州。诏会公卿百官，烈坚执先议。"崔烈说完，众人还没有发言，议郎傅燮先恼了，厉声道："斩司徒，天下乃安！"负责会议纪律的尚书郎杨赞马上启奏，认为傅燮当廷侮辱三公，应予治罪。汉灵帝没有接杨赞的话，而是问傅燮刚才说的是何意。傅燮答道：

昔冒顿至逆也，樊哙为上将，愿得十万众横行匈奴中，愤激思奋，未失人臣之节，顾计当从与不耳，季布犹曰“哙可斩也”。今凉州天下要冲，国家藩卫。高祖初兴，使郦商别定陇右；世宗拓境，列置四郡，议者以为断匈奴右臂。今牧御失和，使一州叛逆，海内为之骚动，陛下卧不安寝。烈为宰相，不念为国思所以弭之之策，乃欲割弃一方万里之土，臣窃惑之。若使左衽之虏得居此地，士劲甲坚，因以为乱，此天下之至虑，社稷之深忧也。若烈不知之，是极蔽也；知而故言，是不忠也。

傅燮认为，当年匈奴单于冒顿忤逆吕太后，上将军樊哙夸口说“愿得十万众，横行匈奴中”，如此忠君爱国，季布仍然说樊哙可斩。凉州为天下要冲，国家的藩卫，高祖与郦商平定陇右地区，汉武帝开拓凉州，设立四个郡，当时的人们都认为这样好比斩断了匈奴人的右臂。如今凉州治理混乱，出现了叛逆，天下骚动，陛下为此寝食难安。崔烈以司徒之位，不能为国分忧，却要割弃万里疆土，我对此感到不解。若让异族得到凉州，则会发动更强大的攻势，这是严重的后果。如果崔烈不知道这个道理，那就是愚昧；如果他明知而为，那么他就是对陛下不忠！

傅燮的品秩是六百石，只相当于县令，在公卿百官参加的国事会议上敢直接批评品秩万石的三公，且言辞如此犀利，让与会者震惊。不过汉灵帝没有处罚傅燮，因为他知道傅燮说的有道理。崔烈主张弃凉州，是因为凉州一直以来都是个无底洞，耗费了朝廷大量的赋税，司徒在三公中分管财政税收，打仗花钱都要找他，他深知其难。但凉州问题不是简单的财务问题，它是东汉王朝西部的屏障，凉州在，哪怕战事不断，也是护卫朝廷的一个缓冲带；凉州如果不在了，朝廷将时刻面临来自西北方向的直接威胁。

众人就弃与不弃两种观点进行了讨论，最后汉灵帝采纳了傅燮等多数人的意见，认为凉州不能放弃。汉灵帝决定调整对羌作战的指挥机构，任命张温为车骑将军，接替皇甫嵩到关中去指挥；任命执金吾袁滂为张温的副手，同时提拔董卓为破虏将军，与荡寇将军周慎等归张温指挥。加上附近州郡的地方部队，共集结起十多万大军，去对付边章和韩遂。

张温临行前向汉灵帝奏请，想调两个人做自己的军事参谋，汉灵帝批准。这两个军事参谋，一个是在镇压黄巾起义中立下战功的孙坚，《三国志·孙坚传》记载“遣司空张温行车骑将军，西讨章等。温表请坚与参军事”；另一个是陶谦，之前已说过，他在皇甫嵩麾下任扬武都尉，皇甫嵩无功被贬，陶谦作为皇甫嵩“点名”要来的人，仕途多少会受到一些影响，张温爱才，于是也将其留在身边做参谋。《三国志·陶谦传》裴松之注引《吴书》记载：“后边章、韩遂为乱，司空张温衔命征讨；又请谦为参军事，接遇甚厚。”

三、悍将董卓

中平二年八月，张温来到关中，将指挥部设在美阳（今陕西省武功县）。一代名将领衔，麾下的董卓、孙坚、陶谦个个都称得上是枭雄，又有朝廷的十多万大军，按理说这样的阵容用来对付当时任何军事集团都绰绰有余。可是，形势并没有向人们预料的方向发展，张温与皇甫嵩一样，在边章、韩遂面前也一筹莫展。

转机出现在这一年十一月。一天，突然发生了奇异的自然现象，美阳一带的夜空中突然流星如火，光长十余丈。这就是流星雨，其中有较大的陨石，发出的光也超乎寻常。更神奇的是，有颗巨大的陨石正好落在叛军的营区里，把营寨都照亮了，营中的驴马等动物受到惊吓都鸣叫起来。《后汉书·董卓传》记载：

十一月，夜有流星如火，光长十余丈，照章、遂营中，驴马尽鸣。贼以为不祥，欲归金城。

古人不了解地震、日食、流星等自然现象的科学原理，往往认为这些都是大凶之兆，是上天的某种警示，很不吉利。边章、韩遂也这样认为，所以决定撤军。董卓看到处于优势的一方竟自动撤退，大喜过望，联合右扶风郡太守鲍鸿共同出击，斩首数千级。边章、韩遂退到榆中，也就是董卓的老家陇西郡一带。张温指挥大队人马乘胜追击，命荡寇将军周慎率三万人担任对榆中的主攻，命董卓也率三万人进讨先零部落的羌人。

张温派孙坚协助周慎。此时的孙坚已历经百战，战场经验十分丰富。《后汉书·董卓传》记载，孙坚向周慎提出建议："贼城中无谷，当外转粮食。坚愿得万人断其运道，将军以大兵继后，贼必困乏而不敢战。若走入羌中，并力讨之，则凉州可定也。"孙坚大概不愿意只当一名参谋，他也想率兵杀敌，这才是他的特长。孙坚认为敌人困在城里没有粮食，自然会从外面运粮，如果断其粮道，敌人必然不敢出战，只能撤入羌中，那时全力追击，凉州可定。这个方案是切合实际的，也是稳妥的，但周慎错误判断了战场形势，更主要的是不愿意分功给孙坚，所以执意从榆中城正面发起强攻，结果反被边章、韩遂派兵截断了葵园峡谷。看到自己的粮道反而被截断，周慎慌了，下令放弃辎重突围。

周慎突然撤军，令担任辅攻的董卓措手不及。董卓所部被边章、韩遂等围困在望垣以北，粮食很快吃完了，敌人围攻又猛烈，情况十分危急。好在董卓从小在这一带长大，对周围的环境特别熟悉。这里有一条大河，也就是洮水，董卓站在河边突然来了主意，他命人在河上筑坝，把水截住，形成了长达数十里的"堰塞湖"，对外说是要捕鱼充饥，实际上是将水断流后人马从坝下过河，之后突然放水，形成溃坝，阻挡了后面的追兵，董卓因而解围。《后汉书·董卓传》记载：

章、遂分屯葵园狭，反断慎运道。慎惧，乃弃车重而退。温时亦使卓将兵三万讨先零羌，卓于望垣北为羌胡所围，粮食乏绝，进退逼急。乃于所度水中伪立堰，以为捕鱼，而潜从堰下过军。比贼追之，决水已深，不得度。

此战中，朝廷共有六支军队参战，其他五支均溃不成军，损失惨重，只有董卓率领的这一支全师而还。董卓因此被朝廷封为斄乡侯，食邑一千户，所部人马屯扎于关中地区的扶风郡。董卓为朝廷身历百战，立下赫赫战功，地位不断上升。但是，与同样出身于凉州的张奂、段颎、皇甫规、张温等前辈相比，董卓却走了完全不同的道路。

张奂、皇甫规包括以后投靠了宦官的段颎，他们虽然有很强的军事才能，但本质上还具有士人的气质。比如张奂，他同时是一名学者，《尚书》研究专家，还将儿子张芝、张昶培养成著名的书法家，张芝更被后世称为“草圣”。张奂等人对朝廷心怀敬畏，正统观念很强，朝廷让干就好好干，不让干也没有怨言。但在董卓心中，忠于朝廷的观念淡多了，他从小没受过那么多礼教和经学的教育，经常跟少数民族部落首领打交道，把眼前利益看得重，把名节看得很轻。同时，多年与朝廷打交道，也让董卓把朝廷逐渐看透了，他明白只要有实力，朝廷就离不了你，就得买你的账，所以他想尽办法培植自己的势力。董卓手下的将校大都跟他一样，讲义气、轻名节，只对董卓个人效忠，把朝廷的命令并不当回事。

四、孙坚的秘议

董卓一向有骄傲自大的毛病，立了些功劳，就不太听张温的指挥了。张温让董卓来议事，董卓总是拖拖拉拉，半天不到，有时干脆找借口不来。一次，确实有重要军情要商议，张温特意让人拿着天子的诏书来召唤董卓。董卓过了很久才慢悠悠来了，张温批评董卓几句，董卓不服气，当面顶撞起来，闹得很不愉快。《三国志·孙坚传》记载："温以诏书召卓，卓良久乃诣温。温责让卓，卓应对不顺。"

这里说的"诏书"，指的应当是天子随任命诏书颁发给张温的信物，即"节"。车骑将军位比三公，率军出征时往往会获得一定授权，以方便临场处置。在汉末三国，这类授权在史书中常有"假节""持节""使持节""假节钺""假黄钺"等说法，它们都是皇帝授予的，只是等级上有所不同。"节"是一种符信，"钺"是一种刑具，皇帝不能事事躬亲，便将"节""钺"授予大臣、将领，拥有此物者便拥有了皇帝授予的特权：假节，有此特权者平时没有权利处置人，战时可斩杀犯军令之人；持节，有此特权者平时可杀无官位之人，战时可斩杀品秩二千石以下官员；使持节，有此特权者平时及战时皆可斩杀品秩二千石以下官员；假节钺，亦称假黄钺，有此特权者可斩杀假节、持节、使持节者。《三国志·董卓传》记载："朝廷复以司空张温为车骑将军，假节。"按照这个授权，虽不能斩杀品秩二千石的破虏将军董卓，但出示此节也足以给予震慑。

可董卓仍是一副无所谓的样子，令一旁的孙坚实在看不下去。孙坚走到张温面前耳语道，董卓不知错反而态度不恭，应该治他奉诏不到之罪，按军法把他斩了。但张温不够果断，小声对孙坚说，董卓向来在凉州一带有威名，现在杀了他，在西边用兵就少了依托。孙坚仍不放弃，历数了董卓的三大罪状。《三国志·孙坚传》记载，这些罪状是："明公亲率王兵，威震天下，何赖于卓？观卓所言，不假明公，轻上无礼，一罪也。章、遂跋扈经年，当以时进讨，而卓云未可，沮军疑众，二罪也。卓受任无功，应召稽留，而轩昂自高，三罪也。"孙坚还举司马穰苴斩庄贾、魏绛杀杨干的例子，说明带兵者要果决，如果现在向董卓低头，恐怕会有损威名。可张温仍然不敢，反而让孙坚赶快下去，因为时间长了董卓会起疑心。孙坚只得起身出去。

董卓不尊重主帅，轻上无礼；边章、韩遂作乱近一年，应当尽快进兵剿灭，但董卓认为不可；董卓受到朝廷重用，但没有建立相应功勋，应当谦虚谨慎，但此人轩昂自高。以上三条，在董卓的身上确实存在。然而，如果以此就去定罪甚至杀了董卓，这些理由还有些不够充分。孙坚大概会认为，董卓最大的问题不仅是态度傲慢，而且对朝廷是否忠诚也值得怀疑，然而这些更多的是怀疑与推测。孙坚的建议没有被张温采纳，孙坚本人日后耿耿于怀，认为如果张温果断一些，就没有以后的董卓之祸了。后世也有不少人为此感到惋惜，认同孙坚的看法。就此，明末清初学者王夫之在《读通鉴论》中有一段评论，更切中实质：

孙坚之欲诛董卓也，张廷珪之欲杀安禄山也，论者惜其不果而终以长乱。张让等为蠹贼于中，李林甫、杨国忠相继朘削于国，微卓而汉必亡，微禄山而唐必乱，夫岂二竖之果足以移天而沸海乎？何进不召卓而卓何逞？玄宗不宠禄山而禄山何借？逆未著而以疑杀人，且不胜其杀矣。是故后事之论，惩其末而弗戒其本，智者所弗尚也。

王夫之认为，孙坚想杀董卓，唐代张廷珪想杀安禄山，论者都为他们没有取得成功而最终助长了天下大乱感到惋惜。可是，汉末张让等奸贼居于宫中，唐代李林甫、杨国忠在朝堂残害国家，即使没有董卓汉室也一定会灭亡，即使没有安禄山唐朝也一定大乱。难道董卓和安禄山这两个恶贼真的能使天下大乱吗？何进不招引董卓，董卓怎么会有机会作乱呢？唐玄宗不宠信安禄山，安禄山凭什么起兵反叛呢？如果叛逆的恶迹还没有完全暴露出来就以猜疑去杀人，那么将杀不胜杀。后代议论此事时只看到了末，而没有看到本，是不全面的，有才智的人是不会这样思考问题的。

张温在军界威名赫赫，又曾任朝廷三公，位极人臣，但他的身上也有优柔寡断的一面，面对董卓这样的悍将，张温无力制服，又不敢痛下决心予以惩处，实在有些窝囊，如此带兵，真让人捏把汗。不仅对董卓如此，张温对参军事的陶谦也似乎驾驭不了。张温对陶谦很照顾，但官场上的历练没有改变陶谦的性格，他还是那么不通人情，说话刻薄，谁都看不上，甚至也包括张温在内。《三国志·陶谦传》裴松之注引《吴书》记载，有一次还是因为喝酒，陶谦又闹出了事情。参加这次宴会的人很多，张温让陶谦行酒，本意是依次斟酒，也有代理酒政的意思，相当于现在所说的“酒司令”。这本是抬举陶谦，但陶谦不知好歹，对张温十分不恭，甚至趁着酒劲当众以言语侮辱张温。张温脾气再好也无法忍受，虽然无权杀陶谦这个级别的官员，但一句话就给陶谦判了罪，“徙谦于边”。

陶谦被当场带走，有人赶紧劝张温：“陶恭祖本以材略见重于公，一朝以醉饮过失，不蒙容贷，远弃不毛，厚德不终，四方人士安所归望！不如释憾除恨，克复初分，于以远闻德美。”张温本来也是一时之怒，经大家相劝，火气消了不少，让人把陶谦追回。陶谦又被带回来，有好心人在他还没有见到张温时悄悄劝道：“足下轻辱三公，罪自己作，今蒙释宥，德莫厚矣；宜降志卑辞以谢之。”陶谦嘴上倒挺知趣，答应下来。这个人不放心，又跑去给张温打招呼：“陶恭祖今深自罪责，思在变革。谢天子礼毕，必诣公门。公宜见之，以慰其意。”但张温并没有等来陶谦道歉，直到有一次在门口遇见陶谦，见陶谦仍故意仰着头不看张温。陶谦道：“谦自谢朝廷，岂为公邪？”看着陶谦的样子，张温哭笑不得。张温道：“恭祖痴病尚未除邪？”不过张温确实是一个爱才的人，他觉得陶谦只是有些不通人情世故，心直口快，有些愚，别的也没什么，“遂为之置酒，待之如初”。

五、一个伐木工的崛起

中平三年二月，朝廷宣布了一项人事任免：太尉张延被免职，车骑将军张温改任太尉。张温还在关中领兵，汉灵帝派遣使者持节到长安，就地举行了任职仪式。张温的车骑将军一职改由赵忠担任。最近三公任免频繁，甚至成为汉灵帝敛财创收的一条途径，比如刚被免职的张延在政坛上就默默无闻，不排除他的太尉一职也如曹嵩一样是花了大价钱买来的。

不过张温是例外，此前他已经担任过三公，没有必要再花一大笔冤枉钱给自己的仕途添上一笔彩。按东汉制度，三公的任命都在朝廷进行，在洛阳以外举行就职典礼的，张温还是第一个，所以《三国志·董卓传》特意强调“三公在外，始之于温”。东汉还有一项约定俗成的规矩，那就是三公通常不直接带兵在外征伐，即“五大不在边”，说的是有五种人通常不能再手握重兵于外。究竟是哪五种人已不可考，通常认为太子算一个，三公也在其内。三公是丞相级的重臣，如果再领兵，权力未免太大，一旦有异心将是朝廷的重大威胁。所以，以三公的身份统兵、打破“五大不在边”的规矩，张温又开了先河。

只是，这些突破与赵忠的任命相比又算不上什么了。赵忠是一名宦官，却担任了车骑将军一职，在前代这样的事不仅没有发生过，更无法想象。宦官权力很大，甚至能一手遮天，但在名义上他们的职务并不高。宦官也有品秩，曹操的祖父曹腾担任过的大长秋是宦官中品秩最高的，也不过二千石上下，与郡太守相同。张让、赵忠等人担任的中常侍本来是皇帝的随从，没有定员，后来才固定下来，品秩不过千石，还没有中郎将高。宦官掌权靠的是对上下公文的把持，下面的汇报，无论是朝臣还是各州郡，哪些皇帝能看到、哪些看不到基本上由宦官说了算。对下面的批示，怎么批、批给谁也被宦官所垄断。赵忠由宦官而成为外臣，地位几乎与三公相当，品秩升到万石，而且握有兵权，成为一名“超级宦官”，怎能不让人吃惊？张延免职，是给张温腾位子；张温改任，是给赵忠腾位子。汉灵帝为了关爱一名宦官，不惜连续打破多项制度，创造出多项第一。

汉灵帝这时任命赵忠为车骑将军，并非一时心血来潮，而是有一项重要工作交给他：评定讨伐黄巾军的功劳。这件事有些奇怪，因为前年黄巾起义就被扑灭了，为何现在想起来再去评功？结合刘备的遭遇，可以看出这是一次规模很大、牵涉面很广的活动，不完全是论功行赏那么简单，真正的意图是对已经因军功而得到升迁的那些人进行筛查清理。简单地说，就是要下去一批人，然后再上来一批人。

这不是一项政治活动，而是一项经济活动，赵忠能说动汉灵帝启动这项工作，显然打的也是创收增收的旗号。手握人事大权，自然有人主动找上门来。对于那些不肯主动表示的人，赵忠还派自己的亲信上门做动员。傅燮多次得罪宦官，已经在宦官那里“挂了号”，不过宦官们还想对傅燮加以拉拢，试图让他到自己这边来，因为傅燮的名气实在不小。《后汉书·傅燮传》记载，执金吾甄举等对赵忠道：“傅南容前在东军，有功不侯，故天下失望。今将军亲当重任，宜进贤理屈，以副众心。”赵忠认为此言有理，于是派担任城门校尉的弟弟赵延前去向傅燮打招呼：“南容，少答我常侍，万户侯不足得也！”南容啊，你稍微搭理下我老哥，万户侯何足道哉。傅燮听罢极为厌恶，正色道：“遇与不遇，命也；有功不论，时也。傅燮岂求私赏哉！”赵延回来转告给赵忠，赵忠对傅燮更加恼恨，但又不敢马上加害。不过，赵忠后来还是找了个机会，把傅燮发派到凉州刺史部汉阳郡当太守。

关中这边，太尉张温面临着内外部的挑战，在军事上迟迟不见进展。就在被任命为太尉不久，张温被朝廷召回，因作战不力而被免职，几年后才复出，被任命为九卿之一的卫尉。张温的运气看来不怎么好，甚至比他的前任皇甫嵩还差，因为他刚离开关中才几个月，叛军那边便发生了内讧，韩遂杀了边章和北宫伯玉、李文侯，吞并了他们的人马，朝廷在西北方向的压力大为减轻。韩遂仍纵横于凉州，但暂时已不再寻求向关中地区发起进攻了。

不久，韩遂指挥人马围攻陇西郡，朝廷的主力在关中一带，远水解不了近渴，陇西郡太守李参绝望，干脆投降韩遂。此时的凉州刺史名叫耿鄙，上任时间不太长，倒是一个不怕死的人，立即组织凉州刺史部其他六个郡的人马攻击韩遂和李参，傅燮担任郡太守的汉阳郡也在这六个郡中。《后汉书·傅燮传》记载，傅燮认为现在与韩遂硬拼不是明智选择，时间对朝廷军队有利，不如先行缓兵之计，再待局势之变。但耿鄙不听，作为州刺史，手下有一名郡太守叛变投敌，他负有连带责任，朝廷还没有下诏追究，如果能迅速击溃叛军，收复失地，可以将功补过。

耿鄙最信任的是治中程球，对他言听计从。程球劝耿鄙进兵，耿鄙于是进军到陇西郡治所狄道（今甘肃省临洮县）。耿鄙本想一举收复陇西郡，结果内部又发生了叛乱。州政府别驾地位高于治中，大概程球平时仗着耿鄙的信任没有把别驾放在眼里，结果惹恼了这位在史书中没有留下姓名的别驾，此人阵前叛投韩遂。韩遂进兵，先斩程球，再斩耿鄙。刺史被杀，群龙无首，凉州各郡纷纷投降。

只有汉阳郡太守傅燮不降。韩遂指挥人马包围了汉阳郡郡治冀县（在今甘肃省天水市以西）。冀县城内兵力单薄，粮草不足，傅燮来上任也没有几天，叛军拿下冀县不存在悬念，但傅燮仍指挥城内官民坚守。《后汉书·傅燮传》记载，城外的叛军里有数千名匈奴骑兵，他们来自傅燮的家乡并州刺史部北地郡，他们都知道傅燮为人正直，所以在城外下马叩头，请求傅燮出城投降，愿意保证傅燮一家平安返回家乡，傅燮严词拒绝。傅燮的儿子傅干小字别成，这时只有十三岁，劝父亲：“国家昏乱，遂令大人不容于朝。今天下已叛，而兵不足自守，乡里羌胡先被恩德，欲令弃郡而归，愿必许之。徐至乡里，率厉义徒，见有道而辅之，以济天下！”傅燮听罢，慨然叹息道：

别成，汝知吾必死邪？盖“圣达节，次守节”。且殷纣之暴，伯夷不食周粟而死，仲尼称其贤。今朝廷不甚殷纣，吾德亦岂绝伯夷？世乱不能养浩然之志，食禄又欲避其难乎？吾行何之，必死于此。汝有才智，勉之勉之。主簿杨会，吾之程婴也！

傅干哽咽着说不出话，一旁的人也都流下了眼泪。城外的叛军不想杀傅燮，派前酒泉郡太守黄衍进城劝降，傅燮手按佩剑斥责黄衍：“若剖符之臣，反为贼说邪！”黄衍退出，傅燮率仅有的士兵出城迎战，最终战死沙场。傅燮的死讯传到洛阳，汉灵帝下诏追封傅燮为壮节侯。傅干没有死，他回到了家乡，后来到曹操手下任职。傅干的儿子傅玄，是魏晋时期有名的文学家和思想家。

在耿鄙为对抗韩遂而在凉州大规模招兵时，有一个伐木工跑来报名参军，他的名字叫马腾。马腾字寿成，原籍关中地区的扶风郡，是东汉开国元勋马援的后代。马腾的父亲名字不详，只知道他字子硕，汉桓帝时曾在天水郡的兰干县任县尉，后被免官，就滞留在了陇西郡，家贫无妻，后来娶了一名羌族女人，生下马腾。由于身上有一半羌人的血统，所以马腾长得人高马大，身高合现在1.9米，面部轮廓粗犷，鼻梁很高。《三国志·马超传》裴松之注引《典略》记载：

腾字寿成，马援后也。桓帝时，其父字子硕，尝为天水兰干尉。后失官，因留陇西，与羌错居。家贫无妻，遂娶羌女，生腾。腾少贫无产业，常从彰山中斫材木，负贩诣城市，以自供给。

印象中马腾是董卓一类的人物，粗俗、野蛮，但这错了，马腾其实很厚道，明事理，受到大家的尊敬。《初学记》引袁宏《后汉纪》称："长乐卫尉马腾，其长八尺，身体洪大，面鼻雄异，而性贤厚，人多敬之。"马腾年轻时家境较差，听说打仗，很兴奋，因为这比当伐木工轻松，而且有出人头地的可能。

马腾参军后作战勇敢，职务不断提升，当上了耿鄙军司马。耿鄙被韩遂杀死，韩遂发现马腾是个打仗的好手，而且在军中已培养起一定势力，便着意拉拢。韩遂主动与马腾结为异姓兄弟，马腾则不断发展自己的势力，逐渐和韩遂并驾齐驱，二人成为朝廷未来相当长一段时间里在西北地区的主要对手。

第五章

山雨欲来

188年

一、刺史改州牧

中平五年（188）正月，此时正是白波军最活跃的时期。朝廷疲于应对的时候，又传来另一个坏消息：并州刺史部西河郡太守邢纪被杀。《后汉书·灵帝纪》记载：“五年春正月，休屠各胡寇西河，杀郡守邢纪。”到了三月，并州刺史张懿也被杀。“三月，休屠各胡攻杀并州刺史张懿。”据唐长孺先生考证，史书中提到的“休屠各”“休屠”“屠各”“屠各胡”是一回事，指的是匈奴的一个部落，在中原一片乱局的情况下，他们在北方崛起，朝廷正忙着对付黄巾军余部和凉州的羌人，此时已无力应对并州的局势。

幸好这时并州出了一个强人，顶住了休屠部落的进攻。这个人名叫丁原，字建阳，兖州刺史部泰山郡南城县（今山东省平邑县）人，出身于贫寒之家，勇敢而有武力。王粲《英雄记》记载：“为人粗略，有武勇，善骑射。为南县吏，受使不辞难，有警急，追寇虏，辄在其前。裁知书，少有吏用。”丁原早年在家乡南城县当过县吏，后来是怎样到的并州，史书没有记载。可以推测一下，丁原的经历或许与孙坚相似：早年担任县吏，因有武勇而在朝廷镇压黄巾起义时应征入伍，因战功而被提拔为官员。张懿被杀后，朝廷见丁原是一员猛将，又有“粗略”，于是任命他为并州刺史。

在丁原的手下，有几个得力的帮手。

一个是吕布，字奉先，并州刺史部五原郡九原县（今内蒙古自治区包头市九原区）人。关于吕布的早年，史书没有太多记载，在他的家乡流传着一些民间传说，据说吕布在家中排行老五，他的姥爷姓黄，是五原郡大户，从祖上起就在本地开设染房，五原郡那时属边境地区，有很多兵营，染出来的布可以卖给当兵的，所以生意不差。还有的说，吕布出生时母亲正在姥爷家的染房里指挥染工们干活，结果吕布迫不及待地来到了这个世界，由于事发仓促，他最后生在了一匹刚染好晾干的红布上，于是给他起了个名字叫吕布。不过以上都是传说，正史未载。正史不提吕布的家史，说明他并非出身于名门望族，属于社会的中下层。成年后吕布成为一名军人，王粲《英雄记》说他“便弓马，膂力过人，号为飞将”。汉初，李广骁勇善战，曾在吕布家乡一带长期驻守，敌人畏惧，称他为“飞将军”，在大家眼中吕布就像李广一样矫健敏捷、骁勇无比。丁原很器重吕布，任命他为主簿。主簿为各级主官属下掌管文书的佐吏，《文献通考》卷六十三：“盖古者官府皆有主簿一官，上自三公及御史府，下至九寺五监以至州郡县皆有之。”主簿类似于“办公室主任”的角色，作用较为重要，县、郡、州的长官以及军队里的各类将军之下均设主簿，其“级别”随长官品秩不同而有较大差别。

另一个是张辽，字文远，并州刺史部雁门郡马邑县（今山西省朔州市）人。汉初有一场“马邑之谋”，发起者名叫聂壹，张辽就是聂壹的后人，其家族为避怨而改姓张。张辽出生时塞外的匈奴人十分强盛，雁门郡经常遭到匈奴人的杀掠洗劫。张辽自幼便经历了大量边塞战乱，少年时成为雁门郡郡吏。丁原就任并州刺史后，看到张辽武力过人，将其召至麾下。《三国志·张辽传》记载：“汉末，并州刺史丁原以辽武力过人，召为从事。”

还有一个是张杨，字稚叔，并州刺史部云中郡（郡治在今山西原平市西南）人。丁原见张杨很勇猛，名气冠于并州，也任命他为从事。《三国志·张杨传》记载：“张杨字稚叔，云中人也。以武勇给并州，为武猛从事。”

丁原以及手下几位干将都以“武猛”见长，军事上渐渐有了起色，很快便拉起来一支颇具战斗力的军队，人们习惯上称其为“并州军”。丁原虽是武人，但也有一些谋略，不是那种只会打仗的职业军人。丁原对政治颇为敏感，内心痛恨宦官。并州刺史部紧邻司隶校尉部，距洛阳不远，丁原与大将军何进建立了联系，随时关注着洛阳的动态。

并州刺史部因为有丁原而暂时解除了危机，但并不是每个州面临危机时都有强人来支撑局面。在镇压农民起义过程中，东汉王朝原有行政机制的弊端不断显现出来。农民起义军多是流动作战，而郡太守、县令等地方官员手中权力有限，没有人协调和组织，因而造成起义军经常在各州郡间纵横驰骋无法阻挡的局面。郡以上虽然设有刺史，但刺史品秩较低，其职权仅限于监察、纠举，严格说来既无兵权也无行政权。在与黄巾军对抗过程中，地方官吏往往像一盘散沙，缺乏组织和统一指挥。直属于朝廷的南军、北军一定程度上弥补了这种不足，但南军、北军属中央军，不是地方上的常规建制和常驻武装，一旦撤走，地方上往往重新陷入混乱，州刺史、郡太守、县令被起义军或其他武装杀死的情况比比皆是，令人触目惊心。在四方多事、朝廷对地方难以及时有效支援的情况下，地方权力需要加强，刺史一职已经越来越无法适应新形势的需要了。有不少人意识到了这个问题，第一个提出解决方案并上报朝廷的人是刘焉。

刘焉字君郎，《华阳国志》又作君朗，荆州刺史部江夏郡竟陵县（今湖北省天门市）人，皇族出身，先祖刘余是汉景帝之子，被封为鲁恭王，后迁至竟陵县。汉末的刘氏宗亲中多是不学无术之徒，尤其是那些有封国的，躺在祖上的所谓荫功里享受富贵，既不知民间疾苦，也不会为天子分忧。刘焉跟他们不一样，好学上进，头脑也很清醒。刘焉年轻时拜司徒祝恬为老师，后被举为贤良方正，被司徒府征辟，又担任了洛阳令、冀州刺史、南阳郡太守等职。刘焉后来调回朝廷，先后担任宗正、太常，都属九卿，其中宗正管理皇家事务，太常掌管祭祀社稷、宗庙、朝会、丧葬等礼仪。

担任太常后，刘焉最重要的工作是在重大祭祀活动中充当皇帝的助手，平时不太忙。太学也归太常管，刘焉还负责太学的博士以及博士弟子的考核荐举，所以在教育系统有重要发言权。除一年偶尔参加几次祭祀活动外，刘焉有大量时间跟太学的博士祭酒、博士们在一块，其中与益州刺史部广汉郡人董扶的关系最密切。

董扶是一个奇才，他最拿手的不是教学，而与襄楷一样，是星象学。星象学与天文学都是研究天空的，但二者在研究目的上差得很远。天文学是研究距离、光度、重量、速度、运动等方面的科学，星象学是以精神分析心理学为基础，借用了天文学、心理学、行为科学的某些方法，但从不谈论任何严肃科学话题的唯心之学。通常来说，天文学家用望远镜等仪器作为观测的基础，星象家用的则是酷似科学仪器的罗盘。但是，当时吃香的不是前者而是后者，前者甚至沦落到披着后者的外衣才能活动的地步。星象学占星的方法很复杂也很神秘，只有极少数人才能够掌握。董扶不仅掌握这门学问，而且在这方面有了不小的知名度，有人把他推荐给大将军何进，在何进的关照下董扶居然当上了品秩二千石的侍中。

刘焉经常与董扶聊些时事问题，董扶觉得刘焉是一个有雄才大略的人，又出自皇族，前途不可限量，所以有意靠拢。董扶劝刘焉找机会独立发展，他出了一个主意，让刘焉上书天子，改刺史为州牧，增强州一级机构的组织能力和控制能力。刺史是监察官，理论上说除了监察权以外不能干预地方政务，改为州牧后则成为郡太守的直接上司，负责管理本州的行政事务，成为名副其实的地方大员。《三国志·二牧传》记载，刘焉上书天子，提出：

刺史、太守，货赂为官，割剥百姓，以致离叛。可选清名重臣以为牧伯，镇安方夏。

汉灵帝认为这项建议很有必要，于是组织官员讨论，并很快形成了一致意见，那就立即付诸实施。鉴于州牧一职举足轻重，所以必须选重臣担当，第一步先挑几个州进行试点，成功后再在更大范围内推广。经过一番酝酿，决定首批试点的州为豫州、益州、幽州等三个州，拟任人选有太常刘焉、宗正刘虞、太仆黄琬，这三个人都是现任的九卿。诏书很快下达，任命刘焉为益州牧、刘虞为幽州牧、黄琬为豫州牧，三人现有品秩不变，即刻到任。

刘焉之所以提出这项建议，确实有下去担任州牧的想法，现在目的达到，刘焉却有些失望，因为他想去的地方不是益州而是交州。益州这地方刘焉很清楚，由于地理原因，四面都与外界阻隔，朝廷的势力在那里传统上较为薄弱。益州一向民风强悍，个个敢作敢为，还有一些地方豪强，仗着有势力从来不习惯听朝廷的招呼。刘焉想，自己单枪匹马到益州，不是送死吗？就在刘焉准备打退堂鼓的时候，董扶却给他打气。董扶神秘地告诉刘焉，说据他观察益州那边有“天子气”。刘焉一听来了精神，决定赴益州上任。董扶劝刘焉去益州，是因为他本人更想去，他是益州人，人熟地熟气候熟，眼见京城洛阳越来越乱，还不如回家乡发展。

去幽州刺史部上任的是刘虞，不久前他还担任着幽州刺史，尽管公孙瓒不太喜欢他，但他干得很不错。刘虞此时已不在幽州，因为他不久前回到朝廷接替刘焉当了宗正。除了刘焉、刘虞，汉末的风云人物中属于汉室宗亲的还有几位，以后的荆州牧刘表、兖州刺史刘岱、扬州刺史刘繇以及曹操手下著名谋士刘晔等都有刘汉皇室血统。还有刘备，只是他这个汉室宗亲的“含金量”较低，他不仅距祖先中山靖王刘胜谱系遥远，而且刘胜一生有120多个儿子，刘备的先祖只是其中之一。从家谱上看关系最近的有两对：一对是刘表和刘焉，一对是刘虞和刘晔。刘表和刘焉都是汉武帝的兄弟、汉景帝之子刘余的后人，但众所周知，他们二人后来的关系也最差劲。看到头顶上的金字招牌越来越不顶用，与其躺在上面睡大觉还不如自我奋斗，这些刘氏皇族中的精英们于是凭着本事与努力，纷纷干出了一番事业来。刘虞到了幽州，继续推行之前的怀柔政策，在维护与北方少数民族关系方面功绩卓著，受到朝野上下的一致称赞。

去豫州刺史部上任的黄琬字子琰，虽然没有皇族血统，但也出身名门，他是荆州刺史部江夏郡黄氏家族的成员，这个家族的黄香、黄琼都是朝廷重臣，其中在士人中饱受赞誉的名臣黄琼死时七十九岁，被追赠为车骑将军。黄琬是黄琼的孙子，小时父亲死了，由爷爷黄琼带大。黄琬非常聪慧，进入仕途后担任了魏郡太守、五官中郎将等职，后遭“党锢之祸”，近二十年没有出仕。杨赐担任太尉时认为黄琬是拨乱之才，推荐他担任青州刺史，后又担任侍中、将作大匠、少府、太仆等要职。黄琬被任命为豫州牧后，加强了该州的军事力量，治理方面也很有成效，威声大震，政绩突出，考核下来为各州第一，黄琬因此被封为关内侯。

应该说，这几位州牧人选都不错，到任后都迅速控制了所在州的局势，这几个州又是较为动荡的地方，它们的局势得以平稳下来对于全国局面的稳定起到重要作用。但随之而来的问题是，刺史改州牧试点逐渐推开后，州牧越来越多，职权越来越重，这些人常居一方，逐渐成为朝廷无法控制的割据势力。所以，有人认为刘焉当初的建议实在是个馊主意，是压垮东汉这头大象的最后一根稻草，如南朝梁代学者刘昭就评论说：

孝武之末始置刺史，监纠非法，不过六条，传车周流，匪有定镇，秩裁数百，威望轻寡，得有察举之勤，未生陵犯之衅。成帝改牧，其萌始大，既非识治之主，故无取焉尔。世祖中兴，监乎政本，复约其职，还遵旧制，断亲奏事，省入惜烦，渐得自重之路。因兹以降，弥于岁年，母后当朝，多以弱守，六合威动，四海溃弊，财尽力竭，纲维挠毁，而八方不能内侵，诸侯莫敢入伐，岂非干强枝弱，控制素重之所致乎？至孝灵在位，横流既及，刘焉徼伪，自为身谋，非有忧国之心，专怀狼据之策，抗论昏世，荐议愚主，盛称宜重牧伯，谓足镇压万里，挟奸树算，苟罔一时，岂可永为国本，长期胜术哉？

刘昭认为，刺史制度在设计上是合理的，而刘焉为一己之私建议改为州牧，结果造成了之后群雄割据的局面，实在不是一项明智之举。仅从结果看，刘昭的看法似乎有一定道理，以后刘表、陶谦、袁绍、公孙瓒、董卓、曹操、刘备、吕布等人均以州牧的身份控制了地方军政大权，确实形成了群雄割据的态势。然而，刺史不改州牧，州一级权力真空，东汉政权也无法维系。这似乎成了一个悖论，改与不改都没有出路。看来根本的问题并不在这里，在汉室不断衰微的大势下，局部改革的成败已经不那么重要了。不过，至少从眼前来看，刺史改为州牧对于维护地方稳定是有成效的，这也是朝廷很快就此问题达成一致的原因。

二、陶谦经营徐州

徐州不在本次刺史改州牧试点之列，不过该州的刺史也进行了调整。就在中平五年，大约较刘焉等人赴任晚了几个月，朝廷任命陶谦为徐州刺史。之前陶谦在西部战场作战，上一年张温被免去车骑将军一职，陶谦要么回到朝廷任闲职，要么仍在西部战场。陶谦以前担任过县令，又在军队里历练过，在青徐黄巾军复起的情况下，他被朝廷选中，去坐镇一方。陶谦之所以没有被任命为州牧，是因为他的资历尚浅，品秩不足千石，与二千石的九卿还有很大差距。

陶谦性格倔强，但主政一州后性情大变，变得沉稳而有谋略。徐州刺史部经济发达，人口稠密，各方势力也很复杂，陶谦施展出非常手段，重用名士，平衡各派地方势力，打败了黄巾军余部，之后着力发展生产，在一片兵荒马乱中徐州反而建设得有声有色。《三国志·陶谦传》记载："是时，徐州百姓殷盛，谷米封赡，流民多归之。"

陶谦虽然当过参谋，但本质上是一名文官，不像公孙瓒那样能亲自上阵杀敌，所以得借用其他人。陶谦在军事上主要借重的人叫臧霸，兖州刺史部泰山郡人。臧霸的父亲曾任狱掾，泰山郡太守喜欢随便杀人，臧霸的父亲拒绝执行命令，惹怒郡太守，把他抓了起来，要押送到郡里治罪。臧霸当时只有十八岁，听说以后，马上聚合了几十个人，在半道上将父亲劫下，之后带着父亲还有一帮人逃亡到徐州。陶谦正在为对付黄巾军而四处募兵，臧霸加入陶谦的队伍中，由于作战勇敢，很快升为骑都尉。陶谦手下的孙观、吴敦、尹礼等也出身于泰山郡，臧霸和他们抱成一团，又拉拢了陶谦的另一个将领昌豨，这几个人发展成为一个小组织，被称为"泰山帮"，他们表面服从陶谦的领导，其实只听臧霸的。陶谦心里明白，也不干预，命令臧霸等人驻扎在徐州刺史部北部一带。

陶谦纵容臧霸等人，不是他软弱，而是他心中有数，知道臧霸等人翻不起大浪来。让陶谦拥有这份自信的，是他的手里也有一支嫡系人马，即丹阳兵。陶谦不是徐州人，他的老家是扬州刺史部丹阳郡，该郡治所在宛陵县（今安徽省宣城市），境内多山，长期生活在这里的山民身体强健，好武习战，自古便是出精兵的地方，所出"丹阳兵"自秦汉以来就扬名于疆场。陶谦主政徐州后，借征讨黄巾军余部的名义在家乡大规模募兵，这支“丹阳兵”完全掌握在陶谦的手里，带兵的将领有曹豹等人，只听从陶谦一个人的指挥。

还有一件事值得说，那就是陶谦在徐州率先搞起了屯田。说起汉末的屯田，一般会想到曹操，但在汉末首先倡导屯田的并不是曹操，而是陶谦。陶谦搞屯田的时间应该是在汉灵帝在位时，比曹操早了好几年。陶谦任命陈登为典农校尉，在徐州境内实行屯田。陈登那时二十多岁，之前曾任东阳县长，一上任就到处找适合屯田的地方，然后推广水利建设，使农业生产得到很大的恢复和发展，获得了良好收成。《三国志·陈登传》记载：“年二十五，举孝廉，除东阳长，养耆育孤，视民如伤。是时，世荒民饥，州牧陶谦表登为典农校尉，乃巡土田之宜，尽凿溉之利，粳稻丰积。”陈登出生于163年，二十五岁时正是中平五年，此时陶谦是徐州刺史而不是徐州牧。陶谦推广屯田意义重大，算是一种制度创新和实践创新，增强了徐州的地方实力，这项创新后来被曹操、诸葛亮、司马懿等人效仿和发展。

徐州是人才兴盛之地，陶谦主政徐州期间，王朗、陈珪、陈登、赵昱、薛礼、糜竺、张昭、陈群等人都曾经是他的部下，孔融、郑玄也曾投奔过他。但陶谦也有用人上的失误，他重用了曹宏、笮融等小人，为后世诟病。曹宏情况不详，史书上说他是个喜欢进谗言、内心阴险的人，陶谦相当信任他。笮融则是一位颇为另类的人物，担任过徐州刺史部下邳国国相，擅长溜须拍马，也深得陶谦信任，手中掌握了不小的实权，背着陶谦大搞贪污活动，积累了不少财富。有人贪钱为的是花天酒地、挥霍无度，而笮融却不喜欢这些，他的兴趣爱好是一项在当时很新鲜也很时尚的活动：信佛、礼佛。如前所述，佛教虽然已经传入中国，有了一些发展，但总体而言还属于发展的初级阶段，信佛的人还不是很多。笮融无疑是佛教在中国的早期狂热信奉者之一，他在下邳国广修佛寺，命令百姓日夜诵读佛经，每到佛祖诞辰日就举办盛大的浴佛会，每次活动都花费上亿钱。笮融经常拿佛教经义解释发生的事情并预测未来，听得陶谦一头雾水，但又觉得笮融特别有本事。所以，陶谦在做重大决策前都要听听笮融的意见，将很多重要的事情交给他来管理。

陶谦经营徐州，有成功经验也有失败教训，但无论如何，他这个州刺史也与之前的州刺史有了很大不同，尽管没有州牧的名分，但也事实上拥有了更大的权力，不仅有行政权，而且有一定的军权和相对灵活的用人权，也成为事实上的“封疆大吏”。随着州牧试点的扩大，以及像陶谦、丁原这样的强势刺史的增加，东汉朝廷对地方的控制力正在加速衰减。

在陶谦离开西部战场的前后孙坚也离开了那里，他被朝廷召回任议郎。陶谦去徐州的前一年，荆州刺史部长沙郡发生农民起义，朝廷看中孙坚能打又不惜命，就派他担任长沙郡太守，前去平叛，这一年孙坚32岁。孙坚到长沙郡后，没费太大的气力就把事态平息了，朝廷录前后之功，封他为乌程侯。乌程是一个县，就在孙坚的家乡吴郡，孙坚不仅得到了多少人梦寐以求的侯爵，而且是侯爵中最高一级的县侯，封食邑地还在家乡。消息传回吴郡，一定是震惊乡里的一件大事。

在镇压黄巾起义过程中许多人趁乱而起，论起命运改变最大的人应该有两个，一个是孙坚，一个是刘备，他们跟曹操、公孙瓒等人不同，那些人本来就有一定的社会背景和资源，遇不到黄巾起义，也会有其他的晋升阶梯，日后不愁高官厚禄。孙坚和刘备不同，他们出身于草根，没有遇到黄巾起义，他们还将在社会中下层苦苦奋斗，没有出人头地的机会，更不要说开创未来的新王朝了。

三、袁绍与袁术

直到这时，还有两位汉末时期的重要人物没有登场，这似乎有些奇怪。这两个人，一个是袁绍，一个是袁术。说他们是重要人物，是因为他们在后面的历史中承担了重要的角色；说奇怪，是因为他们其实很早就出来做事了，却至今也没有站到历史舞台的中心位置，似乎被忽略了。

袁绍字本初，豫州刺史部汝南郡汝阳县（今河南省商水县）人，出身于汉末著名的汝南袁氏家族。袁绍生于何年，史书未记载，只知道他比曹操大几岁。曹操出生于汉桓帝永寿元年（155），袁绍应当出生于这一年前。由于字本初，有人推测他或许出生于汉质帝本初元年（146）。袁绍的父亲名叫袁逢，袁逢有个哥哥名叫袁成，袁成死得早，袁绍被过继给了这个伯父。

汝南袁氏家族兴起于一个叫袁安的人。《后汉书·袁安传》记载，袁安本是一名为人厚道的基层官吏，他的祖父袁良研习《孟氏易》有心得，以明经而被举荐，走上仕途，不过只做到了县令。袁安少年时代由祖父传习经学，不仅学问好，而且“为人严重有威，见敬于州里”。袁安一开始也只担任了县里的功曹，这个职务负责官吏考核工作。真正让袁安声名远播的是一件事：有一年冬天发生了严重雪灾，“大雪积地丈余”，很多人没有吃的，手中有些权力的官吏都会想办法收取贿赂以求活命。县令出来巡察，走到袁安家门口，发现雪地上没有脚印，县令以为袁安已经饿死了，就让人去收尸，结果发现袁安还有一口气。县令问袁安为什么困于家中，袁安回答：“大雪人皆饿，不宜干人。”宁可饿死也不肯收受贿赂，这种精神感动了袁安身边的人，“袁安困雪”成为一个典故，袁安因此被举荐为孝廉。

袁安先后担任了几个地方的县长或县令，因为有才干，为人又清廉，以后逐渐升为河南尹、太仆等。汉章帝元和三年（86），袁安接替告老致仕的第五伦担任司空，次年又代替桓虞担任司徒。自袁安开始，后人袁京、袁敞、袁平、袁成、袁汤、袁逢、袁隗等也都位至三公，前后延续四代人，被称为“四世三公”。在东汉，三公拥有开府的特权，也就是组建自己的办事机构。以司空为例，《续汉书·百官志》记述其职责是“掌水土事。凡营城起邑，浚沟洫、修坟防之事，则议其利，建其功。凡四方水土功课，岁尽则奏其殿最而行赏罚”，

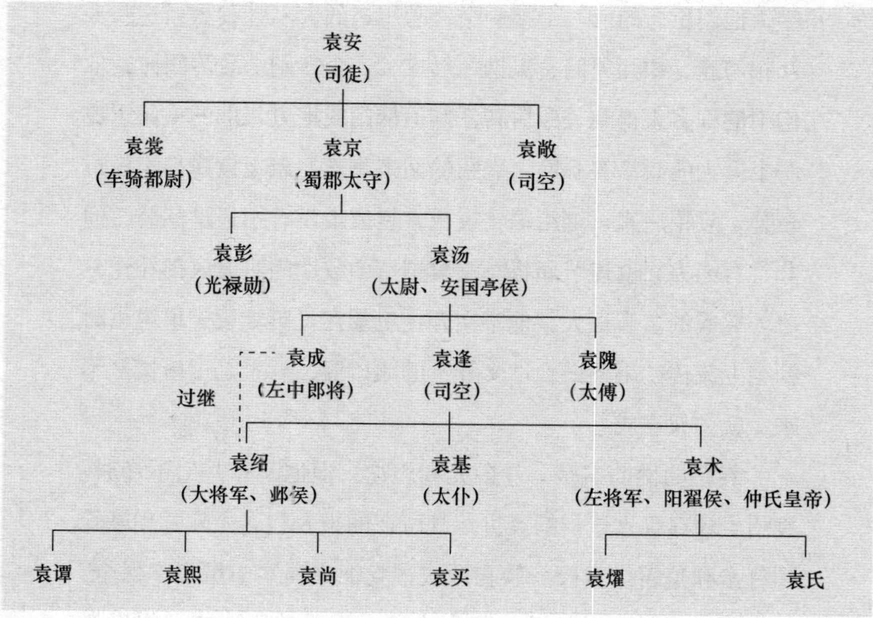

图6　汉末汝南郡袁氏“四世三公”示意图

分管九卿中的宗正、少府、大司农，司空府属吏包括“长史一人”“掾属二十九人、令史及御属四十二人”，这七十二个人组成了一个规模不算小的机构，而这些属吏均由司空自行聘任。

三公自行聘任属吏，相当于本职行政权力之外还拥有一项重要的人事权，通过这项权力可以大量培植自己的势力，那些被招揽来的人被称为三公的“门生故吏”。在“门生故吏”眼中，聘用自己的人不仅是长官，还是政治上的启蒙人和领路人，聘任者与被聘任者之间结成了一种特殊的政治血缘关系。袁氏连续四代人都当过三公，在位时间加在一起长达数十年，他们所开的府一个接一个，聘用过的人不计其数，这些人互相勾连，相互关照、提携，形成了一个特别的政治团体，他们中的许多人得到关照后转任其他部门或地方州郡，从而织成一个庞大的政坛关系网。袁绍的父亲袁逢、叔父袁隗都担任过三公，袁绍后来过继给伯父袁成，袁成虽没有担任过三公，但非常有能力，就连跋扈将军梁冀把持朝政期间对袁成都礼让三分。袁成的名声很大，他字文开，王粲在《英雄记》里说当时社会上流传“事不谐，诣文开”的顺口溜，意思是“事情摆不平，就去找袁成”。

袁绍的面前本是一片阳光和坦途，但他又有些生不逢时。袁绍生活在汉末这样的衰世，其所在的士人和党人阵营屡屡受到打击和迫害。袁氏一族在两次“党锢之祸”中虽侥幸保全，但大量党人被抓、被杀，其中难免有袁氏的亲族或“门生故吏”，想真正安然无事谈何容易。基于对国家总体形势的判断以及对家族处境的担忧，袁绍知道自己再也不能复制先辈们一次又一次走过的那条坦途了，要想让家族的荣光继续下去，必须另辟他途。

与当时大多数权贵子弟一样，袁绍成年后也步入仕途，首先从“郎”做起。“郎”是天子身边的侍从及朝廷各官署基层办事人员的总称，担任郎官既是一种历练，借此熟悉宫里的办事程序以及公文处理规则，同时在天子身边和朝廷官署工作也是一种荣耀，表明与天子和朝臣领袖们之间曾经有过亲密关系。郎官一般不会任职太久，一有机会便会被授以实职，袁绍不久就被任命为兖州刺史部东郡濮阳县（今河南省濮阳市）县长，这个地方位于洛阳以东几百里外的黄河沿岸，那时候长江沿线并不发达，发达的是黄河沿线，濮阳的地位不亚于现在的武汉、南京等城市。袁绍从重要县城的县长做起，如果不出差错，将很快升为郡太守，再锻炼几年，回到朝廷可以担任二千石的高官，这样的日子再熬上十来年，待新皇帝轮替，自己就成了“前朝老臣”，三公之位也就顺理成章了。但是，袁绍已经不再有这样的奢望，他能等也能熬，但他不知道现在的朝廷还能不能熬下去。

袁绍担任濮阳县长时间不太长，其间他的生母去世了。汉朝以孝治天下，父母去世，做儿女的要守三年丧，担任朝廷公职的须离职回乡守丧，袁绍于是回到汝阳县老家为母亲守丧。袁绍那时只有二十多岁，还只是一名县长，但作为袁家最被看好的下一代，他此时已很有名气，结识的朋友也很多，家里办丧事居然惊动了数万人来参加。守丧是一件苦事，三年时间不仅漫长，而且规矩很多，一般来说不能住在家里，只能在父母坟前搭个简易棚居住，也不能四处跑来跑去，不能吃肉，不能有娱乐活动，过惯了荣华富贵日子的人根本受不了，所以大家无不盼望着守丧期早些结束。但是，袁绍在母亲坟前守完三年丧后又主动向朝廷请求把丧假再延长三年，他还要为已故的父亲补守三年丧。

袁绍的生父袁逢还没有死，袁绍指的是继父袁成。袁成死的时候袁绍还是袁逢的儿子，所以没有行守丧之礼，这件事已经过去了很久，袁绍无须再补守，但袁绍主动提出了这件事，这被视为更大的孝行，标榜以孝治国的朝廷不仅不会反对，而且会大力弘扬。于是，仕途正被看好的袁绍，在老家汝阳县前后守了六年丧，把一段最宝贵的青春年华留在了田野间几间简陋的窝棚里。

袁绍主动追加守丧期，可能是出于孝行，但更重要的则是出于政治上的考虑。经过两次“党锢之祸”，宦官的势头如日中天，他们视党人为眼中钉，迫害党人的手段极为残忍，动不动就诛灭三族，袁氏社会关系过于复杂，也许哪一天就会被稀里糊涂牵涉进去，袁绍主动请求延长守丧时间，一方面让自己暂避外部的是非，另一方面是利用人们对丧者家属的同情心来避祸。

袁术是袁逢的另一个儿子，字公路。论起来，袁术本来是袁绍同父异母的亲弟弟，但袁绍过继给了袁成，袁绍就成为袁术法律意义上的“堂哥”。袁术与袁绍虽然是血缘上的亲兄弟，但他们的关系不怎么好，原因是袁绍的生母不是袁逢的正妻而是妾，袁术的母亲则是正妻，一个是庶出，一个是嫡出，二者差别很大。

中国古代其实也是一夫一妻制，不同的是，在正妻之外还允许丈夫有妾，其形式多种多样，包括媵、侍妾、侍女、婢女、家妓、侍妇、姘妇等，与“娶妻”不同，一般称之为“纳妾”。对于宗法观念极深的古人来说，娶妻是一件复杂而隆重的事，它不是丈夫个人的事情，甚至也不是小家庭的事，而事关整个家族，所以要层层审核、严格把关。在家庭中，妻子不仅是丈夫的配偶，还是家庭和家族的重要社会关系，妻族和本族一荣俱荣、一损俱损。比如，“夷三族”“诛九族”中就有“妻族”，但不包括“妾族”。袁术的母亲是袁逢的正妻，而袁绍的母亲是袁逢的妾，双方在地位上差距很大。相对于妻，男人纳妾显得容易和随意多了，从妾的构成可以看出，男人纳妾的理由和方式多种多样，或因为喜爱，或因为情欲，或因为交往的需要，都可以纳妾，其中还有一个重要的构成，就是男主人与家中的婢女发生了关系，意外有了孩子，一般也会纳为妾，袁绍的生母可能就是这种情况。《三国志·袁绍传》裴松之注引《典略》记载，公孙瓒后来讨伐袁绍，曾发布过一篇檄文，里面列举了袁绍的许多罪状，其中一条是：“春秋之义，子以母贵。绍母亲为婢使，绍实微贱，不可以为人后。以义不宜，乃据丰隆之重任，忝污王爵，损辱袁宗。”按照这个说法，袁绍的母亲只是一名“婢使”。公孙瓒的说法也许不是造谣，袁绍、袁术后来成为两大对立阵营，豪杰多附于袁绍，袁术因此怒曰：“群竖不吾从而从吾家奴乎！”在袁术的眼里，自己是主子，而袁绍只是奴才。袁术甚至怀疑过袁绍的血统，在给公孙瓒的一封信中曾表示“绍非袁氏子”。

袁术为什么如此仇视哥哥袁绍呢？里面可能有家庭方面的原因。袁绍的母亲虽出身卑微，但能得到男主人袁逢的青睐，大概是因为长得比较漂亮。出身于“四世三公”的袁逢，长辈为其选择正妻时会更多地出于政治方面的考虑，属于世家大族之间的联姻，袁术的生母情况不详，但据常理推断，应该属于出身名门的“大小姐”，长相和脾气难免不会让袁逢特别心仪。如果上述推断成立，袁家内部就有了一番“宫斗”，袁术和袁绍从小大概就因双方生母的原因而互相敌对。王粲在《英雄记》中说袁绍“生而父死，二公爱之”，这里说的“父”不是袁绍的生父袁逢而是养父袁成，“二公”则指的是袁逢和袁隗。袁逢、袁隗均不以袁绍生母身份低贱而歧视他，反而非常喜欢袁绍，这让袁术很不痛快。

袁术不喜欢袁绍，还有另一个原因。袁术年轻时也有一些名气，《三国志·袁术传》说他“以侠气闻”。由于出身好，是袁家的嫡子，所以袁术年轻时就被荐为孝廉，取得做官的资格，经过多次升迁，做到了长水校尉、河南尹。《北堂书钞》引《魏志》记载：“术为长水校尉，好奢绮，盛车马，以气高人。”当时甚至有民谣说袁术，比如“路中悍鬼袁长水”，说的是袁术心高气傲之状。然而，与袁绍相比袁术还显得有些黯淡。《后汉书·袁绍传》中说：“绍有姿貌、威容，爱士养名。既累世台司，宾客所归，加倾心折节，莫不争赴其庭，士无贵贱，与之抗礼。”袁术固然有不少朋友，但跟袁绍一比又差远了，更多的人喜欢围在袁绍的身边，这让袁术感到了嫉妒。

四、“奔走之友”

袁绍与曹操很早便相识，二人是朋友。《三国志·武帝纪》说曹操“少机警，有权数，而任侠放荡，不治行业”。不仅如此，曹操还喜欢搞恶作剧，并且常跟袁绍一起搞。《世说新语·假谲》中记载了一个故事：

魏武少时，尝与袁绍好为游侠。观人新婚，因潜入主人园中，夜叫呼云："有偷儿贼！"青庐中人皆出观，魏武乃入，抽刃劫新妇，与绍还出。失道，坠枳棘中，绍不能得动。复大叫云："偷儿在此！"绍遑迫自掷出，遂以俱免。

类似的故事在《世说新语》中还有一个，说的是曹操、袁绍不知因为什么事情翻了脸，袁绍派了一名刺客要杀曹操。刺客到了曹操的卧室外，隔着窗户用飞剑刺杀曹操，但低了点，没刺中。曹操估计下一次刺客会调整角度，剑来得会高一些，于是把身子尽量往下贴，结果剑果然又飞高了。《世说新语》算不上史书，所以上面两个故事的可信度不太高，考虑到曹操与袁绍有约十岁左右的年龄差，这两个故事的真实性更受怀疑，所以裴松之注《三国志》时没有收录这两件事。不过，曹操与袁绍在年轻时的确相识且关系不一般，《三国志·武帝纪》裴松之注引皇甫谧《逸士传》记载：

及袁绍与弟术丧母，归葬汝南，儁与公会之，会者三万人。公于外密语儁曰："天下将乱，为乱魁者必此二人也。欲济天下，为百姓请命，不先诛此二子，乱今作矣。"儁曰："如卿之言，济天下者，舍卿复谁？"相对而笑。

这里说的是袁绍为母亲办丧事时，曹操和好朋友王儁曾专程跑到汝阳吊丧，那时曹操大概还在洛阳太学学习。这是一趟长途旅行，显示出曹操与袁绍关系不一般。只是这一趟远行似乎没给曹操留下多少好印象，一路风尘仆仆，受尽颠簸，到了地方后却发现根本没人招待，因为来吊丧的人实在太多了，有三万多人，这是当地多少年都难得一见的盛事。曹操年轻时性格敏感，怕别人冷落自己，现在却只能站在人群中看热闹了。曹操个子不高，要看清楚还得踮起脚，这让他越看越生气，所以才会向王儁冒出一句“为乱魁者必此二人也”的话。

前往汝阳县吊唁袁绍母亲的人里还有几位不速之客，其中一位名气很大，他就是朝廷正在通缉的党人何颙。何颙字伯求，荆州刺史部南阳郡人，少年时代曾到太学游学，与著名党人郭泰等交往密切，在太学生中很出名。

何颙显名，不是他的学习成绩好，而是他很讲义气。何颙的朋友虞伟高有父仇未报，突然得了病，将死，何颙前去探望，虞伟高流涕诉说，何颙感于义气，为他复了仇。这时虞伟高已死，何颙用仇人的头到墓前祭奠。这件事情说明，何颙不是一名普通的知识分子，而是游侠一类的人物。《史记》中有《游侠列传》，司马迁曾满腔热情地歌颂侠士们急人危难、守信重义、建立功业的品质，汉初的张良无疑是这类侠士的代表。但是，为维护社会稳定，从汉武帝起对各类游侠均持抑制和打击的态度，从西汉后期到东汉以来，侠士在社会上的评价越来越差，《汉书》已经不说他们守信重义了，而说他们是“作威作惠”的奸雄，《汉书》以后再修官史，也不再给游侠单独列传了。

对朝廷来说，这样的人是危险分子。何颙与党人们来往密切，“党锢之祸”发生后他也受到宦官的追捕，于是改名换姓，藏于民间。何颙经常与一些人秘密来往，他们都很敬重何颙的豪侠和义气，何颙在荆州、豫州一带的名声更大了，《后汉书·党锢列传》说“所至皆亲其豪桀，有声荆豫之域”。

何颙来到汝南郡，袁绍听说后秘密与他来往。袁绍是怎么结识何颙的不得而知，不过著名党人李膺与袁氏有姻亲关系，而何颙与李膺关系十分密切，这或许是二人结交的纽带。何颙的身边还有一些朋友，他们出身各不相同，但关系十分亲密，袁绍经何颙介绍，也与他们熟识起来。《三国志·袁绍传》裴松之注引《英雄记》记载：

与张孟卓、何伯求、吴子卿、许子远、伍德瑜等皆为奔走之友。

张孟卓即张邈，兖州刺史部东平国寿张县（今山东省东平县）人，家境富裕，也是一名侠士，在洛阳一边上学，一边交结各路英豪。何伯求即何颙。吴子卿情况不详，子卿应该也是表字。许子远即许攸，荆州刺史部南阳郡人，何颙的老乡，也是一名活跃分子，交际广泛。伍德瑜即伍琼，当时还有一个伍孚，也字德瑜，裴松之认为他们可能是同一个人，但二人的结局又有不同记载，所以裴松之说“不知孚为琼之别名，为别有伍孚也？盖未详之”。伍琼是袁绍的同乡，都是侠士一类的人。

袁绍与“奔走之友”来往密切，袁术自然也与他们相熟。不过，何颙大约对袁术评价不高，跟他来往较少，袁术很有意见。《三国志·荀攸传》裴松之注引《汉纪》记载：“是时天下士大夫多遇党难，颙常岁再三私入洛阳，从绍计议，为诸穷窘之士解释患祸。而袁术亦豪侠，与绍争名。颙未常造术，术深恨之。”袁术心胸不怎么开阔，受到何颙冷遇，他对何颙的评价于是也不怎么高，甚至当众进行过批评。《三国志·荀攸传》裴松之注引《汉末名士录》记载：

术常于众坐数颙三罪，曰：“王德弥先觉儁老，名德高亮，而伯求疏之，是一罪也。许子远凶淫之人，性行不纯，而伯求亲之，是二罪也。郭、贾寒窭，无他资业，而伯求肥马轻裘，光耀道路，是三罪也。”

这里还提到几个人：一个是王德弥，事迹不详，大约也是与袁绍、袁术时常有来往的人；许攸在袁术眼中竟是“凶淫”之人，大约因为跟袁绍走得太近而得罪了袁术；史书说著名党人郭泰“家世贫贱”，这里的“郭”指的或许是郭泰，他与袁绍、伍琼来往密切，而“贾”则不知是何人。袁绍以及身边过从甚密的这些人可以算作党人和士人的新生代，与前辈不同的是，他们对社会和汉室朝廷的看法更清醒也更深刻，因而更加绝望。从他们后来的实践看，他们都有参与救世的大志，却已不把希望再寄托在天子或者现有官僚体系身上，经过连续两次“党锢之祸”和黄巾起义，又看到宦官们的疯狂和贪婪，无数血的事实教育了他们，使他们在斗争中更加理性。他们在寻找一条新的道路，不是杀几个宦官或权臣那么简单，要干就要干得更彻底，为此改朝换代也在所不惜。

“奔走”是游侠的特征之一，只是时代不同，何颙等“奔走之友”与前代游侠的单打独斗相比更注重互相联络，他们的主要工作是四处“奔走”，并且是有预谋、有组织、有计划的“奔走”。他们交际广泛，有时还很潇洒，过着“肥马轻裘，光耀道路”的生活。他们之所以团结在袁绍的周围，是因为袁绍不仅在政治上与他们志同道合，而且具有无与伦比的号召力。在他们眼中，袁绍是可以高举的一面旗帜。

五、冀州密谋

袁绍回到洛阳后，他们的活动中心也随之到了洛阳。黄巾起义爆发时袁绍正在洛阳的家中闲居，袁术由长水校尉改任折冲校尉。对于朝廷的征召，二人与曹操的想法不同。袁绍在何颙等人影响下对建功立业已没有太大兴趣，心里已经另有打算，袁术则多少有些贪生怕死，所以二人没有加入朝廷镇压黄巾起义的军队。

除了几名骨干分子，“奔走之友”还秘密联络各地的豪杰志士。这样一来，无论做得多么秘密，也不能不引起别人的注意了。王粲《英雄记》记载，袁绍等人的行为传到宦官耳朵里，中常侍赵忠对人说：“袁本初坐作声价，不应呼召而养死士，不知此儿欲何所为乎？”这些话又传到了袁绍的叔父袁隗那里，袁隗立刻感觉到事态的严重性，他把袁绍叫来教育了一番，斥责道：“汝且破我家！”袁隗要求袁绍立刻断绝与那些江湖朋友的来往，之后应公府征辟老老实实出来做事，以绝他人非议，不给袁家带来灾祸。袁绍也感到树大招风，于是答应了叔父的要求。这时大将军何进征辟袁绍，袁绍于是应征，担任大将军掾。三公、大将军等可以组建办事机构，内部往往设立若干部门，部门负责人称掾，副职称掾属。

何进因黄巾起义而骤登大将军的高位，论地位甚至超过三公。但何氏出身低微，何进也没有什么战功和资历，所以心中不免发虚。汉灵帝让赵忠以车骑将军的身份主持军功评定，按理说这项工作应该由何进主持才对，何进感到了失落。何进明白，外戚只是一个身份，并不代表实力，如果不能在朝廷内外建立起稳固的根基，名位越高反而越容易出事，一觉醒来可能会稀里糊涂地被满门抄斩，自己之前是窦氏，窦氏之前是梁氏，都是血淋淋的教训。

要想根基牢固，就得培养自己的势力，何进于是利用大将军的身份悄悄培植力量，一部分有想法的人也主动向何进靠近，利用他的地位去达到自己的目的，袁绍来到何进身边正是这样的背景。袁绍先担任大将军掾，很快便被提拔为侍御史，具备了直接弹劾大臣的职权。何进十分需要人才，告诉袁绍可以把朋友介绍过来，想担任什么职务都可以提出来。袁绍不客气，立即提出了一份二十多人的名单，上面不仅有“奔走之友”中的何颙、张邈、许攸等人，还有荀攸、郑泰等。郑泰是著名党人，有的史书也写成“郑太”，农民起义军首领中也有一个郑太，不是同一个人；荀攸字公达，年龄比袁绍小十来岁，比曹操小两岁，出身于著名的颍川郡荀氏家族，祖父荀昙曾任广陵郡太守，外表悬钝懦弱，内心却机智勇敢。何进利用自己的影响力，给袁绍名单上的人分别任命了新职务，其中何颙担任北军中候，负责监控北军；荀攸担任黄门侍郎，成为汉灵帝的贴身秘书之一；郑泰担任尚书，在尚书台负责人事工作。

除此之外，河南尹也是一个重要岗位，是洛阳县的顶头上司，有“天下第一郡太守”之称，何进安排弟弟何苗担任此职。何苗字叔达，本名朱苗，随母亲改嫁何进的父亲何真，因而改姓何。何真早年丧妻，前妻生何进，后续弦何苗的母亲，生何皇后。何苗是何皇后同母异父的哥哥，是何进异父异母的弟弟。依仗妹妹受宠，何苗也得以显贵，之前担任越骑校尉一职。

社会上一些著名学者，如郑玄、边让等，在此前后也受到了何进的征召。郑玄字康成，青州刺史部北海国高密县（今山东省高密市）人，与卢植是同学，都是汉末大儒马融的学生，此时早已闻名天下。黄巾起义爆发后朝廷解除党锢，因为郑玄名气很大，于是征召他任职，但郑玄不求为官，并羞与外戚、宦官为伍，屡拒征辟，一心一意著书讲学。现在，何进以大将军的身份征召郑玄，州郡官吏不敢违背何进，纷纷“动员”郑玄起行。郑玄不得已，只好入朝。何进为表示礼贤下士，对郑玄礼敬有加，设几、杖之礼以待之。郑玄为保其名士节操，拒不穿朝服，只穿普通儒者的便服与何进相见。但仅隔一夜，郑玄未等正式授予官职就逃走了。之后，三公府两次征辟郑玄，郑玄都婉言谢绝了。中平五年，朝廷征召了十四名素有名望的学者赴太学担任博士，有荀爽、申屠蟠、韩融、陈纪等人，郑玄也在列，但郑玄的父亲去世，正在服丧，他以此为由没有来。后将军袁隗推举郑玄为侍中，郑玄仍以居丧为由拒绝出仕。

边让字文礼，兖州刺史部陈留郡浚仪县（今河南省开封市）人，善于辩论，辞赋写得很好，年轻时便声名在外。何进听说边让的名望，十分仰慕，想征辟他，又担心他像郑玄一样不肯来，于是诈称征其为军事幕僚，以“军令如山”迫其前来。边让到洛阳后，何进任命其为令史。边让既善于占射，又能辞对，家中一时宾客满堂，无人不被边让的风采所倾倒。三公府掾孔融、王朗一起向其递交名帖，以求交往。议郎蔡邕深敬边让，认为边让应该得到提拔，于是亲自给何进写信，极力称赞边让的能力。何进深以为然，多次提拔边让，曾想让边让出任扬州刺史部九江郡太守，但边让认为自己只是一名文人，当不了郡太守，于是作罢。

在何进重用的士人中还有孔融。孔融字文举，豫州刺史部鲁国（今山东省曲阜市）人，是孔子的第二十世孙，其七世祖孔霸是汉元帝的老师，官至侍中，孔融的父亲孔宙曾任泰山郡都尉。孔融年少时便有十分突出的才能，受到名士李膺等人赞许。“孔融让梨”的故事更是家喻户晓，该故事出自《世说新语》刘孝标注引《续汉书》：“融四岁，与兄食梨，辄引小者。人问其故。答曰：‘小儿，法当取小者。’”孔融后被司徒杨赐征辟，时宦官势盛，孔融不管，多次纠举宦官亲族。何进将任大将军时杨赐遣孔融前往祝贺，当时前来祝贺的人太多，孔融等了半天也未获接见，大怒，将递进去的名帖要回，扔于地上，之后扬长而去。何进手下人不忿，要派人去刺杀孔融。有人劝何进说孔融名气很大，不如给予礼遇。何进于是征辟孔融，任命其为大将军掾属，后升任侍御史。

与袁绍关系亲近的人中只有许攸没有被任命职务，因为袁绍对他另有安排。这段时间许攸经常到外地去活动，联络各地的实力派和豪杰，冀州刺史王芬就是他们重点联络的对象之一。在镇压黄巾起义过程中王芬手中积攒了一定实力，活跃在王芬周围的人，除许攸外还有已故太尉、著名党人领袖陈蕃之子陈逸，张角的朋友、著名术士襄楷，以及一个名叫周旌的沛国人。这些人都对目前的政治感到失望，他们主张采取某种形式对朝政加以改变。

许攸告诉王芬，据他掌握的情报，汉灵帝打算回河间国老家看看，时间可能就在当年夏天。由洛阳到河间国，必须路过冀州刺史部辖区。这个情报让众人感到振奋，于是让襄楷占卜一下吉凶。襄楷精通星象学，他看了看天象，说天象出现了变异，预示着宦官和小人将要灭亡。王芬于是下了决心，他们迅速制订了一个计划，想在汉灵帝回乡途中发动兵变，挟持汉灵帝，之后另立刘氏宗族里的合肥侯为帝。《三国志·武帝纪》裴松之注引司马彪《九州春秋》记载：

于是陈蕃子逸与术士平原襄楷会于芬坐，楷曰：“天文不利宦者，黄门、常侍真族灭矣。”逸喜。芬曰：“若然者，芬愿驱除。”于是与攸等结谋。灵帝欲北巡河间旧宅，芬等谋因此作难，上书言黑山贼攻劫郡县，求得起兵。

这是一个不可思议的计划，以区区一个刺史部的力量完成这样的大事根本不可能。更不靠谱的是，这些人还弄出了很大的动静，一方面由王芬出面以黄巾军余部闹事为由向朝廷上书要求扩充军队，另一方面由许攸、襄楷等人四处活动，拉拢更多的人参加。许攸等人联络了不少人，冀州刺史部平原国就有两个人收到了邀请，一个名叫华歆，一个名叫陶丘洪。华歆字子鱼，比曹操小三岁，也是一个名士，跟同乡的邴原、管宁关系很好，而且都有学问，时人称他们三个人为“一龙”：华歆为龙头，邴原为龙腹，管宁为龙尾。许攸找到他们时，陶丘洪很兴奋，马上就要收拾行李出发，但华歆却向他泼了冷水，认为废立君王这样的大事，像伊尹、霍光那样的能臣都觉得困难，而王芬性疏而不武，必然失败。陶丘洪听了华歆的劝告，最终没有去。

许攸也找到了曹操，他们二人早年便相识。曹操对这件事情的看法与华歆一样，他没有参加此次密谋。曹操给许攸写了一封信，信中也引用了伊尹、霍光的例子，说明废旧帝、立新帝是天下最不吉祥的事情，劝他们不要做此打算。这封信保存在《魏书》中，信中写道：

夫废立之事，天下之至不祥也。古人有权成败、计轻重而行之者，伊尹、霍光是也。伊尹怀至忠之诚，据宰臣之势，处官司之上，故进退废置，计从事立。及至霍光受托国之任，借宗臣之位，内因太后秉政之重，外有群卿同欲之势，昌邑即位日浅，未有贵宠，朝乏谠臣，议出密近，故计行如转圜，事成如摧朽。今诸君徒见曩者之易，未睹当今之难。诸君自度，结众连党，何若七国？合肥之贵，孰若吴、楚？而造作非常，欲望必克，不亦危乎！

曹操在信中说了两层意思：一是不应轻易行废立之事，因为这是“天下之至不祥也”；二是废立之事鲜有成功者，历史上虽有先例，但那也是诸多条件具备后才成功的，许攸等人拥立合肥侯并不具备这些条件，故难以成功。此处提到的合肥侯，在钱大昭《后汉书补表》中不详其名，也不知合肥国始封于何年。有人认为合肥侯是汉灵帝刘宏的弟弟，但缺乏史料证据。《三国志·武帝纪》也记载了这件事，根据这些记载，曹操反对这次政变行动，但没有揭发。

不过，上面的记载，尤其是曹操所写的那封信有一些疑点：如此机密、如此事关重大且失败率极高的事情，一向谨慎的曹操如何能留下“白纸黑字”？而这封属于绝密的信件数十年后还能被历史学家所看到，同样不可思议。保存曹操书信的

《魏书》由曹魏大臣王沈所著，共四十四卷，全书已亡佚，经裴松之注引而保存了一些片段。出于政治原因，王沈对曹魏集团多有避讳，一般认为《魏书》的纪实性不如陈寿的《三国志》。《魏书》所载的这封信也许是事后杜撰出来的，目的是想证明曹操对汉室的忠诚。

就在整个密谋进行时，一天夜里，一道赤气从东到西贯穿天际，远在洛阳的太史令看到了，立即上报汉灵帝，说北方隐藏阴谋，千万不能前往。汉灵帝于是取消回河间国的计划，同时命令王芬解散新招募的军队，并征王芬来洛阳述职。王芬以为密谋败露了，弃官而逃，逃到平原国时自杀。《三国志·武帝纪》裴松之注引《九州春秋》记载："会北方有赤气，东西竟天，太史上言'当有阴谋，不宜北行'，帝乃止。敕芬罢兵，俄而征之。芬惧，自杀。"

这段记载同样可疑。太史令难道真能看得那么准吗？抬头望望天，就能把王芬等人的政变阴谋看出来，方位、时间、参加人员如此准确，形同未卜先知，这当然是不可能的。而且，即便计划失败了，王芬又怎么判断出汉灵帝已经洞悉了一切呢？王芬在已经逃亡的情况下，并且逃到了很远的平原国，为什么还要自杀呢？种种奇怪现象的背后隐藏着一种可能：有人告密了。

王芬、许攸似乎唯恐天下人不知道他们要搞政变，四处放风，到处联络人，不仅曹操事先知道，就连布衣华歆、陶丘洪都知道了，肯定还有更多的人知道。搞政变不保密，最后的结果必然是失败。汉灵帝突然取消北行计划，一定得到了秘密情报，于是把王芬召回来审讯。王芬逃亡，进一步证明情报的准确。王芬逃到平原国，一种可能是朝廷派来的人从后面追过来，王芬感到无望，于是自杀；另一种可能是别的什么人把王芬杀了，计划败露以后，一块参与密谋的人都面临着危险，王芬死了，可以把这些秘密都带到地下。后一种情况不仅有可能存在，而且可能性较大，因为许攸显然不是这场未遂政变的幕后主使，他的后面或许有更大的人物。

背后的人是谁呢？第一个想到的人应该是袁绍，这件事情少不了他的参与。何进有没有参与？这倒不好说。是谁告的密呢？这个也不好说，没有留下任何记载，成为历史之谜。有人怀疑是曹操告的密，但也仅仅是怀疑，推测起来可能性并不大，因为这件事情发生后曹操与袁绍等人的关系仍然十分紧密，但凡有一点风声传出去，曹操也不可能再得到袁绍等人的信任了，所以不大会是曹操告的密。那么，王芬等人如果真的成功了，能改变东汉王朝衰败的局面、使汉室得以中兴吗？可能性恐怕也不大。就此问题，明末清初学者王夫之在《读通鉴论》中有以下议论：

王芬欲乘灵帝北巡，以兵诛诸常侍，废帝立合肥侯。使其成也，亦董亘也，天下且亟起而诛之，其亡且速于董卓。卓拥强兵专征讨，有何进之召为内主，废辩立协，在大位未定之初，协慧而欲立之者，又灵帝之志也，然且不旋踵而关东兴问罪之师矣。芬以斗筲文吏，猝起一旦，劫二十二年安位之天子，废之而立疏族，力弱于卓，名逆于卓，人之问罪也，岂徒如卓而已乎？况其轻躁狂动而必不能成也乎！曹操料其败，以止其废立之妄，非其智之过人也，皎然是非祸福之殊途，有心有目无不能辨也。夫芬之狂，何以迷而不觉也哉？陈蕃之子逸从臾之，而襄楷以其术惑之也。故有积愤者，不可与图万全之术。挟技术者，不可与谋休咎之常。陈逸有不戴天之恨，身与俱碎而不恤，闵其志可也，而不可从也。若襄楷者，昂首窥天而生觊觎，君子之远之也夙矣。此择交定谋者之不可不知也。

王夫之将王芬等人的密谋与汉末并起的群雄联系起来，认为王芬等人即便侥幸成功，也只不过是提前出现了一个董卓而已，非但不能拯救东汉王朝，反而会让东汉王朝更快结束。当然，王夫之并不认为王芬等人有成功的可能性，他将王芬等人与后来董卓行废立之事进行了比较，董卓无论在军事上、政治上势力均远超王芬等人，但仍然失败了，王芬这样的“斗筲文吏”哪能完成废立大业？在王夫之看来，曹操拒绝参与密谋是正确的，但这个还无法证明曹操的英明，因为这是大多数局外人一眼就能看清楚的事情。

六、西园新军

何进势力不断壮大，某种程度上也打破了权力的平衡，首先感到这一点的不是外戚的传统对手宦官，而是汉灵帝。随着何氏势力的膨胀，汉灵帝对何氏兄妹的态度发生了微妙变化。

就在前一年，也就是中平四年，河南尹治下的荥阳县发生小规模农民起义，何进的弟弟何苗任河南尹，率兵进行镇压。事态很快平息，本来算不上太大的功劳，因为这场农民起义规模很有限，但何苗仍因此连升了好几级，接替宦官赵忠成为车骑将军。大将军、车骑将军都成了何家的人，汉灵帝事后大约有些后悔，于是采取了一项补救措施：任命董重为骠骑将军。

董重是汉灵帝的母亲董太后的侄子，也是外戚。汉灵帝的父亲是解渎亭侯刘苌，汉灵帝继位后追尊他为孝仁皇帝，母亲董氏开始只被尊为慎园贵人，因为当时还是外戚窦氏掌权，汉桓帝的窦皇后被尊为皇太后，汉灵帝不方便把母亲接到洛阳来，仍在河间国居住。后来窦氏集团被消灭，窦太后伏诛，汉灵帝趁机把母亲接来，正式上尊号，称孝仁皇太后，平时居住在南宫嘉德殿，对外称永乐宫。董太后有个哥哥名叫董宠，是汉灵帝的舅舅，被任命为执金吾。执金吾统领缇骑，负责京城防卫，《续汉书·百官志》刘昭注引《汉官》记载："执金吾缇骑二百人，持戟五百二十人，舆服导从，光满道路，群僚之中，斯最壮矣。"董重是董宠的儿子，算起来是汉灵帝的表兄弟。

从孩子身上往往能看出父母的性格，汉灵帝贪财、揽权的性格正是董太后给的。董太后由偏僻遥远的河间国来到繁华的洛阳，住进了皇宫，立刻也学会了享受，有人认为汉灵帝卖官鬻爵某种程度上正是她教的。据《文献通考·帝系考》记载："及窦太后崩，始预政，使帝卖官求货。"董太后也有属于自己的"小金库"，里面藏了很多钱。汉灵帝小时候有两位奶妈，一个名叫赵娆，一个称程夫人，她们平时围在董太后身边，也跟着沾了光，成为炙手可热的人物。董太后扶持完哥哥和侄子，仍觉得难以与儿媳妇一家相抗衡，但自己家里的人实在有限，于是把目光转向同族，有一个人进入了董太后的视线。

这个人居然是董卓。张温改任太尉后，董卓已升任前将军。尽管很多人不喜欢董卓，但此人是打仗的好手，朝廷离不了他。董卓还有一项长处，那就是会带兵。有人带兵靠的是战绩，战无不胜，很少失手，士兵们自然佩服；有人带兵靠的是爱护，与士兵同甘共苦，对大家无微不至地关心，士兵们自然感激。而董卓带兵主要是靠骂，他为人一向简单粗暴，但奇怪的是，手下的军官都对他服服帖帖，大家不认朝廷的命令，只认董卓，这支部队慢慢成了董卓的私人武装。当然，董卓带队伍并不是只靠打骂，更重要的是能关心大家，他为人豪爽，有了好处大家都有份，这是他凝聚队伍的关键。现在凉州仍危机四伏，有传统的对手羌人，又有新对手韩遂、马腾，朝廷不得不依靠董卓。董卓以武力作为政治资本，逐渐拥兵自重，成为真正意义上的军阀。

董卓的老家是凉州刺史部临洮县，董太后祖籍不详，但作为冀州刺史部辖区内解渎亭侯的夫人，出身于遥远西部边地的可能性不大，所以董太后想跟董卓续上家谱难度还是比较大的。但双方当事人没意见，其他人又能说些什么呢？董卓是武人却不是粗人，他在朝廷里也历练过，是一个有野心也有心机的人，一直想在朝廷里找到靠山，对于董太后的主动示好，自然没有不接受的道理。董卓有兄弟三人，他排行第二。王粲《英雄记》记载：“卓父君雅，由微官为颍川纶氏尉。有三子：长子擢，字孟高，早卒；次即卓；卓弟旻，字叔颖。”董卓的弟弟董旻此刻就在京城，任奉车都尉，董太后于是认下了这个“晚辈”。

如此一来董太后的底气更足了，因为董家现在有四位重量级的将领，分别是骠骑将军董重、前将军董卓、执金吾董宠、奉车都尉董旻。过去，董太后对屠户出身的儿媳妇何皇后总有些看不惯，想教训几句，但何皇后有两个哥哥掌握着兵权，董太后还得克制些，现在董太后在何皇后面前腰杆硬多了，有时也敢当面教训起儿媳妇来。《后汉书·皇后纪》记载：“后忿恚詈言曰‘汝今辀张，怙汝兄耶？当敕票骑断何进头来’。”婆媳关系严重对立，背后是皇权与外戚之争，汉灵帝通过培植母亲董氏来平衡何氏在军中的影响力。

汉灵帝仍觉得不够，于是寻找新的后起之秀，以进一步抵消何氏一族在军中的影响力，宦官蹇硕成为汉灵帝扶持的对象。蹇硕就是被曹操乱棒打死了叔父、事后却不敢公开报复的那个宦官，他的职务不高，只是小黄门，品秩六百石，低于黄门侍郎、中常侍。如同名字一样，蹇硕生得身体健硕，不过他很有头脑，会看风向，在别人对何皇后、何大将军一片赞颂崇拜的时候，蹇硕敏锐地观察到汉灵帝对何氏的不满。蹇硕利用经常接触汉灵帝的机会表达了自己坚决效忠的立场，并时不时在汉灵帝面前说何大将军的坏话，支持董太后对付何皇后。

汉灵帝思考着如何最大程度削弱何进、何苗的军权，他想出了一个办法：组建一支新军，由蹇硕来统领。中平五年八月，这支新军正式诞生。《后汉书·灵帝纪》记载："八月，初置西园八校尉。"西园八校尉，也就是有八名校尉，其中蹇硕担任上军校尉，统领其他校尉，晋代乐资在《山阳公载记》中称"八校尉皆统于蹇硕"。不仅如此，大将军何进以下所有将军也都受制于蹇硕。袁宏《后汉纪·孝灵皇帝纪》记载："硕壮健有武略，故亲任之，使为元帅，典护诸将，大将军已下皆令属焉。"大将军位在三公之上，是军职最高的人，而校尉的品秩低于杂号将军，至少比大将军低了十级，现在却能统领后者，这显然是一项有针对性的特殊安排。西园八校尉分别是：

小黄门蹇硕为上军校尉

虎贲中郎将袁绍为中军校尉

屯骑校尉鲍鸿为下军校尉

议郎曹操为典军校尉

议郎赵融为助军左校尉

议郎冯芳为助军右校尉

谏议大夫夏牟为左校尉

淳于琼为右校尉

袁绍之前任侍御史，后来担任了虎贲中郎将一职，统领虎贲禁军。河南尹何苗升任车骑将军后，袁术曾接替何苗成为河南尹，现在袁绍又改任中军校尉，空出来的虎贲中郎将一职很重要，何进便让袁术来接任。除蹇硕、袁绍、曹操外，八校尉中其余五个人的情况分别是：鲍鸿是一名职业军人，曾参与讨伐葛陂黄巾军，跟随张温讨伐过韩遂，与董卓合兵在美阳击败敌兵，因功担任屯骑校尉；赵融的身世不详，只知道他是凉州刺史部汉阳郡人，目前担任文职；淳于琼前期事迹不详，后来是袁绍手下的将领，可能早年便与袁绍熟识，属于何进集团的人；冯芳为中常侍曹节的女婿，《后汉书·桓荣传》称“时中常侍曹节女婿冯芳亦为郎”；夏牟事迹不详，也担任文职。

西园八校尉中既有宦官及与宦官关系密切的蹇硕、冯芳，也有与何进关系密切的袁绍、曹操、淳于琼，还有政治倾向不详的军人鲍鸿以及文官赵融、夏牟。如此复杂的人事安排，显示出这份名单是各方势力斗争及妥协的产物。作为一支备受瞩目的新军，各方势力都想在其中发挥影响力，汉灵帝虽然贵为天子，但也只是多极政治势力中的一极，无法完全左右一切，离开宦官、外戚的参与和支持，汉灵帝也建不成这支新军。

两个月后，青徐黄巾军再次复起，攻克一些郡县，望气者认为京师当有兵灾，两宫会有流血事件发生，这让汉灵帝很烦闷。西园新军编组已经完成，汉灵帝决定在洛阳上西门外的平乐观组织一次盛大阅兵仪式，以镇“凶气”。为了把仪式搞得隆重而热烈，有关部门突击修建了一座高台作为主阅兵台，台上还修建了阁楼，高达十余丈。离主阅兵台不远处又修了一座小阅兵台，高九丈。

中平五年十月十六日，汉灵帝刘宏亲自登上主阅兵台，站在台上的阁楼下，他一身戎装，自称“无上将军”。在不远处的小阅兵台上，是同样一身戎装的大将军何进。阅兵开始，汉灵帝走下阅兵台，亲自跨上有护裙的战马，检阅整齐列队的数万名将士。汉灵帝纵马疾驰，绕场三周，然后把象征军权的指挥刀交给何进。《资治通鉴·汉纪五十一》记载：

冬，十月，青、徐黄巾复起，寇郡县。望气者以为京师当有大兵，两宫流血。帝欲厌之，乃大发四方兵，讲武于平乐观下，起大坛，上建十二重华盖，盖高十丈。坛东北为小坛，复建九重华盖，高九丈。列步骑数万人，结营为陈。甲子，帝亲出临军，驻大华盖下，大将军进驻小华盖下。帝躬擐甲介马，称“无上将军”，行陈三匝而还，以兵授进。

既然何进都要听命于蹇硕，为何在小阅兵台上的人是何进而非蹇硕呢？这可能是各方继续博弈的结果。汉灵帝让一名校尉去指挥大将军，毕竟难以说通，各方面的反对之声势必很多，即便宦官阵营内部也未必意见统一，因为越级提拔蹇硕也打破了宦官集团内部的平衡，在各方面反对、抵触之下，汉灵帝不得不妥协；另一个原因是，这次阅兵的发起人并不是汉灵帝，而是何进，何进手下的大将军司马许凉、假司马伍宕看到天下形势越来越混乱，又听望气的人说京师会有一场兵灾，两宫将流血，这才提出搞一场阅兵仪式以威震四方，何进将想法奏予汉灵帝，汉灵帝才下令阅兵。《后汉书·何进传》记载："五年，天下滋乱，望气者以为京师当有大兵，两宫流血，大将军司马许凉、假司马伍宕说进曰：'《太公六韬》有天子将兵事，可以威厌四方'。进以为然，入言之于帝。于是乃诏进大发四方兵，讲武于平乐观下。"

这样的场面近年来很少有过，确实能令现场的人感到振奋。史书还记载了阅兵式上的一个细节：汉灵帝绕场检阅完毕，回到主阅兵台上，兴奋之情仍无法散去，一回头，发现身边站着受邀参加阅兵式的盖勋，汉灵帝很想知道今天的仪式够不够威武，于是问盖勋有何感想。盖勋字元固，凉州刺史部敦煌郡广至县（今甘肃瓜州县西南）人，世家出身，在与羌人的作战中立下战功。汉灵帝组建西园新军时曾下诏给各地，征召有军事才能的人入朝为官，盖勋被征召到洛阳，后被任命为武都郡太守。袁宏《后汉纪·孝灵皇帝纪》记载："于是征为武都太守，诏大将军何进、上军校尉蹇硕为勋祖道，京师荣之。""祖道"的意思是送行，汉灵帝命何进、蹇硕亲自到城外为盖勋送行，这确实是一项难得的荣耀。盖勋赴凉州上任，半路上又接到诏令，被改任为讨虏校尉，于是盖勋又返回了洛阳。

阅兵仪式现场，汉灵帝正在兴头上，盖勋应该说些让天子高兴的话，谁知道他偏偏不肯说。盖勋说，臣听说古代圣明的君王只展示恩德而不炫耀武力，如今盗匪集中在边疆，却在京师展示武力，能起到多大作用呢？《后汉书·盖勋传》记载了盖勋的话：“臣闻‘先王耀德不观兵’。今寇在远而设近陈，不足昭果毅，秪黩武耳。”汉灵帝听了没有生气，因为他认为盖勋说得有道理。汉灵帝对盖勋道：“善。恨见君晚，群臣初无是言也。”这番话也让阅兵台上的蹇硕听到了，蹇硕从盖勋的言谈中发现这个人很容易跟袁绍之流走到一块，于是开始提防他。

其实，汉灵帝心中的想法并不能完全说出来。羌人也罢，黄巾军余部也罢，都是远处的敌人，近处的敌人反而更可怕。虽然贵为天子，拥有一切，但失去了对权力的掌控，就会成为别人砧板上的鱼肉。在汉灵帝看来，自己身边像盖勋这样有能力的人实在太少，宦官虽然听话、可靠，但能力、名望都不足。汉灵帝不由自主地回头望向身边的蹇硕，大概在想：靠着眼前的这个苦心栽培的人，真能让江山社稷高枕无忧吗？

第六章

洛阳之乱

189年

一、一道难题

西园新军组建，一下子扩充为八校尉，按每校尉督一营、每营五千人计算，新军的规模在四万人上下，从原南、北二军中无法抽出这么多人马，需要各方面抽调，仍不足的还需要临时招募。朝廷向一些地方发出了征召令，有的州郡便派人马来京城报到，加入新军。并州刺史丁原在这方面较为积极，他虽是武人，对政治却很敏感，之前已与何进建立了联系，听到消息后立即派张辽率领一支人马前往洛阳。《三国志·张辽传》记载："汉末，并州刺史丁原以辽武力过人，召为从事，使将兵诣京都。"张杨也被丁原派遣来了京城，到洛阳后被任命为假司马，张辽所任军职不详。《三国志·张杨传》记载：

灵帝末，天下乱，帝以所宠小黄门蹇硕为西园上军校尉，军京都，欲以御四方，征天下豪杰以为偏裨。太祖及袁绍等皆为校尉，属之。并州刺史丁原遣杨将兵诣硕，为假司马。

刘备这时也赶到了洛阳。刘备怒打督邮后，只得带着关羽、张飞等弃官逃走，一直在四处流浪，听说朝廷在招兵买马，觉得是个机会，就跑到洛阳来了。刘备等人再次参了军，编在一个名叫毌丘毅的人手下。《三国志·先主传》记载："顷之，大将军何进遣都尉毌丘毅诣丹杨募兵，先主与俱行。"募兵发生的时间稍晚些，是中平六年（189）年中的事，但从这条记载可以看出，刘备在此之前已经到了洛阳。

随着新军人数不断增加，汉灵帝和蹇硕都意识到一个问题，那就是新增的人马多是冲着何进、袁绍等人来的，按照这个势头发展下去，情况十分不妙。组建新军本是制衡何氏一族的手段，现在却弄巧成拙了。为解决这个问题，蹇硕想出一个办法：以凉州形势吃紧为由，命大将军何进率军去平叛。汉灵帝立即批准，赐给何进戎车百乘、虎贲斧钺，促其早日成行。袁宏《后汉纪·孝灵皇帝纪》记载：

> 上军校尉蹇硕恶大将军进兵强，欲进在外，因而间之，乃与常侍通谋，说上使进征边章、韩约。帝从之，赐进戎车百乘，虎贲斧钺。

《资治通鉴》将这件事列于中平六年四月，但这个月的十一日汉灵帝就驾崩了，所以这件事情发生的时间可能更早些，比如二月或三月。此外，《后汉纪》的记载也有问题：边章此时已死。《资治通鉴》将"韩遂杀边章及北宫伯玉、李文侯，拥兵十余万"载于中平四年，自那以后凉州叛军的实际首领是韩遂，韩遂拥立王国为名义首领。

张温调回朝廷后，为对付韩遂等人，朝廷重新起用皇甫嵩，任命他为左将军，督董卓等部平定凉州之乱。《后汉书·皇甫嵩传》记载："五年，凉州贼王国围陈仓，复拜嵩为左将军，督前将军董卓，各率二万人拒之。"这是一项很有问题的人事安排，左将军与前将军虽同属"四方将军"，但前将军通常被认为是"四方将军"之首，地位略高于左将军，如果想让皇甫嵩辖制董卓，就应该任命给他一个更高的职务，此时大将军、骠骑将军、车骑将军都有了人选，可以任命皇甫嵩为卫将军，至少比董卓的军职更高。不过，皇甫嵩仍率董卓等部打了胜仗，在陈仓（今陕西省宝鸡市陈仓区）大破王国。《后汉书·灵帝纪》记载："六年春二月，左将军皇甫嵩大破王国于陈仓。"韩遂等人于是废掉王国，劫持阎忠，逼迫其任首领，"使督统诸部"，但阎忠很快就死了，叛军各部"稍争权利，更相杀害，由是寖衰"。在这种形势下，并不需要大将军亲自出征凉州，蹇硕等人只是拿凉州叛乱作说辞而已。

汉灵帝的诏令难倒了何进。如果遵照诏令率军西征，那就不是几个月能办完的差事，弄不好还可能一去无还或功败名毁，远的不说，近者如张温，因无战功而被召回，由三公降为九卿，一代名将尚且如此，自己又能好到哪里呢？可如果不服从命令，那就是抗诏，跟造反差不多。汉灵帝没跟何进商量就发出了诏书，赏赐的东西也下来了，正是怕何进推托，看来不去不行。何进没了主意，饭也吃不下，觉也睡不好，急得团团转。

正当何进发愁的时候，袁绍献上一计，以四两拨千斤的力道轻轻将危机化解了。袁绍让何进上一道奏章，说谨遵圣命将立即着手西征的准备，但目前兵力不足，要到京师周围的州郡募集人马，需要一定时间，一旦人马齐备，即刻出征。何进听罢豁然开朗，心中的愁云立即散去大半。何进按袁绍的意思上疏，理由十分正当，汉灵帝只得诏准。《后汉书·何进传》记载："进阴知其谋，乃上遣袁绍东击徐、兖二州兵，须绍还，即戎事，以稽行期。"为应付汉灵帝，何进装模作样地派出一些人到各地募兵。综合史料记载，被派出去的人有王匡、张杨、张辽、袁绍、鲍信、毌丘毅、曹操、刘备等，声势很大：

进符使匡于徐州发强弩五百，西诣京师。会进败，匡还乡里。（《英雄记》）

杨复为进所遣，归本州募兵，得千余人，因留上党，击山贼。（《三国志·张杨传》）

何进遣诣河北募兵，得千余人。（《三国志·张辽传》）

中平六年，宫车晏驾，大将军何进令司隶校尉袁绍私募兵千余人。（《续汉书·天文志》）

大将军何进辟拜骑都尉，遣归募兵，得千余人，还到成皋而进已遇害。（《三国志·鲍勋传》裴松之注引《魏书》）

大将军何进遣都尉毌丘毅诣丹杨募兵，先主与俱行。（《英雄记》）

灵帝末年，备尝在京师，复与曹公俱还沛国，募召合众。（《英雄记》）

对袁绍来说这也是一次机会，他可以趁机把自己的人派到下面去抓队伍，除有明确记载的以外，与袁绍关系密切的张邈、刘岱等大概也是这时被派出去的，他们奔赴各地，迅速开展募兵行动，由于有朝廷的诏令，募兵工作进展得很顺利，但他们都不急于回洛阳复命，而是等待时局的变化。

在上面所引用的一组史料中，最后一条涉及刘备与曹操早年的交往，这件事仅见于《英雄记》，因而显得很珍贵。有人怀疑其真实性，主要是怀疑刘备在董卓之乱前是否已与曹操相识。不过，作为曹操的近臣，《英雄记》的作者王粲不大可能无中生有。王粲写曹操有一般史家不具备的优势，他在曹操的身边任职约十年，曾与曹操朝夕相处，很多史料来自曹操本人，因而这个记载应该是真实的。如前所述，刘备此时已来到洛阳，被编在毌丘毅手下任职，而曹操是西园八校尉之一，从时空交集看，刘备在此时有结识曹操的可能。

何进派毌丘毅到扬州刺史部的丹阳郡募兵，刘备等人一同前往，走到下邳国时，遇到黄巾军余部，在作战中刘备又立了功，被任命为下密县县丞，又改任高唐县尉，后升任高唐县令。《三国志·先主传》记载："至下邳遇贼，力战有功，除为下密丞。复去官。后为高唐尉，迁为令。"下密县和高唐县都在今山东省境内，按照《三国志》的说法，刘备先去了丹阳郡，在下邳与黄巾军余部作战，之后没有回到洛阳，而是直接去山东任职了。但按照《英雄记》的说法，刘备是跟曹操离开洛阳的，去沛国募兵，明显与《三国志》记载不符。

有没有另一种可能：刘备确实跟随曹操去过下沛国，但不是在中平六年的这次募兵行动中，只是时间更早或更晚。这种可能性似乎不大：先说“更晚”，《英雄记》已明确指出这件事发生在“灵帝末年”，按史书记事的习惯，当指汉灵帝在位的最后一年，即中平六年，时间不会更晚；再说“更早”，曹操于中平二年（185）辞官归乡，次年被征为都尉，后改任议郎、典军校尉，在洛阳结识刘备应不早于中平三年（186），刘备于中平五年（188）参与镇压张纯叛乱的战斗，因功任安喜县尉，后去职逃亡，来洛阳结识曹操不早于中平五年年底。所以，如果刘备与曹操早年在洛阳相识，最有可能的时间便是中平六年，这也与当年各地纷纷展开募兵行动相吻合。

这是刘备与曹操最早的合作，此时曹操34岁，刘备28岁。推测起来，二人的这次沛国募兵行动用时不是很长，可能洛阳局势发生了一些变化，何进、袁绍需要曹操迅速回去，而刘备要么没有回洛阳，要么回到洛阳后很快被何进派到毌丘毅那里去丹阳郡募兵了。还有史书记载了曹操此次回沛国募兵的更多细节，说曹操是回故乡沛国谯县募的兵，结果新募的士卒发生叛乱，袭杀曹操，曹操负伤而逃，路过一个亭长家，在那里养了几天的伤，亭长最后用牛车将曹操送回。《太平御览》卷四六七引《曹操别传》记载：

拜操典军都尉，还谯沛，士卒共叛，袭击之，操得脱身亡走，窜平河亭长舍，称曹济南处士，卧养足创八九日，谓亭长曰："曹济南虽败，存亡未可知，公幸能以车牛相送，往还四五日，吾厚报公。"亭长乃以车牛送操，未至谯，数十里，骑求操者多，操闻，开帷示之，皆大喜，始寤是操。

如果上述推测成立，《英雄记》与《三国志》就不存在矛盾了。在《英雄记》中还有一条记载，与早年曹操、刘备之间的交往有关："曹操与刘备密言，备泄之于袁绍，绍知操有图己之意。操自咋其舌流血，以失言戒后世。"这条记载有可能被后人改动过，因为王粲不可能呼曹操的名讳，他一般称"曹公"。初看这条记载，时间似乎应在官渡之战前夕，那时刘备正周旋在曹操与袁绍之间，有可能在二人之间"传话"。但仔细分析又不像，如果曹操对刘备的"密言"发生在"煮酒论英雄"的许县，刘备泄露这些话就应该是在与曹操决裂改投袁绍之后，但这时已不存在"绍知操有图己之意"了，因为袁曹对决已开始，这件事天下人都已经知道了，不用刘备再去告密。如果不是这时，刘备能周旋于曹操、袁绍之间的，唯有董卓之乱前在洛阳时，也就是刘备随曹操到沛国募兵前后。《英雄记》后面的这条记载既有真实性，又是上一条刘备随曹操募兵记载的旁证。

此时袁绍权势很大，曹操等人事实上都在听从袁绍的调遣，但曹操又看不上袁绍的为人，不止一次表达过对袁绍的轻视，在去沛国募兵的路上，曹操也许跟刘备聊起过什么，而刘备回到洛阳后就转而密报给了袁绍。曹操得知刘备去"告密"，不惜咬烂舌头作为"失言之戒"。这件事情说明，刘备在洛阳的这段时间里虽然资历、地位都不高，但较为活跃，也得到了广泛认可，能与袁绍、曹操这样的重要人物经常来往，并且与曹操的关系还相当亲密，曹操能把一些知心话说给他。

二、汉灵帝驾崩

何进、袁绍用拖的办法对付汉灵帝、蹇硕，这个办法解了燃眉之急，却解决不了根本问题，还得想出万全之策来应对。正在气氛高度紧张时，突然发生了对何进、袁绍十分有利的事情：汉灵帝病倒了，病得很严重。

平乐观阅兵是在中平五年十月至十一月间，那时汉灵帝不仅亲自参加，而且跨上战马疾驰，绕场三周，检阅将士，说明那时他的身体还很好。汉灵帝刘宏这时只有33岁，正值青壮年，此前也没有身体欠佳的任何记载。仅仅过了不到半年，中平六年四月，汉灵帝突然病倒了。这场病来得十分可疑，但史书没有留下其他记载，只是说汉灵帝“疾笃”。汉灵帝甚至不得不考虑自己的后事，可直到这时最重要的后事——由谁来当太子——还没有定下来。

汉灵帝的首位皇后姓宋，是汉章帝刘炟的妃子宋贵人的堂曾孙女，执金吾宋酆之女。宋皇后出身于世家，但不受宠。后宫受宠的嫔妃很多，她们联合起来诬陷和诋毁宋皇后。中常侍王甫曾诬陷渤海王刘悝，导致刘悝与王妃宋氏被杀，宋氏是宋皇后的姑母，王甫担心宋皇后怨恨自己，也编造谎言陷害宋皇后，说她用巫蛊的办法诅咒别人，汉灵帝于是将宋皇后废黜，打入冷宫。这件事对曹操也曾产生过影响，之前说过，曹操担任顿丘县令时，因从妹夫濦强侯宋奇被宦官诛杀而受牵连免官，宋奇之所以被杀，是因为他是宋皇后的哥哥。宋奇迎娶了侍中、长水校尉曹炽的女儿，而曹炽是曹仁的父亲、曹操的从父。

汉灵帝后宫嫔妃众多，受宠爱的贵人、美人也不少，由谁来继任皇后一时难以确定。这时，何进的妹妹何贵人生下了汉灵帝的长子刘辩，竞争力大增。宦官们不喜欢世家大族出身的人当皇后，何氏出身于屠户，符合宦官们的利益，而何氏兄妹也很注意与大大小小的宦官搞好关系，尤其对张让，还透露出想攀成亲家的想法。经过曹节、张让等人做工作，加上汉灵帝还沉浸在长子出生的喜悦和自豪中，于是下诏册封何贵人为皇后。不久，何皇后的妹妹嫁给了张让的养子，宦官与新晋的外戚结成了政治同盟。何皇后在宦官们面前很谦卑，在几位宦官头目面前更是以晚辈自居，但在其他人面前，却是另一副面孔。从社会的底层爬到人生的巅峰，何皇后明白只有学会斗争才能保住眼前的一切。

汉灵帝应该是喜欢何皇后的，不然也不会封她为贵人，但汉灵帝喜欢一个人不等于只喜欢一个人，汉灵帝喜欢的人还有很多，比如王美人。种种迹象表明，汉灵帝对王美人的喜爱程度比何皇后还高。更要命的是，万一哪个嫔妃再给汉灵帝生个男孩来，何皇后的优势地位难免会受到动摇，可以立为皇后，也可以轻而易举地随时废掉，前任宋皇后就是例证。于是，在宦官们帮助下何皇后玩起了汉桓帝时梁皇后玩过的把戏：专门盯着后宫那些女人们，有疑似怀上皇子的，一律让她神秘流产，好不容易生下来的，也会让其不明不白地夭折。

作为何皇后认定的头号竞争对手，王美人一直过着提心吊胆的日子。王美人名叫王荣，是前五官中郎将王苞的孙女，举止文雅，容貌姣好，身材匀称，深得汉灵帝宠爱。不巧的是，王美人怀孕了，这让她陷入更深的恐惧。王美人没敢告诉汉灵帝，甚至找来了堕胎药，但不知道是药性不足还是肚子里孩子生命力太顽强，光和四年（181）三月，这个孩子仍然来到了人间。《后汉书·皇后纪》记载：“时王美人妊娠，畏后，乃服药欲除之，而胎安不动，又数梦负日而行。四年，生皇子协。”协，有态度温和之意，也指协同、和谐。张璠《后汉纪》解释：“灵帝以帝似己，故名曰协。”

汉灵帝大喜过望，但王美人却在孩子出生几天后神秘死去，死前服过一碗汤药。汉灵帝下令彻查。调查的结果显示，这碗汤药确实与何皇后有关。汉灵帝大怒，立即要废掉何皇后，宦官们苦苦相求，何皇后才保住了皇后之位。汉灵帝虽然放过了何皇后，但从此对她冷淡起来，也绝口不提立刘辩为太子一事。为防再次发生不测，汉灵帝将刘协送往永乐宫，请母亲董太后抚养。刘协便以董氏为外家，被称为“董侯”。

皇子在后宫频频神秘夭折，让汉灵帝对刘辩的安全也产生顾虑，于是也将其秘密送出皇宫，寄养在史道人那里，人们不敢叫刘辩的本名，称他为“史侯”。袁宏《后汉纪·孝灵皇帝纪》记载："初，帝数失皇子，何太后生皇子辩，养于史道人家，故号为'史侯'。"周天游先生注："史道人者，史子眇也，乃道术之士，后欲依其术善护皇子。"汉灵帝对王美人十分思念，看到刘协出生不久即丧母，又不能在自己身边，于是更加怜惜。汉灵帝是一位很有文采的皇帝，他曾作诗文追思刘协的母亲。《后汉纪·孝献皇帝纪》记载："灵帝悯上早孤，追思王后，乃作令仪颂。"

按照汉灵帝的想法，等刘协长大后就立他为太子。董太后也是这个意思，她多次劝汉灵帝尽快明确刘协的太子之位。然而，何氏兄妹的势力此时已盘根错节，他们也在鼓动亲信大臣向汉灵帝上奏，请立刘辩为太子。汉灵帝表示，刘辩轻佻无威仪，无法承继天子之位，但显然说服不了固守嫡长子继承制的群臣，双方陷入僵持，太子之位便久拖不决。《后汉书·何进传》记载："初，何皇后生皇子辩，王贵人生皇子协。群臣请立太子，帝以辩轻佻无威仪，不可为人主，然皇后有宠，且进又居重权，故久不决。"中平六年四月，汉灵帝病重，临终前仍未明确太子之位。汉灵帝将上军校尉蹇硕找来，向他"托孤"，让他扶持刘协即位。本月十一日，汉灵帝刘宏驾崩于洛阳嘉德殿。

汉灵帝死后，谥号为"灵"。"灵"用于谥号，《谥法表》的解释是："不勤成名曰灵，死而志成曰灵，死见神能曰灵，乱而不损曰灵，好祭鬼怪曰灵，极知鬼神曰灵。"所以，谥号中带"灵"字的帝王或多或少都做过一些荒唐事，如春秋战国时代的郑灵公、齐灵公、陈灵公、楚灵公等。一般认为，汉灵帝被授予“灵”的谥号对应的主要是“乱而不损”，国家已严重动荡不安，但还没有灭亡，所以姑且赋予一个“灵”字吧。

汉灵帝刘宏是一个颇有传奇色彩的皇帝，也是一个极具个性的青年。他比曹操小一岁，原是正在走向衰落的一个亭侯，因为一个偶然原因成为皇帝。汉灵帝即位以来看到的全是党人、外戚与宦官们如何恶斗，其间发生了第二次“党锢之祸”，他在党人心中的形象因此很差，但那些基本上是宦官们一手操持的，他只是被作为工具利用。汉灵帝也曾试图励精图治，革除社会及官场弊端，但还未及施展就觉得力不从心。从此他变得心灰意冷，耽于享乐，昧于朝政，他在文学艺术方面居然获得了很高造诣，同时对发明创造情有独钟。长期的抑郁和不节制的纵欲，使得三十多岁的天子身体日渐衰弱，最终早逝。

汉灵帝死了，桓灵时代结束了。诸葛亮在《出师表》中回忆道，他经常跟刘备在一块闲聊，每次聊到汉桓帝和汉灵帝时“莫不痛恨”。诸葛亮认为，后汉之所以倾颓，主要缘于汉桓帝、汉灵帝两位当权者“亲小人、远贤臣”。桓灵时代确实算不上一个光明的时代，在这个时代里，宦官当权，奸臣阻道，正义得不到伸张，人民处于水深火热之中。在这个时代里，民族矛盾尖锐，土地兼并严重，变民频起，国家风雨飘摇。总之，这是一个黑暗的时代，一个恐怖的时代，也是一个孕育着新时代的时代。

作为这个时代的最重要的象征，汉桓帝刘志和汉灵帝刘宏确实不够称职，他们没有带领国家走向中兴，没有使正义得到弘扬，反而一次次亲信小人，压制贤良。他们生活奢侈，大起宫殿，安于享乐，为了聚敛财富，他们不仅加重赋税，还推行了卖官制度，使吏治彻底崩坏。但是，他们的内心又充满了太多的无奈。从登上皇位的那一刻起，他们就开始被别人操纵，没有亲人，没有真正的亲信，生活在没有亲情、没有安全感的皇宫里，时刻提防着宦官，提防着外戚，党人不理解，人民埋怨。在权力的争夺战中，他们学会了一项本领：平衡术。他们小心翼翼地平衡各派势力，借助一派力量打击另一派，没有永恒的同盟，只有不断增加的敌人。生活在巨大的心理压力下，他们都是在三十多岁的年龄便早早离开了这个世界。

三、外戚内斗

汉灵帝驾崩时身边的重要人物只有蹇硕等几名心腹，推测起来，就连张让、赵忠等人也未必在场，更不要说何进了。之所以有这样的推测，是因为何进竟然不知道汉灵帝已经驾崩的消息，还想如平常那样进宫探视，而蹇硕也故意秘不发丧，想利用这个时间差打何进一个措手不及。

为实现汉灵帝的托孤遗愿，蹇硕召集身边自认为可靠的人，做了精心布置，然后用已故天子的名义召何进入宫议事，待何进入宫后立即予以诛杀。何进不知情，张让如果知情，或许会派人密告何进，但张让应该也不知情。就这样，何进在毫无戒备的情况下进了宫。眼看大事将成，但蹇硕一方出了叛徒，一个名叫潘隐的宦官是何进的人，得知蹇硕的阴谋后赶紧跑到宫门处，名义上是迎接何进，其实是通风报信。何进来了，潘隐不停地挤眉弄眼。何进终于会意，立即掉头就走。考虑到城中情况不明，何进于是走近道归营，又觉得军营里也未必安全，于是引兵屯驻于百郡邸，对外称有病，不再出来。《后汉书·何进传》记载：

硕既受遗诏，且素轻忌于进兄弟，及帝崩，硕时在内，欲先诛进而立协。及进从外入，硕司马潘隐与进早旧。迎而目之。进惊，驰从儳道归营，引兵入屯百郡邸，因称疾不入。

百郡邸是各郡国在京城设立的办事地点，类似“联合驻京办事处”。胡三省注《资治通鉴》解释：“天下郡国百余，皆置邸京师。谓之百郡邸者，百郡总为一邸也。”洛阳南北二宫在洛阳城北，北宫在南宫的北边，而百郡邸距南宫不远，大概事情紧急，何进已来不及回大将军府，就近往百郡邸躲避。百郡邸也许是何进、袁绍以及派往各郡国募兵的那些人经常碰头的地方，是他们的秘密联络点。何进在百郡邸建立临时指挥部，将袁绍、曹操等人叫来商议。情况很快分析出来，那就是天子已驾崩，蹇硕动手了。

不过，目前的形势对蹇硕并不利，何进、何苗、袁绍、袁术、曹操等人掌握的人马占有很大优势，西园新军中有袁绍、曹操，禁军中有虎贲中郎将袁术，城外的北军有北军中候刘表，这些早已完成布局。蹇硕一方仅有部分宦官支持，再有就是董重、董宠手中的有限力量，他们即便立即联手，加起来也不占优势。何进、袁绍等迅速商量好对策，派人去一一控制住各要害部门。

两天后，皇子刘辩登基。由于刘辩在位不到一年便被废，死后未获得庙号，所以史书一般称他为少帝。少帝刘辩尊母亲何皇后为皇太后，董太后为太皇太后，由何太后临朝主政。少帝下诏，封弟弟刘协为渤海王，不久改封为陈留王。少帝还下诏，改年号为光熹。本年自四月十三日起为光熹元年，之前为中平六年。不过，光熹的年号仅用了三个多月，后面还将改元，并且本年年底朝廷颁布诏书将光熹等年号废止，所以史书仍称本年后面的几个月为中平六年。

少帝刘辩下诏，擢升袁绍的叔父袁隗为太傅，与大将军何进同时“录尚书事”。东汉实行三公九卿制，但在权力结构中尚书台的地位越来越重要，尚书台主管文书，省阅奏章，传达皇帝的命令，成为权力中枢。尚书台的长官是尚书令，可以直接向皇帝汇报工作。皇帝也可以指定重臣管理尚书台，这就是“录尚书事”。袁隗、何进共同“录尚书事”，意味着由二人负责处理朝廷的日常事务。

何进没有立即对蹇硕等人动手，但绝望中的蹇硕感到更为恐惧。蹇硕试图做最后挣扎，他写信给赵忠、宋典、郭胜等其他几名宦官头领，说何进兄弟控制朝廷，独断专行，又与袁绍等奸党通谋，即将诛杀先帝左右的亲信，将我等一网打尽，只因为我兼着西园上军校尉才不敢轻举妄动。蹇硕告诉众人，现在情势危急，应联合起来，关闭宫门，下诏逮捕何进，予以诛杀。可是，此时稍有政治头脑的人都明白蹇硕大势已去，跟着他只能去送死，所以大多数宦官都选择站在何进一边。中常侍郭胜也是南阳郡人，跟何进是同乡，双方关系密切，所以更坚决地反对蹇硕的计划。袁宏《后汉纪·孝灵皇帝纪》记载：

上军校尉蹇硕以帝轻佻不德，二舅好修虚名，无股肱之才，惧不能安社稷也，欲诛进等，立渤海王。与常侍赵忠、宋典书曰："大将军兄弟秉国威权，欲与天下党人共诛内官，以硕有兵，尚且沈吟，观其旨趣，必先诛硕，次及诸君。今欲除私雠，以辅公家。"是时上新崩，大行在前殿，左右悲哀，念在送终，硕虽用，有谋策，其事未可知也。忠、典以硕书告大将军进，进诱诸常侍共诛硕。或曰："硕，先帝所置，所尝倚仗，不可诛。"中常侍郭胜与进同郡，素养育进子弟，遇之曰："进，我所成就，岂有异乎？可卒听之。"

郭胜与赵忠等人商议，决定将蹇硕的密信呈给何进。中平六年四月二十五日，何进命黄门令将蹇硕逮捕处死，蹇硕之前统率的军队尽归何进。五月，何进与三公联合上奏何太后，弹劾太皇太后董氏，罪名是派中常侍夏恽、永乐太仆封谞等跟州郡勾结图谋财利，将搜刮来的钱财储藏于永乐宫。何进等人还提出，按照朝廷制度，藩国王后不能逗留京师，所以应将太皇太后遣送回封国。《后汉书·皇后纪》记载："进与三公及弟车骑将军苗等奏：'孝仁皇后使故中常侍夏恽、永乐太仆封谞等交通州郡，辜较在所珍宝货赂，悉入西省。蕃后故事不得留京师，舆服有章，膳羞有品。请永乐后迁宫本国。'"

汉灵帝即位时父亲刘苌已经去世，后被追尊。《后汉书·章帝八王列传》记载："解渎亭侯淑，以河间孝王子封。淑卒，子苌嗣。苌卒，子宏嗣，为大将军窦武所立，是为灵帝。建宁元年，窦太后诏追尊皇祖淑为孝元皇，夫人夏氏曰孝元后，陵曰敦陵，庙曰靖庙；皇考苌为孝仁皇，夫人董氏为慎园贵人，陵曰慎陵，庙曰奂庙。"刘苌被追尊的是"孝仁皇"而不是"孝仁皇帝"，这不是史书漏字，而是两者有着不同。有人或许认为汉代的"皇"与"皇帝"是一样的，其实不然。刘邦称帝后追尊父亲为"太上皇"，而不是"太上皇帝"，《史记·高祖本纪》集解引蔡邕注指出："不称帝，非天子也。"也就是说，"皇帝"才是天子，而"皇"并不是天子。"皇帝"的嫡妻称为皇后，"皇"的嫡妻也可以被称为皇后，但前者才是正统皇后，后者虽被称为皇后，但真实的身份却是"藩后"。汉灵帝的父亲解渎亭侯刘苌被追尊为"孝仁皇"，母亲董氏先被尊为慎园贵人，后又上尊号为孝仁皇后，但其真实的身份仍是"藩后"，按制度应当回封国，也就是刘苌最早被封侯的河间国。

何进与三公的奏疏上达，何太后立即诏准。五月六日，何进发兵包围骠骑将军府，逮捕董重，就地免职，董重随即自杀。又过了一个月，董太皇太后在忧虑恐惧中死去，只有《九州春秋》认为她是自杀，更多的人并不这样看。董太皇太后的哥哥执金吾董宠没有当即被处死，但也被何进等人找借口下了狱，后被处死。《后汉书·皇后纪》记载：“（董宠）坐矫称永乐后属请，下狱死。”《后汉书·灵帝纪》称董宠死于本年九月：“九月，执金吾董宠下狱死。”至于与河间国董氏关系密切的董旻，倒没有受到株连，仍任奉车都尉，何进还不想与手握重兵的董卓闹翻。不过，如果让董旻去选，他恐怕会更亲近自己的“远亲”，因而对何氏一族没有什么好感，这为何氏集团最终走向覆灭的道路埋下了伏笔。

几十年来党人与宦官斗，宦官与外戚斗，外戚也与党人斗，而外戚之间互斗还较少发生。汉灵帝的“妻族”何氏与“母族”董氏之间爆发了内斗，最终以何氏全面胜利而告终。皇帝、大将军、太后都是一家人，南阳郡屠户出身的何氏一族感到满意，至此算是有了真正的安全感。

四、互不相让

可惜，何氏兄妹高兴得有点早了。何进兄妹现在想的只是如何使势力更加巩固，维护好皇帝大统，让宦官更加忠心耿耿，争取士大夫的认同与支持，但对袁绍等人来说，真正的目的还远未达到，哪能就此收手呢？

在袁绍等人看来，如果仅仅换了一个皇帝，换了一拨外戚，那与前朝又有什么区别？袁绍等人的目标是诛杀宦官，同时也不希望再出来一个像梁冀那样将国家的权力玩弄于股掌之中的外戚。也许袁绍等人在追求政治理想的道路上实在等待得太久太苦了，所以他们已经没有了更多的耐心，就在何进兄妹沉浸在胜利后的喜悦中时，他们接二连三地向何进进言，要他一鼓作气，趁势诛杀所有宦官，然后改革朝政。

袁绍向何进提出了这个问题，何进却犹豫起来。作为杨赐老师的学生，何进不是不学无术的人，长期的经学教育也让他成为一名士人，对党人并不排斥，甚至充满好感，这从他重用袁绍、何颙、郑泰等人以及礼遇郑玄、边让上就可以看出来。何进不能说袁绍等人的主张没有道理，毕竟宦官的名声已差到了极点。但具体到行动上，何进的热情显然小得多。何进也向妹妹提出了诛杀宦官的建议，直接遭到何太后的反对，兄弟何苗也不赞成这样做，何进一时没了主意。

如果没有袁绍等人不依不饶地、坚决地要除掉宦官，何进此时肯定会选择收手，说不定还会想办法与赵忠、张让这些宦官修补一下感情，在宫里彻底巩固何家的地位。但袁绍的态度非常坚决，而且不是袁绍一个人，何进信任的人多数都跟袁绍一个声音，如果不拿出实际行动来，何进担心会失去他们的支持。何进试着与袁绍商量，能不能只诛杀其中民怨较大的宦官，对其他宦官予以宽赦？袁绍坚决否定了这个方案，认为必须斩草除根，否则后患无穷。看到何进仍在犹豫，袁绍便不断地向他发动攻势，除自己继续劝说外，还派人给何进做思想工作。《三国志·袁绍传》裴松之注引《续汉书》记载着张津劝说何进的话：“黄门、常侍秉权日久，又永乐太后与诸常侍专通财利，将军宜整顿天下，为海内除患。”

这里提到的张津，此时的身份是袁绍的门客，在朝廷并未任职。在后世人们的印象中张津似乎默默无闻，较少被提及，但在汉末三国的舞台上张津绝对是一个风云人物，足以与刘表、刘焉、孙策、士燮等人相提并论，与许靖、曹操等还有过交往。张津字子云，南阳郡人，早年追随袁绍，后来走向仕途。朱儁的儿子朱符任交州刺史，朱符死后朝廷派张津继任，后改任为交州牧，最后被部将区景杀害。《三国志》《后汉书》等史籍多次提到过张津，只是没有单独为他立传，因此被人们忽略。梳理史籍，有关张津的史料还有以下几条：

钜鹿张翔衔王命使交部，乘势募靖，欲与誓要，靖拒而不许。靖与曹公书曰：“……又张子云昔在京师，志匡王室，今虽临荒域，不得参与本朝，亦国家之藩镇，足下之外援也。”（《三国志·许靖传》）

吕岱从交州召出，综惧继岱者非其人，上疏曰：“……次得南阳张津，与荆州牧刘表为隙，兵弱敌强，岁岁兴军，诸将厌患，去留自在。津小检摄，威武不足，为所陵侮，遂至杀没。”（《三国志·薛综传》）

建安二年，南阳张津为刺史。交阯太守士燮表言：“伏见十二州皆称曰州，而交独为交阯刺史，何天恩不平乎？若普天之下，可为十二州者，独不可为十三州？”诏报听许，拜津交

州牧，加以九锡，彤弓彤矢，礼乐征伐，威震南夏，与中州方伯齐同，自津始也。（《艺文类聚·州部》引《交广记》）

夏侯元让与石威则书，袁绍破后也。书云："授孙贲以长沙，业张津以零、桂。"此为桓王于前亡，张津于后死，不得相让，譬言津之死意矣。（《三国志·孙策传》裴松之注引《志林》）

诸将复连名通白事陈乞之，策曰："昔南阳张津为交州刺史，舍前圣典训，废汉家法律，尝著绛帕头，鼓琴烧香，读邪俗道书，云以助化，卒为南夷所杀。此甚无益，诸君但未悟耳。"（《三国志·孙策传》裴松之注引《江表传》）

臣松之案：太康八年，广州大中正王范上交广二州春秋。建安六年，张津犹为交州牧。（《三国志·孙策传》裴松之注）

建安八年，交州刺史张津，尝以益智子粽饷魏武帝。（《南方草木状·木类》）

朱符死后，汉遣张津为交州刺史，津后又为其将区景所杀，而荆州牧刘表遣零陵赖恭代津。（《三国志·士燮传》）

张津官至交州刺史、交州牧，绝非汉末三国历史上可有可无的人物。如果张津没有死于部将之手，他有机会整合交州，成为三国鼎立之外的另一极。史书对张津的评价较为负面，孙策认为他之所以失败是因为过度迷信道教所致，薛综上书给孙权认为张津因忽视部属的感受、对部下监督不严、威武不足而招致欺侮被杀。不过，以识人见长的许靖向曹操推荐张津，称他是能辅助朝廷的人才。

再说何进。在袁绍等人反复敦促下，何进的态度有了松动，倾向于支持袁绍等人的行动。《后汉书·袁绍传》记载，袁绍趁机向何进建议：“前窦武欲诛内宠而反为所害者，以其言语漏泄，而五营百官服畏中人故也。今将军既有元舅之重，而兄弟并领劲兵，部曲将吏皆英俊名士，乐尽力命，事在掌握，此天赞之时也。将军宜一为天下除患，名垂后世。虽周之申伯，何足道哉！今大行在前殿，将军受诏领禁兵，不宜轻出入宫省。”何进认为袁绍说得有道理。这时朝廷上下都在忙汉灵帝的丧事，何进以生病为由不参加陪丧，也不去送葬，以免发生不测。

应该说，何进此时并不是在敷衍，他大概也慢慢下定了决心，那就是与士人集团建立起真正的联盟，消灭共同的敌人——宦官集团，如同当年外戚窦武与陈蕃联手那样。不过，何进与窦武都有一个弱点：不够果断。二十一年前，大将军窦武与太傅陈蕃定下密谋，决心铲除宦官集团，但窦武坚持按“程序”办，先对宦官们的罪行进行审判，取得他们犯罪的铁证，然后禀报女儿窦太后，取得同意后再对宦官们动手。就是这片刻的犹豫与迟疑，被宦官抓住了机会，反而将窦氏集团以及陈蕃等一网打尽。如今，何进坚持向临朝称制的何太后报告，取得她的同意后才对宦官们下手，犯的是同样的错误。而且，在这个原则性问题上，何太后仍坚决反对。《后汉书·袁绍传》记载：

遂与绍定筹策，而以其计白太后。太后不听，曰：“中官统领禁省，自古及今，汉家故事，不可废也。且先帝新弃天下，我奈何楚楚与士人对共事乎？”进难违太后意，且欲诛其放纵者。绍以为中官亲近至尊，出入号令，今不悉废，后必为患。而太后母舞阳君及苗数受诸宦官赂遗，知进欲诛之，数白太后，为其障蔽。

见何太后反对，何进于是退了一步，请求诛杀宦官中的一些首要分子，而不予以整体铲除。可是，何进的这番苦心遭到对立双方的一致反对：袁绍坚决反对，认为除恶须务尽，如果不能斩草除草，将后患无穷；何太后的母亲舞阳君、哥哥何苗因为与宦官集团的几位主要头目一向关系密切，看到要杀他们，也坚决反对。何进只是个政治暴发户而不是政治家，在这种关键时刻，他一下子没了主意。

五、“掩目捕雀”

中平六年六月十七日，汉灵帝刘宏被安葬在文陵，此陵在汉末洛阳城西北方向20里处，今河南省洛阳市孟津县送庄镇刘家井村北，陵高12丈，周长300步。从这一天开始，洛阳下起了雨。夏季的雨通常来得快走得也快，但这一年很奇怪，雨一直下个不停。《后汉书·灵帝纪》记载：“（六月）辛酉，葬孝灵皇帝于文陵。雨水。”

洛阳城内，气氛越来越紧张。袁绍坚持杀宦官，何进做不了主，于是拿何太后当挡箭牌，说皇太后不同意杀宦官。袁绍等不及了，向何进提出了另一解决方案：招外兵入京，向何太后施压。事后证明，不仅对东汉朝廷来说这是一个有问题的建议，而且对何进而言这也是一个馊主意，最终要了他和他整个家族的命。但此时的何进被袁绍等人所逼迫，已经到了焦头烂额的程度，只要不马上动刀决战，何进都愿意尝试。于是，他采纳了袁绍的建议。关于这件事，史书留下了多处记载：

进将诛阉官，欲召并州牧董卓为助。（《后汉书·郑泰传》）

大将军何进将诛宦官，召并州牧董卓。（《后汉书·种劭传》）

进将诛黄门，欲召董卓为助。（《三国志·郑浑传》裴松之注引《汉纪》）

大将军何进与袁绍谋诛宦官，太后不听。进乃召董卓，欲以胁太后。（《三国志·武帝纪》）

进欲诛诸宦官，太后不听，进乃召四方猛将，并使引兵向京城，欲以劫恐太后。（《三国志·王粲传》）

中平六年，宫车晏驾，大将军何进令司隶校尉袁绍私募兵千余人，阴跱洛阳城外，窃呼并州牧董卓使将兵至京都，共诛中官。（《续汉书·天文志》）

进乃召卓使将兵诣京师。（《三国志·董卓传》）

绍等又为画策，多召四方猛将及诸豪杰。(《后汉书·何进传》)

灵帝崩，绍劝何进征董卓等众军。(《后汉书·袁绍传》)

以上九条记载，除最后两条外都说这个决定出自何进，这当然没有错，何进如果反对，这件事很难做成。不过，最后两条记载才是关键，何进之所以做出这样的决定，完全出自袁绍的建议，甚至可以说是袁绍逼迫的。这里说的“外兵”，指朝廷南、北军以外的所有州郡武装；这里的“京”指洛阳，严

图7　洛阳八关位置示意图

格来说指的是洛阳八关以内的地方。洛阳位于河南、陕西交界群山中的三川谷地，处于盆地中心，四面皆山，山中可设置关隘把守：南部龙门山被伊河穿过形成伊阙关，北部有孟津关，西部有函谷关，东北部有虎牢关，嵩山之间有轩辕关，东南部有太谷关，南部有广成关。这些关隘拱卫着洛阳，使其成为一个相对安全的独立区域。中平元年，为防止黄巾军突然杀到洛阳，汉灵帝命大将军何进率左右羽林军、五校尉营屯洛阳都亭，同时在洛阳周围置八关都尉，分别统领八关军政事务，保卫京城。

目前八关之内都是朝廷的军队，袁绍的建议是允许各州郡的武装进入八关。袁绍说给何进听的理由是“胁太后”，但这并不是最重要的。袁绍的真实想法是把局势弄得再乱些，于乱中寻找机会。袁绍的具体计划是，利用自己掌握的渠道，迅速向京城周围的各实力派发出信息，让他们即刻带兵入京。这是一项“兵谏计划”，适当的时候可以转为“兵变”。不过，对于这项计划，同一阵营内也有不少人反对，尚书卢植、侍御史郑泰、大将军主簿陈琳、典军校尉曹操等都提出了不同看法：

帝崩，大将军何进谋诛中官，乃召并州牧董卓，以惧太后。植知卓凶悍难制，必生后患，固止之。进不从。(《后汉书·卢植传》)

公业谓进曰：“董卓强忍寡义，志欲无厌。若借之朝政，授以大事。将恣凶欲，必危朝廷。明公以亲德之重，据阿衡之权，秉意独断，诛除有罪，诚不宜假卓以为资援也。且事留变

生，殷鉴不远。”（《后汉书·郑泰传》）

琳谏进曰：“《易》称‘即鹿无虞’。谚有‘掩目捕雀’。夫微物尚不可欺以得志，况国之大事，其可以诈立乎？今将军总皇威，握兵要，龙骧虎步，高下在心；以此行事，无异于鼓洪炉以燎毛发。但当速发雷霆，行权立断，违经合道，天人顺之；而反释其利器，更征于他。大兵合聚，强者为雄，所谓倒持干戈，授人以柄；功必不成，只为乱阶。”（《三国志·王粲传》）

太祖闻而笑之曰：“阉竖之官，古今宜有，但世主不当假之权宠，使至于此。既治其罪，当诛元恶，一狱吏足矣，何必纷纷召外将乎？欲尽诛之，事必宣露，吾见其败也。”（《三国志·武帝纪》裴松之注引《魏书》）

众人反对引外兵入京，理由可归纳为两个方面：一方面是没有必要这样做，要解决宦官很容易，以何进大将军的身份就可以直接去做，没有必要耗费那么多精力，而且容易夜长梦多；另一方面是董卓此人很危险，要引外兵入京，董卓就可以光明正大地率领麾下的“凉州军”来到洛阳，从此人过往的经历来看，是一个难以驾驭的人，一旦来到洛阳，什么事情都有可能发生。

但是，众多反对的意见没有阻止引外兵入京的决定，这件事正式确定下来，并迅速分头通知下去。在何进看来，董卓固然口碑不佳，但只要对他带来的人马数量进行限制，他在洛阳也掀不起多大风浪。何进目前可以节制的武力有左右羽林、北军五营、西园新军、丁原的并州军以及驻扎在关中地区的皇甫嵩所部，除此之外还有最近赴各地招募的人马，有这么多军队在手中，何惧一个董卓？袁绍也不怕董卓，他的信心在于董卓头上“袁氏故吏”的标签。作为“袁氏故吏”中的一员，如果公开反对袁氏，那就等于政治上的自杀，董卓应该会掂量掂量这一点。

汉灵帝驾崩后，何氏清除董氏，太皇太后不明不白地死去。汉灵帝尽管是一个不称职的皇帝，但他的地位在一般人心中还是至高无上和不可替代的，作为汉灵帝的生母，太皇太后无论有再多过错，也不应该在儿子尸骨未寒时被迫害致死。《资治通鉴·汉纪五十一》指出：“民间由是不附何氏。”民意的这种变化进一步抬高了袁氏的声望，袁氏几世的积累与袁绍的个人号召力形成完美结合，很多人对袁绍寄予了更大期待。何进派出不少人赴各地募兵，这些人奉的是何进的命令，但与袁绍的关系更为密切。这些去募兵的人已经有了不少成果，引外兵入京也是给这些人率领队伍到洛阳提供一个合法理由。只有拥护袁绍的这些人马到了洛阳，袁绍的“软实力”就能变为“硬实力”，不仅在与宦官的角逐中占据绝对上风，而且有能力扳倒何进。

正如曹操所言，杀宦官只需要派一队人马进宫就行了，不用费这么大的事，这样的道理袁绍难道不明白？袁绍费尽心思力主外兵入京，针对的显然不是宫中的那些宦官。在袁绍看来，何进兄妹只是政治投机者，他们内心深处是更愿意跟宦官站在一起的，只是目前还有些遮遮掩掩，一旦各方政治实力对比发生变化，何进和宦官完全占据上风，他们自然会公开走到一起。到那时，外戚与宦官联起手来，发动第三次“党锢之祸”也不是不可能，所以袁绍不能妥协。

六、绝望中的反击

袁绍计划招来的人马有以下几路：并州刺史丁原所部，之前丁原的部将张杨、张辽已经率一千人赶到了洛阳附近，现在丁原本人也将率并州军主力前来；张辽从河北招募的人马，他到洛阳后又奉何进之命去河北募兵，已募得一千多人；骑都尉鲍信从泰山郡招募的人马；大将军掾王匡从徐州刺史部招募的人马；都尉毌丘毅从丹阳郡招募的人马；东郡太守桥瑁所部。从当时的情况看，要引外兵入京，似乎应该先从相邻的豫州、兖州、荆州等几个刺史部调兵，而上面这几路人马，除丁原还算是正规的“外兵”以外，其他都属于临时招募和拼凑起来的队伍。

当然，还有一路人马是最重要、众人关注度最高的，那就是董卓的凉州军。董卓麾下已兵强马壮，随着实力的上升，他的野心也急遽膨胀起来。外戚董氏被清算后，董卓虽然没有受到影响，但何进对董卓也多少增添了一些防范，所以免去了他的前将军一职，改任九卿之一的少府。何进想以此解除董卓的兵权，但他显然不了解现在的形势，这项任命被董卓毫不犹豫地拒绝了。何进这才明白，朝廷已经拿董卓没有办法，为防止董卓所部哗变，跟韩遂、马腾搞到一块，何进只得放低姿态主动与董卓协商。经过一番讨价还价，朝廷改任董卓为并州牧。并州刺史丁原正忙着率兵南下，朝廷免去了他的刺史职务，改任武猛都尉。董卓答应赴任，但附带一个条件：允许他带领一支部队前去上任。朝廷没有选择，只得答应。

董卓从嫡系人马中挑选了数千精锐去并州刺史部上任，一路上慢慢悠悠，一边走一边观察着形势的变化。何进、袁绍商议引外兵入京一事时董卓正行进到半路上。董卓接到诏令，让他不要去并州了，而是领兵来洛阳。这时队伍已行进到河东郡安邑，董卓下令掉转方向，向南渡过黄河，朝函谷关开来。董卓一边行军，一边向朝廷上疏，请求诛杀张让等宦官。《后汉书·董卓传》记载："及帝崩，大将军何进、司隶校尉袁绍谋诛阉宦，而太后不许，乃私呼卓将兵入朝，以胁太后。卓得召，即时就道。并上书曰：'中常侍张让等窃幸承宠，浊乱海内。臣闻扬汤止沸，莫若去薪；溃痈虽痛，胜于内食。昔赵鞅兴晋阳之甲，以逐君侧之恶人。今臣辄鸣钟鼓如洛阳，请收让等，以清奸秽。'"《三国志·董卓传》裴松之注引《典略》记载着内容大致相同的一份疏表，不过更详细一些：

臣伏惟天下所以有逆不止者，各由黄门常侍张让等侮慢天常，操擅王命，父子兄弟并据州郡，一书出门，便获千金，京畿诸郡数百万膏腴美田皆属让等，至使怨气上蒸，妖贼蜂起。臣前奉诏讨于扶罗，将士饥乏，不肯渡河，皆言欲诣京师先诛阉竖以除民害，从台阁求乞资直。臣随慰抚，以至新安。臣闻扬汤止沸，不如灭火去薪，溃痈虽痛，胜于养肉，及溺呼船，悔之无及。

两份上疏意思相同但文辞不同，说明董卓在这时连续上过多份奏疏。后一份奏疏中董卓提到了于扶罗，这是匈奴羌渠单于的儿子，匈奴的右贤王，黄巾起义爆发后带兵来到中原，协助东汉朝廷镇压起义，遇到匈奴内部发生叛乱，其父被杀，于是留在中原，之后却与“白波军”联合，在太原、河东等地劫掠。朝廷任命董卓为并州牧并允许他带兵前往，主要理由就是征讨于扶罗。董卓以手下将士“欲诣京师”相要挟，向朝廷施压。

董卓率领的是精锐骑兵，行动十分迅速，很快将到达洛阳。直到这时何进才真正冷静下来想想后面可能发生的事，脑子一下子清醒了不少。董卓在奏疏中点了张让的名，而张让与何氏有姻亲关系，如果连亲家都保护不了，今后谁还敢跟随何氏？而且董卓姓董，刚被清除的那家外戚也姓董。想到这些，何进的脊背上想必冒出不少冷汗。这时董卓的队伍已行进到渑池附近，距离洛阳很近了。何进急了，不再跟袁绍商量，马上派人带着少帝刘辩的诏书迎头挡住董卓，让他停止前进，原地待命。

何进知道董卓一向有抗命的毛病，只要不合他的意，不要说拒不执行命令，弄不好派去的人也回不来，所以何进派种劭前去。种劭是已故度辽将军种暠的孙子，董卓也曾是种暠的麾下，是“种氏故吏”。种劭迎住董卓，传达诏书，命董卓所部向后撤退。命令突然改变，让董卓嗅出了问题，他虽然不知道具体原因，但知道现在不是停止前进的时候，只有人在现场，才能抓住每个稍纵即逝的机会。董卓于是耍起无赖，鼓动部下威逼种劭。《后汉书·种劭传》记载：

大将军何进将诛宦官，召并州牧董卓，至渑池，而进意更狐疑，遣劭宣诏止之。卓不受，遂前至河南。劭迎劳之，因譬令还军。卓疑有变，使其军士以兵胁劭。劭怒，称诏大呼叱之，军士皆披，遂前质责卓。卓辞屈，乃还军夕阳亭。

种劭的爷爷种暠跟梁冀作过斗争，跟羌人打过仗，当过三公，在凉州各族百姓中享有盛名，种劭不如爷爷，但也不是能轻易被吓住的。种劭大声斥责“凉州军”人，居然把他们镇住了。种劭又责问董卓，董卓一时理屈，只好答应不再前进，向后退至夕阳亭。夕阳亭又称几阳亭，是汉晋时代洛阳城西的送别之所。65年前，杨赐的爷爷、有“关西孔子”之称的杨震受诬在该亭饮鸩自尽，夕阳亭于是被后世屡屡提及，写进诗文中，如清代杨永芳写诗：“衣涴缁尘鬓染霜，更无心事话兴亡。夕阳亭下一杯酒，洛水无声秋梦长。”夕阳亭相当于洛阳的西郊，驻守在这里可以随时监视城中的一举一动。

凉州军的到来让袁绍大为兴奋，他还嫌声势不够，又让王匡率泰山郡强弩迅速进京，让东郡太守桥瑁屯城在成皋，让武猛都尉丁原放火焚烧黄河上的孟津渡口。孟津关是洛阳八关之一，扼守洛阳通往今山西、河北的要道，著名的小浪底水利工程就在孟津古渡附近，近旁还有东汉开国皇帝刘秀的原陵。《后汉书·何进传》记载："使武猛都尉丁原烧孟津，火照城中。"《续汉书》还指出，丁原不仅放火烧了孟津，而且在袁绍指使下率"并州军"数千人扮作"黑山军"窜入河内郡，估计是抢地盘：

绍诈令武猛都尉丁原放兵数千人，为贼于河内，称黑山伯。

洛阳城外一片大乱，城内人心惶惶。何太后也大吃一惊，想到因为自己偏袒宦官竟然招来外兵入京，惊吓之余，何太后传下话来，要遣散宫里所有宦官，让他们回到宫外的家中居住。戒备森严的皇宫目前是宦官们最后的避难所，现在的形势已经不比以往，外面到处都在声讨宦官，一旦离开皇宫，无异于束手就擒、坐以待毙。宦官们于是跑到大将军府外跪了一大片，痛哭流涕，叩头请罪。尤其是张让，已经跟何家联姻，论起来还是何进与何太后的长辈，此时也可怜兮兮地跪在儿媳妇面前请求给条活路。张让的儿媳妇、也就是何太后的妹妹赶紧进宫，在母亲舞阳君面前一番哭诉。舞阳君又去找女儿何太后，最终何太后发布诏令，让宦官们又回到宫中。

何苗支持何太后，劝何进不要杀宦官。何苗对何进说，当初咱们一路从南阳郡来，十分贫贱，依靠宫中的宦官才获得富贵，现在应该与他们保持友好关系。见母亲、妹妹、弟弟异口同声地反对诛杀宦官，何进又犹豫起来。《后汉书·何进传》记载，袁绍担心何进改变主意，不再好言相劝，而是威胁道："交构已成，形势已露，事留变生，将军复欲何待，而不早决之乎？"言下之意，箭在弦上已不得不发，如果再迟疑，对何氏恐怕会不利。袁绍一再相逼，"劝进便可于此决之，至于再三"。何进无奈，只得授予袁绍天子的符节，命他以司隶校尉的身份专命击断，同时任命王允为河南尹，协助袁绍。袁绍派人监视宦官，同时通知董卓，让他准备进兵平乐观。

事已至此，何太后也害怕起来。何太后下令罢退大多数宦官，让他们出宫，回到自己在宫外的家中，之后各回原籍，只留下何进平素亲近的宦官守卫宫省。袁绍让虎贲中郎将袁术挑选二百名虎贲军，负责皇宫的守卫。袁绍还向各州郡发去命令，诈称何进的意思，让地方官员们搜捕宦官在各地的家属。《后汉书·何进传》记载："绍又为书告诸州郡，诈宣进意，使捕案中官亲属。"诸常侍、小黄门急了，赶紧来找何进，跪地请罪。何进不理会他们的请求，对他们说："天下匈匈，正患诸君耳。今董卓垂至，诸君何不早各就国？"

何进虽然口气强硬，但内心里却强硬不起来。何进对宦官本能地既敬又怕，这种潜意识已深入骨髓，即便到了目前这样的境况，他仍然不敢做出更激烈的决断，仍希望这些宦官们识趣，各回原籍，慢慢平息事态。可是，以宦官们平日所作所为激起的民怨，分散开各回原籍就是死路一条，甚至都走不到原籍，在半路上就没命了。这时何太后从宫中命人传出话来，让何进进宫商议下一步怎么办。何进没有多想，便进了宫。

现在已是中平六年的八月，六月以来霖雨不停，此时雨仍在下，天气有些阴冷。在五行学家们看来，天气异常通常意味着将有大事发生。三十年前，外戚、大将军梁冀被诛杀时，就下了几十天连阴雨；二十一年前，外戚、大将军窦武被杀时，也是几十天阴雨不断。

何进如果还有心情抬头望望洛阳的天空，那他的心境一定会像厚厚的云层那样被压迫得轻松不起来。何进可能已隐约感到自己被人利用了，从头到尾都在被人操纵。但现在已无计可施，如果他再偏袒宦官，就会被划为宦官的同党，所以何进决定利用这次进宫的机会再和妹妹商量一下，希望妹妹能认清形势，与宦官们划清界限。何进是从南宫的西门即白虎门进的宫，何太后、少帝刘辩、陈留王刘协此时都住在南宫。按照规矩，何进的随从不能进宫，何进让部将吴匡和张璋带领随行的警卫在宫门外等候。

进了宫，宫门关闭。吴匡和张璋以及忠于何进的二百名警卫列队于白虎门外。这个时候天下着雨，雨水打在卫士的甲胄上。等了很久，仍不见宫门开启，吴匡和张璋有些急了。大将军不会出事吧？这时他们才认真地想了想：在这扇门里目前至少有上千名宦官，而大将军是独自一人进去的，进去的目的是商议怎么除掉里面的宦官，如果消息让宦官们知道了……

不幸的是，宦官们确实知道了。蹇硕死后，宦官们停止了内斗，重新团结在张让、赵忠、段珪等人跟前，面对宫外日益涌起的杀气，他们明白，只有拧成一股绳才能获得一线生机。他们一边在张让的带领下继续不停地向何太后哭诉、求情，一边密切关注着何进的动向。张让等人得到消息，说何进马上将进宫与太后商议事情。听到这个消息，张让等人立即警觉起来，很久不见进宫的何进突然进宫，一定有大事商议，毫无疑问，那将是针对他们的。《后汉书·何进传》记载，张让对众人道："大将军称疾不临丧，不送葬，今欻入省，此意何为？窦氏事竟复起邪？"

张让立即率段珪、毕岚等数十人，各持兵器，埋伏在宫中。何进走到嘉德殿时，事先埋伏的宦官们一拥而上，他们手中举着刀，连喊带骂，群情激愤，一阵乱刀就把何进杀了。何进临死前，张让当面责问他："天下愦愦，亦非独我曹罪也。先帝尝与太后不快，几至成败，我曹涕泣救解，各出家财千万为礼，和悦上意，但欲托卿门户耳。今乃欲灭我曹种族，不亦太甚乎？卿言省内秽浊，公卿以下忠清者为谁？"张让的这些话发自肺腑，应该说也有一定道理，外戚、宦官都是士人眼中的浊流，咱们联手做了很多事，才有你们何家今天的地位与权势，咱们本应继续联合在一起，你却要铲除我们，哪有这样的道理呢？你们说皇宫里丑陋污秽，那你说说，皇宫外面的公卿百官谁又是干净的呢？《后汉书·何进传》记载，砍何进第一刀的是名叫渠穆的宦官，这一天是中平六年八月二十五日。

何进死了，他的死留下了谜团：张让是如何知道何进的动态和行程的？有没有人给宦官们通风报信？从何进杀宦官的计划，到这一天何进进宫的时间、路线，看来宦官们都相当清楚，埋伏的地点也是何进的必经之路，做好一切准备就等何进钻进去，这才让何进死得那么顺利。问题是，宦官们是如何掌握这一切的呢？

七、最后的宦官

尽管有疑问，但这时没有人去想它了，现在的形势异常紧张。张让、段珪等人杀了何进，他们没有完全绝望，还试图发动政变，扳回局面。张让等人伪造诏书，撤销袁绍司隶校尉的职务，由原太尉樊陵担任司隶校尉，少府许相担任河南尹，这两个人平时跟宦官们走得很近，是宦官们信赖的朝臣。诏书须由设在宫里的尚书台发布，尚书台的秘书们不敢相信，他们提出要见大将军本人再说。宦官们把何进的首级扔过来，说何进谋反，已经伏诛了。《后汉书·何进传》记载：

让、珪等为诏，以故太尉樊陵为司隶校尉，少府许相为河南尹。尚书得诏板，疑之，曰："请大将军出共议。"中黄门以进头掷与尚书，曰："何进谋反，已伏诛矣。"

消息传到宫外，还守在那里的吴匡、张璋得知情况骤变，震惊之余想下令攻门，但又拿不定主意，毕竟这是皇宫。正在这时一支神秘援军出现，来的是袁术，他的职责是守卫皇宫，而现在他直接下令向皇宫发起进攻。袁术对这座宫城应该很熟悉，不过攻城行动开始后进展却不顺利。宫墙高大，又环绕着护城河，无论吴匡、张璋还是袁术都是带着部下轻装而来，没有攻城装备，费了半天劲居然没能打进去，这为里面的人争取到逃亡的时间。张让、段珪指挥宦官裹胁着何太后、少帝刘辩、陈留王刘协从南北两宫中间的复道逃往北宫，之后再逃出洛阳。复道类似于过街天桥，连接南宫和北宫。《三国志集解》引惠栋注："东京有南北宫，相去七里，中央作大屋，复道，三道行，天子从中道，从官夹左右，十步一卫。"

在复道上，发现下面有人喊话，仔细一看是尚书卢植。尚书台的办公地点在北宫，听到南宫大乱，经验丰富的卢植先跑出北宫，不知道从哪里找过来一柄长矛，想去只身护驾。到了南北宫之间，恰好遇到复道上逃亡的一群人。卢植的威名远远胜过手中的长矛，张让等人一慌，把何太后推了下去，卢植赶紧去救何太后，上面的人趁机跑入北宫。

袁术在宫外看到攻城不顺，于是下令实施火攻。皇宫终于被攻破了，袁术下令见到宦官就杀，一个不留。后宫里除了宦官，还有不少由士人任职的办事机构，如尚书台、侍中寺等，但局势已经完全乱了，来不及辨别，只要没有胡子的全都遭了殃。何苗听说哥哥死了，既悲又惊，赶紧领着一部分人马向皇宫开来，遇到袁术指挥的人，双方合兵一处，看到宫里乱哄哄的，又燃起了大火，就先屯兵在朱雀阙下，在这里发现了正往外逃的宦官头目赵忠，把他杀了。袁绍这时也赶到了，与王匡等合力冲人端门，在承明堂上格杀了中常侍高望等两名宦官头目。事后统计，在这场混乱中共有两千多人被杀。史书上的相关记载如下：

绍斩伪司隶校尉樊陵、河南尹许相，勒兵捕诸中官，无少长皆诛之，死者二千余人。(《后汉纪·孝灵皇帝纪》)

绍遂闭北宫门，勒兵捕宦者，无少长皆杀之。或有无须而误死者，至自发露然后得免。死者二千余人。(《后汉书·何进传》)

绍既斩宦者所署司隶校尉许相，遂勒兵捕诸阉人，无少长皆杀之。或有无须而误死者，至自发露形体而后得免。宦者或有行善自守而犹见及。其滥如此。死者二千余人。(《三国志·袁绍传》)

绍与王匡等并力入端门，于承明堂上格杀中常侍高望等二人。(《山阳公载记》)

朝中的重要官员多住在南、北两宫周边，这么大的动静当然早就被惊动了，他们都知道宫里出了大事，但在突如其来的变故面前都茫然不知所措。何进死后，袁隗成了朝官的首领，袁绍立即与袁隗联手，对外发布一道道命令，让袁术、曹操、王允等迅速掌控各要害之处。樊陵、许相是宦官的人，袁绍和袁隗假传诏书，把他们抓起来杀了。

这时的袁绍顾不上组织人在皇宫里救火，也来不及安抚洛阳城中的官民，他急着办另一件大事：把何进的弟弟何苗杀了。对袁绍来说这件事很重要，因为何苗知道很多机密，对于哥哥的被杀，日后何苗一定有话要说，袁绍不能给他机会。在袁绍的授意和挑拨下，平时与何苗有矛盾的何进部将吴匡带人趁乱把何苗杀了。袁绍杀何苗，一来是“灭口”，二来是觉得何苗已经有些碍事了。何苗是车骑将军，何进虽亡，但何苗还在，忠于何氏的势力仍能找到拥戴的旗帜，如果何苗死了，情况就不一样了。

何苗手下的车骑将军长史乐隐也一同遇害。乐隐是一名学者，他有一个学生在洛阳，看到老师遇害，这个学生就跟同学史路等收殓起老师的遗体，然后藏起来送归老师家乡冀州安葬。路上遇到山贼，史路等四散逃走，这个学生向山贼垂泪恳求，山贼觉得他是个有义之人，放他离去。这个学生名叫牵招，日后效力于曹操，也有一番作为。《三国志·牵招传》记载：

> 牵招字子经，安平观津人也。年十余岁，诣同县乐隐受学。后隐为车骑将军何苗长史，招随卒业。值京都乱，苗、隐见害，招俱与隐门生史路等触蹈锋刃，共殡敛隐尸，送丧还归。道遇寇钞，路等皆悉散走。贼欲斫棺取钉，招垂泪请赦。贼义之，乃释而去。由此显名。

袁绍的心思都在这些事情上，天子去了哪里？居然隔了一天仍没有消息。有人报告说，张让、段珪等少数宦官带着少帝和陈留王从洛阳城的北门谷门突围而出，向黄河渡口小平津方向跑了。看来他们想要渡河北上，过了黄河不远处就是冀州的地盘，那里黄巾军余部活动频繁，如果天子落入他们手中，问题就复杂了。袁隗、袁绍赶紧组织众人沿途搜救，寻找天子一行。

一位名叫闵贡的地方官带领的搜救队最先发现了天子一行，这时少帝等人已到达黄河边。张让、段珪等数十名宦官眼见无路可逃，纷纷跳入黄河自杀。《后汉书·何进传》记载，闵贡时任河南中部掾，是河南尹王允的下属，王允派他来搜救天子一行，“贡至，手剑斩数人，余皆投河而死”。《后汉书·灵帝纪》注引《献帝春秋》记述了更多细节：“河南中部掾闵贡见天子出，率骑追之，比晓到河上。天子饥渴，贡宰羊进之，厉声责让等曰：‘君以阉宦之隶，刀锯之残，越从洿泥，扶侍日月，卖弄国恩，阶贱为贵，劫迫帝主，荡覆王室，假息漏刻，游魂河津。自亡新以来，奸臣贼子未有如君者。今不速死，吾射杀汝。’让等惶怖，叉手再拜叩头，向天子辞曰：‘臣等死，陛下自爱。’遂投河而死。”

得知天子安然无恙的消息，袁绍长长舒了口气。在他的整个计划中天子的安危是最关键的一环，一旦天子出现不测，那将无法收场，他就会从挽狂澜于既倒的忠臣变成千古罪人。现在好了，计划虽然出现了很多意外，但结果却是最好的：宦官们都死了，更重要的是何进也死了。长久以来士人们心中挥不去的痛，一是宦官弄权，二是外戚当道。如今，短短几天时间里这两座大山就被掀到了一旁。

宦官制度自周朝就有了，一开始仅限于当个门卫、打扫个卫生、当个勤务员什么的，这个人群没有太高的文化素养，加上身体有残缺，因而有强烈的自卑感，所以没有什么地位。宦官得势起于秦朝，出了一个让同行引以为傲的人物赵高。赵高被秦始皇信任，恰恰源于宦官的弱点：无后和卑贱。

历史上有一些帝王专门喜欢用无后的人，不仅限于宦官，对于一般士人，如果没有后代也会令这些帝王格外看重，大概他们认为无后的人野心相对小，势力相对薄弱，容易驾驭。宦官的卑贱，决定了他们可以大权在握，可以一呼百应，却无法站在道德的殿堂里趾高气扬，所以在整个古代，有搞兵变的，有和平演变的，也有逼人禅让的，在这些勾当里宦官通常只是从犯，而不是主谋，因为他们的野心还不至于想自己当皇上。历史上唯一的“宦官皇帝”据说是曹操的爷爷曹腾，那是他的重孙子曹丕当了皇帝后追尊的。

对君王来说，宦官即使专权威胁也比士人小，所以宦官更容易被重用，在东汉更是如此。东汉的皇室婚姻制度有点问题，专挑世家大族、功臣之后联姻，结果造成了若干家强势外戚的出现。外戚担任大将军、太后临朝称制在东汉轮番上演，而要演好这些戏，离不开宦官的配合。

宦官很容易爬上高位甚至权力的顶峰，这是一群缺少深厚学养和道德积淀的人，他们没有远大的政治抱负，不在乎对富贵权势的预期收益，只在乎当期利益的取得，所以在政治操守上表现为急功近利和对道德、伦理的轻视。他们长期生活在宫里的一亩三分地，抬头看到的只是那一小片天，生活区域狭小，见识短浅，让他们显得愚蠢和狭隘。他们没有节操，因为在后宫这样的地方，有节操的人无法生存。他们是充满自卑的一群人，所以更容易激起仇恨和反对。东汉王朝就是被这群人玩弄了上百年。尽管他们中间也曾出现过蔡伦这样有才能、吕强这样有品行的人，但总体而言这是一个祸国殃民的小群体。

物极必反，一切终有了结。随着张让、段珪、赵忠等一批著名宦官在短短几天内死去，这个群体将暂时从历史舞台中央的位置退出。在今后的很长时间里，宦官制度仍然存在，帝王的后宫里仍然有宦官服侍，但宦官专政的事暂时没有了。袁绍大概会认为，这一切都是他的功劳，历史如果是公允的，一定会记上这一笔。不过，与袁绍志得意满相比，历史对他招外兵入京的做法却评价很差，认为无论于国于家这都是一个败笔。《三国志》将袁绍与董卓合在一传中，《三国志集解》的作者卢弼认为："绍之误国，在召卓兵，合传之意，或在于此。"

现在，袁绍考虑的是如何收拾残局。首先，一定把各路奉诏而来的外兵安顿好，包括董卓，以及王匡、桥瑁、鲍信、丁原等人，不太好办的是董卓，这个人虽说是"袁氏故吏"，但看来其政治道德较差，野心不小，还得哄着办，实在不行就给他个车骑将军什么的，让他继续待在凉州打羌人吧。这件事情如果办妥，其他的事也就都好办了。叔父袁隗的这个招牌还要用，自己这些年来张罗的这批人，无论武的还是文的，正好派上用场，在没有外戚、宦官的情况下，大汉王朝一定会走向正轨，而自己就是那个中兴之臣，跟陈平、萧何、霍光一样青史扬名。也许直到这个时候袁绍还在想，这不是春秋大梦，这是现实，是绝对可以把握的未来。

第七章

董卓窃权

189年

一、凉州军入城

中平六年八月二十八日夜，河南中部掾闵贡救下少帝刘辩和陈留王刘协，之后前往附近的洛舍休息。洛舍是洛阳县管理的馆驿，类似于政府招待所。短暂休息后，闵贡找来两匹马，少帝年长些，独自骑一匹，闵贡抱着陈留王骑一匹，从洛舍出发回洛阳。张璠《后汉纪》记载：“时帝年十四，陈留王年九岁，兄弟独夜步行欲还宫，暗暝，逐萤火而行，数里，得民家以露车载送。”露车，指没有帷盖的车子。此次救驾，闵贡立下大功，如果不是他及时赶到，张让等宦官真有可能将少帝和陈留王劫持到黄河以北，那时情况就复杂了。闵贡后来被提拔为尚书台郎中，封都亭侯。

一行人走到显阳苑时遇到一队人马，正是董卓率领的凉州军。董卓驻扎在洛阳西郊的夕阳亭，望见洛阳上空浓烟滚滚，知道朝廷发生了重大变故，急忙下令进军。路上，董卓得到消息，说张让等人劫持天子往北去了，董卓于是指挥人马向北搜寻，路上遇到少帝一行。少帝接连受到惊吓，好不容易脱身，又见到了成百上千的军队，将士个个彪悍凶恶，吓得大哭起来。《后汉书·董卓传》记载："卓远见火起，引兵急进，未明到城西，闻少帝在北芒，因往奉迎。帝见卓将兵卒至，恐怖涕泣。"

一行人继续前进，在邙山的北坡遇到以崔烈为首的公卿百官。崔烈曾任太尉，他不希望董卓和凉州军参与到朝政中来。《三国志·董卓传》裴松之注引《献帝纪》记载，崔烈提出董卓和凉州军救驾至此即可，应当回避。董卓毫不客气，骂崔烈道："昼夜三百里来，何云避，我不能断卿头邪？"崔烈不仅是三公，而且也是名士，董卓说骂就骂，毫不留情。这时有人提出凉州军不能进城，理由是少帝曾经发过诏书，让凉州军退兵，董卓也予以强硬回击，对众大臣怒道："公诸人为国大臣，不能匡正王室，致使国家播荡，何却兵之有！"众人不敢再说什么，任由董卓和凉州军保护少帝一行回洛阳。路上，董卓甚至板起面孔教训起少帝来："陛下令常侍小黄门作乱乃尔，以取祸败，为负不小邪！"少帝吓得浑身发抖，不敢回话。董卓看了看闵贡抱着的刘协，对他道："我董卓也，从我抱来。"于是从闵贡怀里抱过刘协。不过，王粲《英雄记》记载，刘协不愿意跟董卓同乘一马，仍由闵贡抱着："王不就卓抱，卓与王并马而行也。"董卓问刘协昨天发生的事，刘协一一回答，思路十分清晰，情节也没有遗漏，给董卓留下了很好印象。

惊慌了一夜的洛阳百官及百姓听说天子、陈留王一行平安无事，即将返回城里，于是跑到谷门外围观，谷门外的大道两边都是人，以太傅袁隗为首的百官在此迎接天子。人们没有看到天子的仪仗，看到的是穿戴着重甲的凉州铁骑，这些士兵与洛阳官民平时见到的北军和虎贲、羽林卫士不同，他们看起来更加强壮和冷血。走在凉州骑兵最前面的是威风凛凛的董卓，此人有些肥胖，显得很壮硕，在他的身后有数千甲士的帮衬，更显得傲慢不羁。董卓能掌握的嫡系人马已达数万，但没有全部带来，《后汉纪 · 孝灵皇帝纪》说“卓不受诏，选五千骑将自河津渡”，《后汉书 · 董卓传》和《英雄记》都说董卓进洛阳时“步骑不过三千”。推测起来，董卓此次带来的凉州军总数为五千人，但没有都带进城，在洛阳以外还布置了一些人马，以防洛阳生变时作为接应。袁绍也在迎接天子的人群里，看到这样的情形，他的心头会不会掠过某种不安？

天子被众人迎进南宫，何太后受伤后也在南宫养伤，朝廷的大事主要由太傅袁隗主持。袁隗出身世家，但对主持国家大事其实没有什么思想准备，他已位极三公之上，超越了同族中的前辈与同辈，足以在家族的光荣史上再续新的更耀眼的一笔，他只想在这个岗位上光荣致仕，汉室的社稷江山如何去治理并不在他的考虑之列。好在还有侄子袁绍支撑着，袁隗还不算太慌乱。袁绍好像早有主意，他请叔父当天就出面召集一次会议，邀请公卿以及目前在洛阳的所有重要人物都参加，包括董卓在内。

这次会议最重要的议题就是如何安排董卓，这是袁绍目前唯一担心的事情。如果能把董卓安抚好，比如给他一个很高的名分，让他带着自己的人马重回凉州，在那里他想怎么折腾都行，如果董卓同意这样的安排，那才算真正大功告成。

有一个人对时局的看法比袁绍更透彻，他就是刚从陈留郡募兵回来的鲍信。作为各路募兵队伍中最先抵达洛阳的一支，鲍信建议袁绍，趁董卓的人马较少之际一举将其拿下，免生后患。类似的话多年前孙坚曾跟张温讲过，但结果是一样的，袁绍的反应跟张温差不多，他也有些惧怕董卓，不敢动手。《三国志·董卓传》记载：“先是，进遣骑都尉太山鲍信所在募兵，适至，信谓绍曰：‘卓拥强兵，有异志，今不早图，将为所制。及其初至疲劳，袭之可擒也。’绍畏卓，不敢发。”在记录汉末历史的古籍中；“泰山郡”有时也写作“太山郡”。看来，一个恶人如果恶得出了名，也是一种威力。鲍信失望之下借口回去再招募些人马，重返泰山郡去了。

如果采纳了鲍信的建议，解决董卓还是有一定胜算的，凉州军再能打，毕竟在洛阳的还只有几千人，现在袁绍能掌握的人马比这个数字多出好几倍，北军五营、西园军、朝廷的禁卫部队、并州军以及陆续赶往洛阳的各路人马，大家一起动手，所谓“恶虎怕群狼”，凉州军再能打也未必是对手。袁绍深谙谋略，但胆气不足，关键时刻下不了赌上全族性命的决心，从而丧失了铲除董卓的唯一机会。

在这次会议上，袁绍试图与董卓妥协，维持一个良好的关系，先稳住这个武人，今后再找机会把他弄走，所以会议的气氛还算融洽。太傅袁隗首先建议，为庆祝天子转危为安，应大赦天下，同时改年号为昭宁。董卓同意，此议通过。这样，本年已有了三个年号，四月十三日前为中平，四月十三日至八月二十八日为光熹，之后为昭宁。如前所述，光熹、昭宁的年号在年底前被废止，史书仍称本年为中平六年。宣布改元及大赦的诏令上均需加盖天子玉玺，可找了半天，竟没有找到。《后汉纪·孝灵皇帝纪》记载：

是日，幸崇德殿，大赦天下。得六玺，失传国玺。

这枚“国玺”就是人们所说的传国玉玺，相传取材于著名的和氏璧，方圆四寸，上部是五条交汇的龙作为印纽，正面印文是八个字：“受命于天，既寿永昌。”这八个字由秦朝首任丞相李斯所书，象征受命于天。公元前207年冬，刘邦率军打到灞上，子婴跪捧着这枚玉玺献给刘邦。秦亡，传国玉玺归于刘汉。刘邦很珍视这枚玉玺，一直带在身上，后来代代相传，作为大统合法的信物。西汉末年王莽篡权，天子年幼，传国玉玺藏在长乐宫王太后那里，王莽派弟弟王舜去索要，遭王太后怒斥。王太后一气之下把玉玺扔在地上，摔破一个角，后来王莽命工匠用黄金进行了修补。王莽兵败被杀，传国玉玺辗转到了刘秀手里，又开始了世代相传。现在，这枚象征天子合法性的重要物件竟然神秘消失了，董卓赶紧派人四处去找，但翻遍了皇宫，也没有找到。

原来，张让、段珪等人劫持少帝仓皇出宫时，宫中已一片大乱，负责保管玉玺的官员情急之下把它投到了一口井中，待它重见天日已是两年之后的事了。汉朝皇帝除传国玺外还有其他六枚玺印，皆白玉制所，螭虎纽，用武都紫泥封：一是皇帝行玺，用于封国；二是皇帝之玺，用于赐诸王侯；三是皇帝信玺，用于发兵；四是天子行玺，用于召大臣；五是天子之玺，用于册封外国君主；六是天子信玺，用于祭天地鬼神。这六枚玺印倒是都在，只好用它们来暂代传国玉玺了。

忙完改元、大赦的事，袁绍提出建议，为尽快稳定洛阳城内的治安，任命前并州刺史、现武猛都尉丁原为执金吾。董卓没有意见，此议通过。下面轮到董卓提条件了，他只提出了一个要求：凉州军远道而来，鞍马劳顿，希望安排到城内休整，同时也好协助丁原维护治安。对于这样的建议，袁隗大概只能习惯性地看向袁绍，而袁绍恐怕脸上也只是一副茫然。人家只有这一个议案，能否决吗？也通过了。这样，凉州军就合法地进驻到了洛阳城内。其实，这比空头衔更实际，董卓暂时向袁氏叔侄让了步，是为了更好地进攻。洛阳城说大也不大，因为它的中间区域是大片的宫殿区，城中能驻军的地方并不多，现在一下子涌进来三千人马，这是一件格外招摇的事，对人们的心理会产生某种威慑。

在董卓看来，威慑力虽然有了，却远远不够。此时凉州军其他的主力部队还在关中，即使日夜赶路，没有十天半个月也到不了洛阳。董卓不是一个只会用强的人，他也很有头脑，鲍信能看出来的问题，董卓自然也了然于心。如果后援不能迅速到位，自己率领的这几千人马就是一支孤军，袁绍什么时候下定决心想动手，自己都跑不了。这是董卓先不与袁氏叔侄争权的原因，暂时稳住他们，赶紧派人急令后续部队快速前来。而在大队人马没有到达的这段空档期，董卓玩了一个小花招。

入夜，洛阳城陷入沉寂，几队凉州军悄悄从各个城门出了城。次日，人们看到一队队凉州军打着旗、敲着鼓进了城，凉州军对外放话，说他们的大队人马还在源源不断地来洛阳。这一招很管用，大家都认为董卓的人马要多少有多少。《后汉书·董卓传》记载：

> 初，卓之入也，步骑不过三千，自嫌兵少，恐不为远近所服，率四五日辄夜潜出军近营，明旦乃大陈旌鼓而还，以为西兵复至，洛中无知者。

董卓的心理战迅速收到了成效，何进、何苗以前的一些旧部在吴匡、张璋等人带领下归顺了董卓。袁绍不在意何进的死，甚至希望何进被消灭，但问题是何进死得太突然，让他无法有效地整合起何进留下来的所有部下。毕竟何进也有一些自己的嫡系，他们对袁绍的野心也有所警觉，在这些人看来，袁绍跟何进并不是一条心，何进死得如此蹊跷，背后有没有阴谋？很值得怀疑。正如之前提出的那个问题：何进被杀的当天是谁给宦官通风报信的呢？这个问题大概不会有答案了，但不影响人们议论它。

而且，袁绍和袁术还干了一件错事，让大家对他们更不信任。这件事之前提到过：何进被杀后，出于对车骑将军何苗的担心，袁绍和袁术鼓动何进的部下发动内讧把何苗杀了。这为袁绍试图整合何氏势力造成了决定性障碍。所以，只要董卓动动心思，就不愁没有人来投靠。

二、秘密交易

实力增强，董卓说话的口气慢慢变硬了。司空刘弘被罢免，理由是久不下雨，司空要承担责任。这个理由显然站不住脚，前一阵还在下雨，一口气下了八十多天，根本不存在久不下雨的问题。真实的理由是：有人需要这个位子。

果然，少帝随后发布诏书，任命董卓为司空。可没过几天，董卓便不想当司空了，可能是因为他听说太尉才是三公之首，于是又让少帝下诏改任他为太尉。袁隗仍任太傅，但“录尚书事”不再提了。和曹操同乡又有姻亲关系的司徒丁宫也被免职，由杨赐的儿子杨彪接任司徒一职。袁绍仍任司隶校尉，但袁术的职务有了变动，由虎贲中郎将改任后将军。中郎将低于杂号将军，直接升为“四方将军”之一的后将军，中间跨越了不少层级，但这其实是明升暗降。虎贲中郎将指挥天子的禁卫军，负责保卫皇宫，而后将军只是一个名号，在此时并没有多少实际意义，袁术掌握的禁军兵权被剥夺了。董卓还插手了西园新军的事务，曹操此前是西园八校尉中的典军校尉，现在改任骑都尉。五年前，曹操第一次从军担任的就是骑都尉，所以不算提拔，倒像是贬职，是董卓向西园新军渗透的一个步骤。

袁绍叔侄本想对董卓这个“袁氏故吏”加以安抚利用，结果你让一步他就进一步，你不断让步他就不断前进。一连串危险信号让袁隗、袁绍明白，现在的董卓已经不是多年前仰袁氏鼻息的那个人了，对于最坏的结局，必须有充分打算。

董卓在策反方面尝到了甜头，继续暗中拉拢袁绍周围的人，这让袁绍找到了对策。不久，人们发现过去围着袁绍转的一些人纷纷“改换门庭”，到了董卓身边。这些人包括郑泰、伍琼等，过去他们与袁绍关系密切，现在一转身成为董卓的幕僚。他们是如何赢得董卓信任的，细节不清楚，这是一件颇为匪夷所思的事。如果一定要解释的话，只能说他们以前隐藏得较深，虽然是袁绍的死党，但并不以之示人，以至于外界对他们与袁绍的真实关系并不是很了解。董卓初来乍到，更摸不清了。

当然，还有一个重要原因，那就是董卓现在急需人才。董卓是武人，手下也都是武夫，最缺的就是文人和谋士。董卓很清楚，事业干到了现在这个份上，已经不能只考虑打打杀杀那些事了，应该有更大的理想，需要有头脑的人来帮助自己，这大概是郑泰等人取得董卓信任的关键。除了郑泰、伍琼，周毖也深受董卓的器重。周毖在史书里也写作“周珌”，与伍琼等人关系密切，但他不是“奔走之友”。《后汉书·献帝纪》注引《东观记》记载：“周珌，豫州刺史慎之子也。”这里的周慎，就是曾随张温讨伐过边章、韩遂的荡寇将军周慎，其他事迹不详。根据史书记载，周毖是凉州人，可能因为这个原因，董卓掌权后他也受到了重用，《三国志·董卓传》说他担任尚书，《三国志·袁绍传》则说他担任的是侍中。周毖在政治观念上与伍琼等人相近，慢慢走在了一起。

这时，从实力上对董卓真正能构成威胁的只剩下一个人，那就是丁原。丁原被任命为执金吾，已经走马上任，负责洛阳城的安全保卫工作。并州军至少已有三支人马到了洛阳，分别由张杨、张辽和丁原本人率领。从整体实力上看，这是唯一能与董卓一较高下的力量。要想在洛阳站稳脚，就必须解决并州军，董卓很清楚这一点。

谈到东汉都城洛阳的守卫，经常会提到虎贲、羽林、北军、卫尉、执金吾、城门校尉等，他们似乎都担负着保卫洛阳城的任务，很容易将其搞混。其实，他们的职责是有严格区分的，洛阳城内外的防卫采取的是“分段负责制”，各区段分别由不同的部门负责，不得越雷池半步：省内是天子和后宫妃嫔居住的地方，守卫工作由宦官负责；省外宫内由光禄勋和卫尉负责，其中统领虎贲、羽林和一些郎官的光禄勋负责宫殿值守，卫尉负责宫城内的巡逻及宫门守卫；皇宫以外、城墙以内由执金吾负责；城墙、城门守卫由城门校尉负责；城外主要由

部分	守卫范围	人数
宦官	省内	300～1500
光禄勋	殿中侍卫	2500～3500
卫尉	宫城宿卫	3000～5000
执金吾	宫外城内	750
城门校尉	城墙城门	2000
北军五营	城外	4000

图8　东汉洛阳城防守护卫分工情况

北军五营负责。以上各部互不隶属，以达到充分制衡的目的。在这个体系中，执金吾负责洛阳城内、皇宫以外各处的巡察，地位确实很重要。

以上人数，是正常情况下的大约数字。经过一场大乱，原有的防卫体系已遭破坏，各部门都存在缺员的情况，正因为如此，董卓的凉州军、丁原的并州军才有理由开进城内。时间仓促，没建立起明确的分工，一切还处在混乱状态。丁原带领的人马也进了城，担负起维护治安、安抚民心的工作，这是执金吾职责之所在。

为对付并州军，董卓开始了谋划。董卓没有硬拼，而是希望从内部瓦解并州军。董卓分析了丁原的几个主要手下，发现吕布是一个突破口。史书没有记载吕布出生于哪一年，根据史料来推测，吕布的年龄应介于刘备与曹操之间，此时三十岁左右。丁原就任执金吾后，吕布负责维护洛阳的治安和警备任务。董卓发现，吕布与丁原表面关系融洽，其实并不是一条心，于是暗中对吕布实施了策反。经过努力，居然成功，吕布不仅倒向董卓，而且杀了丁原。这是影响汉末政治格局的一件大事，是董卓来到洛阳后最为得意的一笔。关于这件事的来龙去脉，史书是这样记载的：

寻而何进及弟苗先所领部曲皆归于卓，卓又使吕布杀执金吾丁原而并其众，卓兵士大盛。(《后汉书·董卓传》)

卓又使吕布杀执金吾丁原，并其众，故京都兵权唯在卓。(《三国志·董卓传》)

会进败，董卓诱布杀原而并其兵。卓以布为骑都尉，誓为父子，甚爱信之。(《后汉书·吕布传》)

进败，董卓入京都，将为乱，欲杀原，并其兵众。卓以布见信于原，诱布令杀原。布斩原首诣卓，卓以布为骑都尉，甚爱信之，誓为父子。(《三国志·吕布传》)

这些记载交代了事情的前因后果，但关键之处却没有涉及。丁原对吕布十分器重和优待，吕布为什么对丁原实施反杀？董卓凭什么说动吕布？董卓给吕布承诺了什么条件？这些问题已经无解，只能进行分析。推测起来，董卓无外乎利用了吕布与丁原的分歧，外加给了吕布无法拒绝的诱惑。

从分歧方面说，表面上看丁原和吕布关系很好，丁原对吕布“大见亲待”，但这也许只是表象，丁、吕二人的关系也许不像人们看到的那么好，在史书中更没有二人是义父、义子关系的记载。吕布是一员武将，当时已有“飞将”的名声，在追随丁原前已经成名。不过，吕布是武人，并非主簿的合适人选，而丁原却让吕布担任主簿，其中有没有以此夺取兵权的考虑呢？还有，丁原命吕布扮成黑山军杀人放火，吕布对这样的事恐怕也是抵触的，这种缺德挨骂的事没有多少人想干，弄不好还要背黑锅，给自己惹来麻烦。

当然，只有这些还不足以让吕布杀了上司去投敌。董卓策反吕布，一定给他开出了充满诱惑的条件，有人认为是因为一匹名叫赤兔的马。赤兔马确实见诸史书，不过它第一次出现在史书里，还是多年以后的事，现在有没有这匹马是个很大的疑问。即使有，要办成这么大的事，一匹马显然分量太轻了。吕布杀了丁原，事后被提拔为骑都尉，不久又升任中郎将，封都亭侯，这大概算董卓事先开出的条件吧。但是，杀害顶头上司反水，这种事情不仅冒险而且必然会留下骂名，升官、封侯只能算这桩交易的条件之一，似乎还构不成绝对的诱惑。

那么，董卓究竟给了吕布什么东西，成为无法拒绝的诱惑呢？这是一个十分关键又容易被忽略的情节，《后汉书》和《三国志》都提到了："誓为父子。"吕布反水后，董卓很喜欢他，不仅收吕布为义子，而且为此还专门立了誓约。史书提到董卓有孙子、孙女，但从来没有提过他的儿子，只说他有一个女婿叫牛辅。推测起来有两种可能：一是曾有过儿子，但不知什么原因死得早；二是没有儿子，史书提到的孙女、孙子或许是外孙女和外孙子。总之，目前董卓身边没有儿子，否则董卓一定会大加栽植，在凉州军中的地位至少超过女婿牛辅，而史书也肯定会提一下。

如此一来，董卓死后继承权就成为问题。不管董卓的职位和爵位有多高，单就凉州军来说，也需要有人继续统率。按常理，董卓可以从董氏家族中选一个人立为后嗣，也可以把女婿牛辅确定为事业的继承人，甚至在手下将领里指定一位来领导凉州军。但是，当董卓收吕布为义子并向众人公开宣告后，上述可能性便都不存在了，因为董卓把继承权给了吕布。

汉代注重法律上的继承关系，袁绍过继给叔父，叔父的爵位、家产等就将由他来继承，这种法律关系是谁都不能剥夺的。董卓为保证瓦解并州军的成功，不惜指定吕布为自己的继承人，为了取得吕布的信任，还举行了盟誓。这是一件很郑重的事，董卓至死都未曾反悔过，而吕布也对这种关系深信不疑。《三国志·吕布传》记载，多年后又有人找到吕布，策反他去杀董卓，吕布为难地表示“奈如父子何”。

并州军将领不仅有吕布，还有张杨和张辽。丁原被杀，吕布反水，张杨见势不妙，赶紧思考对策。张杨当时驻扎的地方大概离洛阳稍远一些，所以有机会退到了黄河以北的河内郡，后来便在那一带独立发展，成为一支重要的割据势力。张辽所部可能就在洛阳附近，所以没走得了，他在洛阳无依无靠，只得也投靠了董卓。《三国志·张辽传》记载：“进败，以兵属董卓。”张辽这时直属于董卓，还不是吕布的部下。张辽几年后才升为都尉，想必刚投靠董卓时的地位还要更低些，他奉何进之命去河北募得一千多人，大致是一名司马手下的人数，此时可能担任司马或别部司马什么的，军职与中郎将吕布有着较大差距。

三、争取人心

董卓短时间内收服了何进、何苗的旧部，策反了吕布，把并州军收为己用，一时间势力大增。这时，从右扶风郡赶来的后续部队也到了，先期抵达的有两万人之多，兵力不足的危机解除，董卓立即显露出蛮横的一面，朝廷中的许多事情不再跟袁绍叔侄商量。至此，董卓完全控制住了洛阳，也控制住了天子与朝廷。

对于这样的结果，想必很多人不能接受，但这就是现状。在不少人眼中董卓只是一名武夫，既谈不上名望，实力也并非不可撼动，却能乱中取胜，用很短的时间就攀上权力的顶峰，确实让人不解，也心有不甘。关于汉灵帝死后的政局，明末清初学者王夫之有一个“七败之形势”的分析，认为当时的形势概括而言就是一盘散沙，难以形成合力，用这一点解释董卓成功的原因倒十分恰当。王夫之在《读通鉴论》中指出：

进以外戚攻宦官，人惩窦氏之祸，无为倾心，一也；进之所恃者何后，举动待后而后敢行，以妇人而敌宦官，智计不及，而多为之蛊，二也；袁隗身为大臣，而疲庸尸位，无能以社稷自任，三也；郑泰、卢植初起于田间，任浅望轻，弗能为益，杨彪、黄琬，无以大殊于袁隗，四也；袁绍兄弟，包藏祸心，乘时构乱，而无戮力王室之诚，五也；曹操识之明、持之定，而志怀叵测，听王室之乱，居静以待动，视何进之迷，而但以一笑当之，六也；皇甫嵩、盖勋顾名义而不欲狂逞，进躁迫而不倚以为腹心，七也。

王夫之认为：何进以外戚的身份去攻击宦官，人们汲取了窦武失败的教训，不敢倾心相助，这是败因之一；何进所依靠的人是何太后，任何行动都要待何太后指示后才敢行动，这样一来就形成了一个妇人应对整个宦官集团的局面，而何太后才智、计谋明显不足，最终连累了何进，这是败因之二；袁隗虽然是国家重臣，但尸位素餐，不能以江山社稷为己任，这是败因之三；郑泰、卢植出身低微，资历浅薄，名望不足，所以无济于事，杨彪、黄琬虽然地位高、责任重，但他们与袁隗并无二致，这是败因之四；袁绍、袁术兄弟二人包藏祸心，想趁机作乱，没有竭尽心智来维护汉室，这是败因之五；曹操虽然有远见，但他只愿意静观，看到何进的愚蠢也只是一笑了之，这是败因之六；皇甫嵩、盖勋顾及个人名誉，不想挺身而出，何进也不把他们当作心腹，这是败因之七。王夫之认为，由于以上这些原因，所以想既灭掉宦官又不影响国家社稷安危是难以办到的。

直到这时，袁绍才看清楚一向被自己视为武夫的董卓其实很高明。在草原上奔驰，在戈壁间求生存，让这个人更明白生存的哲学，在斗争方式上，这个人更稳也更精准，该出手时毫不犹豫。

袁绍明白了，在洛阳他是斗不过这个人的。经过与许攸、逢纪等核心智囊商议，袁绍决定保存有生力量，积极向外部发展，扩充实力，寻找机会再与董卓争高下。在袁绍安排下，王匡、桥瑁等人秘密离开了洛阳，到东面的冀州、兖州一带寻求发展，加上此前离开的鲍信，袁绍在洛阳以东的外围地带布下了几颗棋子。袁绍在董卓身边安排的人也发挥了作用，伍琼以及周毖都告诉董卓，要想稳定局面，一味打打杀杀不行，必须重用一批党人和名士，革新政治，树立良好形象，这样才能稳固权力。

这与董卓的想法相吻合。人是杀不完的，说到底还是要过太平日子，他也想当一名中兴名臣，成为一个政治家。所以，对伍琼、周毖等人的建议，董卓全部采纳，董卓让他们开出一份名单来，他一一任用。伍琼等人马上拿出了一份名单，上面有荀爽、陈纪、韩融、蔡邕、申屠蟠等人的名字。董卓说话算话，全部安排了职务。这些人大多数是何进当年重用的名士，他们从本质上说都是士人，内心里更倾向于“四世三公”的袁氏，对董卓这样的武人未必认同，把他们推荐出来担任较高的职务，对袁氏是有利的。

议郎蔡邕此时不在洛阳，大概他已趁乱逃回了故乡。《后汉书·蔡邕传》记载，蔡邕在外面流浪多年，四处逃亡，躲避追杀，已心灰意冷，不想再涉足政治了，于是以有病为由推辞。董卓大怒，扬言“我力能族人”。要么出来应征，要么灭你全族。董卓还命蔡邕故乡陈留郡的地方官员上门去请，督促蔡邕成行。蔡邕恐惧，只得来洛阳报到。董卓转而大喜，他听说蔡邕学问好、名气大，于是格外笼络，任命蔡邕为太学祭酒。不久，又升任侍御史，过了一天再升任治书御史，又过了一天升任尚书。蔡邕刚要去尚书台报到，有人告诉他不用去了，因为朝廷当天又下了诏书，升他为侍中。尚书寺、御史寺、侍中寺都是朝廷的中枢机构，合称“三台”，蔡邕仅用了三天时间就“游历”了三台。《后汉书·蔡邕传》记载：“切敕州郡举邕诣府，邕不得已，到，署祭酒，甚见敬重。举高第，补侍御史，又转持书御史，迁尚书。三日之间，周历三台。迁巴郡太守，复留为侍中。”

蔡邕是当时最知名的学者之一，之前曾与宦官集团作过坚决斗争，是一个有原则也不怕死的人，由此享有很高声誉。应董卓之命复出是蔡邕一生的转折点，由此受到诟病，为后来悲剧的结局埋下了伏笔。论者多为蔡邕惋惜，也强调他的“不得已”。然而，蔡邕如果坚决不再出仕，董卓会不会灭其全族呢？这存在疑问。明末清初学者王夫之在《读通鉴论》中称董卓此言为“粗犷不择、一时罴发之词”，并不足为惧，因为董卓曾扬言杀很多人，有的还是当面恫吓，然而事后多没有如此。王夫之认为，蔡邕对董卓的个性还缺乏了解，被他的流氓习性吓住了。

王夫之所言有一定道理。董卓在征召蔡邕等人的同时，也两次征召名士申屠蟠，申屠蟠均不予理睬。有人劝申屠蟠不要惹恼董卓而为自己带来杀身之祸，但申屠蟠仅笑笑而已。后来，包括蔡邕在内应召而去的人多遇兵燹，家室流散，而申屠蟠隐居治学，始终保全高志，74岁时病逝于家中。《后汉书·申屠蟠传》记载：

中平五年，复与爽、玄及颍川韩融、陈纪等十四人并博士征，不至。明年，董卓废立，蟠及爽、融、纪等复俱公车征，惟蟠不到。众人咸劝之，蟠笑而不应。居无几，爽等为卓所胁迫，西都长安，京师扰乱。及大驾西迁，公卿多遇兵饥，室家流散，融等仅以身脱。唯蟠处乱末，终全高志。年七十四，终于家。

被董卓征召的还有荀爽。荀攸的叔父是荀彧，荀彧的叔父就是荀爽。荀爽那时还在老家颍川郡，突然接到了诏书，任命自己为青州刺史部平原国相。荀爽很纳闷，自己只是一名普通百姓，怎么会直接被任命到千里之外的平原国做国相呢？但诏令写得很明确，不接受就是抗命，荀爽只能动身。刚出发就被人追上，让他掉头去洛阳，因为第二道诏令下达，他被改任为九卿之一的光禄勋。总算到了洛阳，就任光禄勋仅三天，荀爽再次接到职务晋升的诏命，改任三公之一的司空。

由一介布衣成为三公，有人会用一辈子时间，更多的人一辈子也完不成，而荀爽前后未用百日。张璠《后汉纪》说“爽起自布衣，九十五日而至三公”，《资治通鉴》作“九十三日”，《荀氏谱》也说“九十三日”，《荀氏家传》称“世人号为白衣登三公”。荀爽到任，仍保持布衣之风，生活俭朴，谨慎克制。张璠《后汉纪》记载：“荀爽为三公，食不过一肉、脱粟饭，坐皮褥。”

为进一步争取士人的支持，董卓突然提出为已故党人陈蕃、外戚窦武平反。陈蕃、窦武死于宦官之手，这件事已经过去二十一年了，董卓旧事重提，而且极其夸张，以太尉的身份，约上司徒黄琬、司空荀爽二人，身上套着刑具，跪到宫门外上书，要求给陈蕃、窦武平反。上书的对象是十四岁的少年天子，陈蕃、窦武被杀时还没有出生。如果真要为陈、窦二人平反，董卓一句话即可，把声势搞得这么大，其实是想让天下人知道董卓是士人可靠的朋友。对此，有人相信了，有人却在冷笑，有人不以为然。

董卓做这些事，有很多是伍琼、周毖出的主意。伍琼等人其实只是虚晃一下，他们的目的是取得董卓的信任，让董卓觉得他们是真为自己着想。这个目的达到后，伍琼等人亮出了真正的意图，他们给董卓递上了第二份名单。这份名单上有韩馥、刘岱、孔伷、张邈、张咨、张超等人。对于这些人，董卓都不大认识，全凭伍琼、周毖等人介绍。伍琼等说这些都是老实人，都深得名望，如果能任用这些人当地方官，地方上的局面很快就能稳定下来。

这份名单上的人，张邈已经提到过，其他人的大致情况是：刘岱字公山，东莱郡人，汉室宗亲，此时任侍中，其伯父刘宠曾任太尉，父亲刘舆曾任山阳郡太守，有个弟弟名叫刘繇，也是汉末风云人物；韩馥字文节，颍川郡人，任御史中丞，他的仕途进步与袁氏密不可分，因为他也是“袁氏故吏”中的一员；孔伷字公绪，陈留郡人，最初为名士符融所举荐，在陈留郡太守冯岱手下任上计吏，能言善辩，有一定活动能量，也有一些名气；张咨的情况知道得很少；张超是张邈的弟弟。以上这些人有一个共同之处：他们都是袁绍的死党。

董卓不了解底细，稀里糊涂地把他们全部任命了：韩馥为冀州牧，刘岱为兖州刺史，孔伷为豫州刺史，张邈为豫州刺史部陈留郡太守，张咨为豫州刺史部南阳郡太守，张超为徐州刺史部广陵郡太守。接到任命，袁绍估计会赶紧私下里跟这些人分别谈话，交代下一步行动方略，然后这些人一刻不停地离开洛阳上任去了。这个任命是经过精心策划的，不仅人员有讲究，去的地方也很有讲究，冀州、兖州、豫州以及陈留郡、南阳郡、广陵郡，自北向南呈一个弧状，在洛阳以东、以南地区构成了一个完美的“C形包围圈”。这是给董卓预备的，可惜董卓看不出来。

韩馥等人赴任后，袁绍在洛阳的嫡系只剩下许攸、逢纪、袁术、曹操等少数几个人。曹操改任骑都尉后军权被剥夺，成了一个闲人。史书上虽然没有曹操向董卓献七星刀的记载，但曹操也在想办法接近董卓，动机与周毖等人相似。曹操的努力取得一定成效，董卓对曹操有了好感，提拔他担任骁骑校尉，还准备进一步加以重用。《三国志·武帝纪》记载：“卓表太祖为骁骑校尉，欲与计事。”

四、陷入废立迷思

正当袁绍琢磨着如何跟董卓摊牌时，董卓先出手了。董卓突然提出废掉少帝刘辩，改立陈留王刘协为皇帝。其实，董卓一来到洛阳就有了这样的想法。对此，有人认为董卓之所以产生这样的念头，是因为陈留王刘协以机智、镇定和回答问题大方得体给董卓留下了很好的印象，而刘辩在董卓眼里懦弱不堪，不足以承担天子的大任。

但这失于表象，而且逻辑上不通。对于董卓这样的人而言，拥戴一个智慧、贤明的君主还是拥戴一个懦弱、愚钝的君主哪个更有利，回答肯定是后者。那么，董卓废立的真实动机是什么呢？还有一个解释是年龄，因为少帝十四岁，陈留王九岁，拥戴更小一点的做傀儡，更便于掌握。天子年幼，朝政由大臣或太后辅理，一旦天子成年，必将亲政，这是不得不考虑的现实问题，而陈留王亲政的时间相比晚几年。

但是，这仍然不是最根本的原因，董卓行废立之事的根本原因在于，他要彻底肃清何进遗留下来的全部势力。少帝刘辩是何进的外甥，何进虽然死了，但忠于何进的人把希望寄托在这个十四岁的天子身上。董卓支持刘协，刘协的背后是汉灵帝刘宏和董太后。董卓跟董太后“续过家谱”，如果刘协当皇帝，他就跟皇帝有了更亲近的关系。

董卓的想法可以理解，但他犯了一个错误，那就是时机不对。何进已经死了，董卓的当务之急是对付袁绍。董卓应该继续通过分化瓦解的办法，对袁绍的同盟各个击破。等袁绍没有了活动能力，其他事情都好解决，拉拢党人也罢，废立皇帝也罢，尽在掌握之中。但董卓选错了顺序，在没有解决袁绍和他的同盟之前就把废立的事情提了出来，这是一个战略性失误。董卓身边活跃着伍琼等一批新收纳的谋士，这些人不会在这个问题上向他提出正确的建议，说不定还会给他支一些损招，鼓动他把错误越犯越大。

董卓的想法一抛出就遭到袁绍的强烈反对，废掉刘辩、另立刘协，对袁绍而言是不能接受的事。作为何进政治遗产的继承人，袁绍深知周围一部分人之所以仍坚定地支持自己，很大程度上缘于何进，如果在这个问题上自己站在了董卓一边，这些人会从支持转为反对。对袁绍来说，这是一个政治问题，也是一个立场问题，更是一个要命的问题，因而不能有丝毫妥协。

这个问题纠缠着袁绍，不仅现在，一直到未来它都像幽灵一样伴随着袁绍。袁绍反对立刘协为皇帝，但刘协最后成为天下公认的皇帝。后来刘协落难，袁绍发展成为天下最强的势力集团，在要不要迎请刘协的问题上，尽管他比别人的机会和条件都好，但他一直犹豫不决，因为他不愿意承认刘协的合法身份。刘协后来被曹操迎去，袁绍承认也罢，不承认也罢，都无法改变事实，于是袁绍改变了初衷，承认刘协的合法地位，接受刘协的任命，但也使自己的阵营产生了思想上的混乱。

现在，面对董卓的挑战，袁绍必须表明自己的态度，尽管反对无效，他也要坚决反对。矛盾在一次会议上爆发，此前，尽管斗争很激烈，但在公开场合袁绍和董卓都还保持着和气，没有撕破脸。但当董卓提出废立之事时，袁绍只得针锋相对，二人互不相让。

董卓先说了自己的想法和理由：皇帝昏暗，非万乘之主，陈留王比他强，所以我想改立陈留王为帝，一个人小的时候有些智慧，但长大了也许会变成白痴，不知道将来怎么样，现在暂且如此。董卓妄言废立，口气狂妄。袁绍当场予以反击：汉家君临天下四百多年，恩泽深厚，赢得亿万百姓拥戴，当今天子虽然年幼，但也没有做出什么不好的事让天下人议论，你想废长立幼，恐怕天下人不答应吧！董卓一听，大怒：小子，天下的事现在都由我说了算，我想干，谁敢反对？你认为董某的刀不够锋利吗？一旁的人吓傻了，因为董卓这个人说杀谁就杀谁，不分场合。可袁绍一点都不怕，他拔出佩刀，怒吼道：天下有胆气的，难道只有你姓董的？袁绍横着刀，向周围的人作了一个半圆的揖，之后扬长而去。

以上这件事在《后汉书》《三国志》等书中均有记载，而以《三国志·袁绍传》裴松之注引《献帝春秋》记载得最为详尽和精彩：

卓欲废帝，谓绍曰："皇帝冲暗，非万乘之主。陈留王犹胜，今欲立之。人有少智，大或痴，亦知复何如，为当且尔；卿不见灵帝乎？念此令人愤毒！"绍曰："汉家君天下四百许年，恩泽深渥，兆民戴之来久。今帝虽幼冲，未有不善宣闻天下，公欲废嫡立庶，恐众不从公议也。"卓谓绍曰："竖子！天下事岂不决我？我今为之，谁敢不从？尔谓董卓刀为不利乎！"绍曰："天下健者，岂唯董公？"引佩刀横揖而出。

不过，裴松之认为上面这段描写不实：

绍于时与卓未构嫌隙，故卓与之谘谋。若但以言议不同，便骂为竖子，而有推刃之心，及绍复答，屈强为甚，卓又安能容忍而不加害乎？且如绍此言，进非亮正，退违诡逊，而显其竞爽之旨，以触哮阚之锋，有志功业者，理岂然哉！此语，妄之甚矣。

裴松之认为，袁绍当时还没有与董卓发生过激烈摩擦，所以董卓才跟他商量，假如因为意见不同便骂对方为“竖子”，就有斩杀之心的话，那董卓也太缺乏理智了，而袁绍的答复也十分强硬，董卓怎能容忍他？袁绍这样说，一方面并不表明自己在政治上多么正确，另一方面也不够聪明，只是为了表现自己的豪爽，凡有志于事业的人都不会这样。裴松之认为《献帝春秋》的这段记载有些荒唐，并不客观。《献帝春秋》原本共十卷，今仅剩一卷，记述汉献帝时期的事，一般认为是孙吴袁晔所撰。袁晔曾同张纮等人一同渡江定居于江东，书中所写的确有许多是道听途说之言，这段描写可能有虚构的地方。

不过，抛开细节不谈，单就袁绍所面临的局面来说，的确被逼到了墙角，他已经没有任何退路，如果妥协于董卓，情况会更糟糕。至于董卓为何不敢立即加害袁绍，《后汉书·袁绍传》注引《英雄记》作了解释：“卓新至，见绍大家，故不敢害。”可见董卓这样的独夫也有胆怯的时候，如果董卓内心足够强大，来个不管不顾，把袁绍先抓起来，之后将袁氏势力一网打尽，情况也许会不一样。董卓没有预料到后面发生的事情，他还想慢慢来，他不相信自己斗不过袁绍。

这次争吵应该不是发生在朝堂上，因为在那个地方董卓和袁绍都不可能带剑带刀。这件事发生的地点可能是董卓的府宅，所以袁绍跟董卓当面闹翻更需要勇气。《三国志·袁绍传》称袁绍“有姿貌威容”，于是有人把袁绍称为“漂亮的草包”，其实袁绍一点都不缺少英雄气概。同时，袁绍这种扬长而去的行为也并非完全出于一时意气，因为他有这样的特权。李贤等注《后汉书》引蔡质《汉仪》记载，司隶校尉“每会，后到先去”。袁绍时任司隶校尉，先行离场符合官场礼仪。

袁绍从董卓那里出来，立即叫上逢纪、许攸、陈琳、袁术、曹操等人密会，经过一番商议，他们决定马上逃出洛阳。此前已经有了预案，袁绍本人往北逃，去找冀州牧韩馥；曹操往东，找陈留郡太守张邈；袁术往南，去找南阳郡太守张咨；逢纪、陈琳等人跟随袁绍行动。逃到目的地后迅速组织力量，共同起事，讨伐董卓。

袁绍、曹操、袁术等人随后逃出了洛阳，其中的细节史书没有作太多交代，只说袁绍出逃时一点都不狼狈，身边也有不少人保驾，很从容地出了洛阳的上东门，出城门时还不忘把朝廷颁发给司隶校尉的印信挂在城门上。袁绍之所以如此从容，一来因为董卓还在那边生闷气，没有反应过来；二来因为袁绍等人在洛阳有相当大的影响力，他是司隶校尉，直接管着河南尹，袁绍的支持者王允是河南尹，直接管着洛阳县，袁术是后将军，曹操是骁骑校尉，在朝廷还没有发布缉拿他们的命令之前，他们的活动是自由的。

五、奉常亭外“白衣会”

消息很快报告到董卓那里，董卓暴跳如雷，立即以天子的名义下诏书到各州郡，通缉这些人。不过，袁绍等离开了洛阳，董卓倒是轻松了，这样一来朝廷里更是自己说了算，再也没人敢跟自己对着干了。

可是董卓错了，因为总会有人不怕死。这一天，董卓召集公卿百官，粗暴地宣布说当今皇帝暗弱，没有能力领导这个国家，自己想效法伊尹、霍光，立陈留王为帝。公卿百官听后无不震恐，但都不敢说话。董卓见大家不表态，于是恐吓道，从前霍光决定大计，田延年持剑待发，谁敢反对？有敢阻拦大政的都军法从事！众人闻听，更感震怖。《后汉书·董卓传》记载：

因集议废立。百僚大会，卓乃奋首而言曰：“大者天地，其次君臣，所以为政。皇帝暗弱，不可以奉宗庙，为天下主。今欲依伊尹、霍光故事，更立陈留王，何如？”公卿以下莫敢对。卓又抗言曰：“昔霍光定策，延年案剑。有敢沮大议，皆以军法从之。”坐者震动。

田延年是霍光的亲信，在地方上政绩突出，升任大司农，主管全国财政。汉昭帝去世后没有太子，霍光等大臣拥立昌邑王刘贺为皇帝，但刘贺品行不佳，霍光非常后悔，想废掉他另立新帝，却拿不定主意，把田延年找来商量，田延年坚决支持霍光的想法。霍光有顾虑，不知道历史上有没有类似的先例。田延年说伊尹是商朝的宰相，曾经废掉了商王太甲，保全了宗庙社稷，后世都称赞伊尹是忠臣，您现在如果能这么做，便是汉朝的伊尹。霍光于是将百官召集至未央宫商议此事。霍光说出想法，大臣们吓得面面相觑，不敢说话。田延年心中有数，大步出列，手按剑柄，冲着霍光厉声道：孝武皇帝驾崩前把孤儿和天下托付给将军，现在社稷将倾，汉家宗庙将绝，将军死后有何面目见先帝？今天的事不能再拖，有不支持此议的，请让我用剑斩了他！田延年慷慨陈词，表面是指责霍光，其实是支持霍光，同时恫吓群臣。大臣们见势不妙，纷纷表态支持。霍光于是顺利地废掉昌邑王，另立汉宣帝，田延年因为拥立有功被封为阳成侯。为了今天废立之事，董卓看来是经过精心准备的，把霍光、田延年的故事都搬了出来。

不过，仍有人大声提出了抗议。尚书卢植愤而道，从前太甲身处王位但昏庸不明，伊尹才把他禁闭在桐宫，昌邑王刘贺登上帝位27天却犯下一千多条罪过，霍光这才把他废了，当今天子年纪虽小却没有过失，不能援引前代故事。董卓大怒，命人撤去卢植的座席，意思是要诛杀他。百官中蔡邕跟卢植关系最好，蔡邕受宦官迫害流放朔方郡，卢植曾上书为他申冤。蔡邕现在是董卓器重的人，担任侍中，看到卢植有危险，赶紧上前求情。议郎彭伯也出来劝董卓，说卢植是海内大儒，人之所望，现在杀了他恐怕会引起天下恐慌。董卓这才住手，只当场宣布把卢植撤职。《后汉书·卢植传》记载：

植素善蔡邕，邕前徙朔方，植独上书请之。邕时见亲于卓，故往请植事。又议郎彭伯谏卓曰："卢尚书海内大儒，人之望也。今先害之，天下震怖。"卓乃止，但免植官而已。

卢植感到再待在洛阳会很危险，不久后便以年老多病为由请求回乡。得到批准后，卢植赶紧离开洛阳，他担心路上被截杀，所以不敢走大路，改由小路自轩辕关出关向东。董卓果然派人追杀卢植，一直追到黄河边上的怀县也没能追上。卢植回到家乡涿郡后隐居在上谷，专心读书做学问，不跟外界来往。袁绍后来曾请卢植担任自己的军师。卢植于初平三年（192）去世，临终前让儿子挖土穴薄葬，不用棺木，仅留贴身单衣而已。

由于卢植当众顶撞，这次议事活动不欢而散。董卓心绪难平，认为自己立的威还不够。几天后，董卓邀请众臣聚会，地点不是在朝堂，而是他的太尉府。众人以为又是商议废立的事，所以来的时候都心事重重，但又不敢不来。众人到后，发现已摆上丰盛的酒宴，看样子是请大家吃饭。果然，气氛很好，宴会上董卓跟大伙有说有笑，完全忘了之前的不愉快。

正当人们悬着的心慢慢放下时，发生了意外。有个名叫扰龙宗的侍御史想跟董卓说什么事，刚走近董卓，还没等开口，董卓突然从旁边抄起一柄锤子朝扰龙宗脑袋上打去，扰龙宗顿时脑浆迸裂。所有人都吓得目瞪口呆，董卓却跟没事人一样，用靴子底蹭蹭锤子上的血水和脑浆，说此人到了我跟前还佩着剑，肯定要刺杀我。说完，董卓让大家继续吃，又跟大家频频把盏，像没发生过什么似的。《三国志·董卓传》裴松之注引《英雄记》记载：

卓欲震威，侍御史扰龙宗诣卓白事，不解剑，立挝杀之，京师震动。

每有朝会或其他重要活动，侍御史、尚书郎往往负责会议纪律，看看有没有人迟到、谁的坐姿不端等，扰龙宗就是负责这项工作的，他接近董卓，确实有事要说。董卓不管，正好拿他进一步树威。那一刻，想必很多人虽然也在吃也在笑，但脸上的肌肉一定是僵硬的，手在抖，腿在颤。

类似宴会上当众杀人这种事情，对董卓来说并不算什么。还有一次，宴会中途董卓突然宣布要表演一个节目，在众人还没明白过来是怎么回事的时候，几个被绑着的人被带了上来。董卓说这是刚抓到的罪犯，今天要当众惩戒。在董卓的命令下，当场对这几个囚徒进行剥皮、挖眼、抽筋等刑罚，凡能想到的残酷手段全都用上一遍。几位大臣实在没忍住，当场就吐了。董卓仍然跟没事人一样，该吃吃，该喝喝。《三国志·董卓传》记载："卓性残忍不仁，遂以严刑胁众，睚眦之隙必报，人不自保。"

对于在废立之事上仍坚持己见的大臣，董卓分别予以打击。袁术改任后将军后，孔融接替了他的虎贲中郎将一职，孔融对董卓执意废立很有意见，多次当面规劝，董卓很不高兴，鉴于孔融有孔子后人的身份，是名士，所以没有直接迫害，而是将其孔融改任为议郎，由要职改任为闲职，算是警告。孔融并不理会这样的警告，仍继续规劝。这时东方几个州郡黄巾军余部又起，其中青州刺史部北海国的情况最严重，董卓暗中授意有关部门，让他们推荐孔融担任北海国相。孔融名气虽大，却只是一名书生和文臣，从来没有带过兵，董卓试图借黄巾军余部之手将孔融除掉。

中平六年九月二十八日，董卓让人通知在洛阳的品秩六百石以上的文武官员到崇明殿集合，特意让人把何太后也叫来，当着何太后和少帝刘辩的面再次提出废立之事。董卓说，何太后逼迫永乐太后，让永乐太后在忧惧中死去，违背了婆媳间的礼教，是不孝的表现；天子年幼软弱，无法承担天子的重任。董卓还说，过去伊尹废太甲，霍光废昌邑王，都在典籍上写着，大家也都认为是对的，现在何太后就是太甲，皇上就是昌邑王，只有陈留王既仁又孝，应继皇帝位。

众人听完，鸦雀无声。董卓专门问了问袁隗：太傅以为如何？袁绍跑了，袁隗知道袁氏大祸已临头，只能活一天是一天了，于是答道：悉听尊驾之意。董卓回过头来问何太后：太后以为如何？何太后之前从皇宫的复道上摔下来，受了伤，现在还没有完全好，她无比后悔，当初要不是自己固执己见，同意将宦官一网打尽，也就没有外兵入京，没有董卓什么事了，现在说什么都晚了。何太后颤巍巍地说：您看着办吧。《三国志·董卓传》裴松之注引《献帝起居注》记载，董卓命令尚书当场撰写策书并宣读，策书写道：

孝灵皇帝不究高宗眉寿之祚，早弃臣子。皇帝承绍，海内侧望，而帝天姿轻佻，威仪不恪，在丧慢惰，衰如故焉；凶德既彰，淫秽发闻，损辱神器，忝污宗庙。皇太后教无母仪，统政荒乱。永乐太后暴崩，众论惑焉。三纲之道，天地之纪，而乃有阙，罪之大者。陈留王协，圣德伟茂，规矩邈然，丰下兑上，有尧图之表；居丧哀戚，言不及邪，岐嶷之性，有周成之懿。休声美称，天下所闻，宜承洪业，为万世统，可以承宗庙。废皇帝为弘农王。皇太后还政。

这份策书说，少帝天姿轻佻，威仪不端，服丧期间怠慢懒惰，不肯穿丧服，其恶劣品行已传播四处，淫秽行为也已众人所周知，有污宗庙；皇太后缺乏母仪，统政以来陷于荒乱，永乐太后暴崩，大家议论纷纷，认为皇太后违背天地之纪，罪恶深重；陈留王刘协具有圣贤品德，才识卓越，遵守宫里的规矩，谦虚谨慎，深得上下拥戴，具有尧一样的品行，服丧期间悲伤痛苦，不说不合适的话，美好名声天下人皆知，所以应该继承大统。策书最后说，陈留王继位后，现任皇帝降为弘农王，皇太后还政。

策书宣读完毕，现场仍鸦雀无声。刚刚被罢免了三公之位的丁宫现降职为尚书，这套仪式是尚书的职责，见大家都不作声，丁宫宣布："天祸汉室，丧乱弘多。昔祭仲废忽立突，春秋大其权。今大臣量宜为社稷计，诚合天人，请称万岁。"袁隗上前，把刘辩身上挂着的皇帝印玺摘下来交给刘协，之后流着泪搀扶刘辩下殿。刘协坐上皇帝宝座，何太后、弘农王以及众百官跪倒称“万岁”。何太后大哭，朝臣中也有不少人哭了出来，董卓不悦。刘协即汉献帝，登基后改年号为永汉，大赦天下。永汉是本年第四个年号，但在这一年年底，除中平以外的三个年号均被废止，仍恢复使用中平。《后汉书·献帝纪》记载：

诏除光熹、昭宁、永汉三号，还复中平六年。

这件事情刚办完，董卓就动手清算何太后，把她迁出永安宫。两天后，董卓派人送上毒酒，将其毒杀。何太后是汉灵帝的皇后、现任皇太后，她的葬礼属大丧，有一套繁复的仪式，董卓虽然没有宣布何太后为叛逆，也同意把她和汉灵帝一块安葬在文昭陵，但治丧活动不允许按规矩来。董卓让汉献帝、弘农王带着公卿到奉常亭举哀，这个亭子在洛阳城内，具体位置不详。董卓特意告诉大家，届时都要穿上白色衣服，这不是披麻戴孝的意思，因为在汉代只在国有凶事的情况下群臣才素服而朝，称“白衣会”。董卓想告诉大家，何氏一族有罪，何太后不适用皇后或太后的丧仪。《后汉书·皇后纪》记载：“董卓令帝出奉常亭举哀，公卿皆白衣会，不成丧也。”《三国志·董卓传》裴松之注引《献帝起居注》记载：“卓以太后见废，故公卿以下不布服，会葬，素衣而已。”

何太后的母亲舞阳君也未能幸免，被杀死，尸体抛入御花园，不允许收敛。御花园里除了奇花异草还有汉灵帝豢养的老虎、狮子等奇珍异兽，估计舞阳君的尸体很快就找不到了。

何进的弟弟何苗在之前洛阳乱战中已死，董卓下令将其开棺戮尸，尸骨弃于道旁。《三国志·董卓传》裴松之注引《英雄记》记载："发何苗棺，出其尸，枝解节弃于道边。又收苗母舞阳君杀之，弃尸于苑枳落中，不复收敛。"

董卓先废帝，再杀何太后、舞阳君，不仅标志着外戚何氏的彻底败亡，也预示着东汉王朝由此进入到一个新阶段，那就是更混乱的时期。在之前的数十年里，皇帝、外戚、宦官主导了权力的三极，虽然时而有流血斗争，但都围绕在皇权的周围，使这种争斗维持在政治层面。如今，不仅宦官、外戚先后退出了政治角逐，而且皇权也不再具有权威性和主导性，皇帝彻底沦为傀儡，历史进入强人争霸的阶段。东汉王朝仍将继续维持着，但也徒具其名，事实上已经崩溃了，正如《后汉书·何进传》所说："董卓遂废帝，又迫杀太后，杀舞阳君，何氏遂亡，而汉室亦自此败乱。"

第八章

决战在即

189年

一、是非逃亡路

现在，来说说袁绍、袁术、曹操等人是怎样逃亡的。

袁绍带着家眷和谋士们浩浩荡荡离开了洛阳，虽然刚走董卓就开始通缉他，但没有关于他在路上遇到麻烦的记载，说明沿途有人暗中保驾护航。这不奇怪，袁绍不仅名气很大，到处有人接应，而且前不久他还曾来过洛阳以东的豫州、兖州等地，说是奉命征讨黄巾军余部兼募兵，其实没准就是为这次逃亡打前站的，所以逃得比较轻松。

按照预先商定的计划，袁绍要去的地方是冀州刺史部，该州州治在魏郡邺县（今河北省临漳县）。从洛阳到邺县，那时有一条东北走向的大道可直达。大体走法是，先沿黄河往东，过河内郡到达朝歌，然后直往北。

过黄河时，袁绍决定把妻子刘氏和三个儿子留在黄河以南，派人把他们送到了兖州刺史刘岱那里。刘岱不仅是袁绍的亲信，还跟袁绍的夫人刘氏同族，有亲戚关系。和董卓打了一段时间交道，袁绍比过去聪明了，他知道既然“袁氏故吏”董卓靠不住，那么冀州牧韩馥这个“袁氏故吏”也未必能靠得住，得给自己留条后路。

袁绍到了邺县，见到了韩馥，更确信没把妻子和儿子带来是多么正确。韩馥对袁绍的到来表面欢迎，但内心里却相当排斥。韩馥祖籍豫州刺史部颍川郡，是一个出人才的地方，他就任冀州牧后马上到家乡一带招募人才，荀谌、辛评、郭图等一批颍川士人跑到冀州投奔了他，冀州本地的实力派沮授、田丰、审配也支持他，武将方面有麴义、张郃等人，一时人才兴盛。韩馥来冀州的时间虽然不长，但事业发展得很顺利，现在朝廷已无力管下面的事，韩馥一门心思扩充实力，逐渐掌握了冀州。《三国志·武帝纪》裴松之注引《英雄记》记载：“于时冀州民人殷盛，兵粮优足。”这时公孙瓒还在被排挤，刘表还没到荆州上任，孙坚名义上还只是一名郡太守，袁绍、曹操、袁术的事业连起步都算不上，刘备、吕布更不值一提，而韩馥已经要人有人、要地盘有地盘了。照这个势头发展下去，韩馥将是未来最有前途的地方实力派。

如此一来韩馥的想法也就多了，对袁绍的态度有了明显变化。韩馥不想让袁绍待在自己的大本营邺县，于是把他安排到冀州刺史部治下的渤海郡，这里是沿海地区，海岸线北起今天津市区，南抵今山东省利津县一带。韩馥告诉袁绍，渤海郡是天下数得着的大郡，人口数超过凉州、并州，那里还不是自己的势力范围，所以请袁绍去扩展地盘，可以在那里招兵买马，积蓄实力。可是，等到袁绍一行到了渤海郡，才发觉不对劲，渤海郡其实早就是韩馥的势力范围了，韩馥的心腹整天盯着袁绍，说是配合袁绍，其实是监视。

再说袁术。按计划，袁术往南逃。袁术的性格有些问题，平时不仅不服气哥哥袁绍，而且与曹操的关系也不太好，临跑出洛阳前，他还干了一件不太光彩的事情。

当时的情况已经很紧急了，但袁术还是拐到曹操家一趟。曹操的父亲曹嵩卸任太尉后看到时局动荡，就收拾了家财，带着曹操的弟弟曹德等跑到徐州刺史部琅邪国避难去了，只有卞氏跟着曹操生活在洛阳。这时曹操大概已经逃走了，而且没来得及带上家眷。袁术告诉卞氏曹操已经让董卓杀了，引起曹府上下的恐慌。

卞氏在两年前生下了曹丕，这倒不是曹操的第一个儿子，曹操的正室是丁氏，第二位夫人是刘氏，卞氏是他的第三位夫人，丁氏无子，刘氏生下了长子曹昂，但刘氏死得早，曹昂由丁氏抚养。丁氏脾气倔强，跟曹操经常吵架，丁氏及曹昂此时在老家谯县。

现在，听说曹操出事了，曹府的人害怕日后受株连，都想跑。危难关头卞氏保持了镇定，对那些想各奔东西的家人说：曹君生死未卜，如果大家今天散了，明天他回来，我们有何面目与他相见？再者说，即使曹君发生了不幸，大家大不了死在一起，又有什么了不起的？关键时刻卞氏控制住了局面，曹府上下安定下来。曹操后来听说了这件事，夸赞卞氏做得好。《三国志·后妃传》记载：

及董卓为乱，太祖微服东出避难。袁术传太祖凶问，时太祖左右至洛者皆欲归，后止之曰：“曹君吉凶未可知，今日还家，明日若在，何面目复相见也？正使祸至，共死何苦！”遂从后言。太祖闻而善之。

袁术为何到曹府捣乱？其动机不详。之后，袁术也逃出了洛阳，并顺利到达了目的地南阳郡。到达后，袁术发现情况并不乐观，原因是没有什么人支持他。南阳郡太守张咨是袁绍的亲信，但他刚上任不久，还没有多少实力。南阳郡属荆州刺史部，这时的荆州刺史还不是刘表，刺史名叫王叡，并不是袁氏一党，不太理会袁术。袁术无奈，只能暂栖于此。

往正东方向跑的曹操，运气还不如袁绍和袁术。由于走得急，家眷也未能带上，不知道他们会不会遭到董卓的报复。离开洛阳后，曹操的心境差到了极点。袁绍给曹操指定的目的地是陈留郡，他们的朋友张邈在那里当郡太守。陈留郡属兖州刺史部，范围包括今河南省东部一些地区，河南省的长垣、延津、封丘、兰考、民权、杞县以及靠近南边一些的尉氏、扶沟都在该郡范围内，郡治陈留县距离今河南省开封市不远。曹操的逃跑路线大致是从洛阳到开封，那时候这条路线上交通就很便利，可以走东方大道，中途路过成皋、荥阳、中牟等地。

但是，这一路却让曹操走得坎坎坷坷。路过成皋附近时，曹操突然想起有一个老朋友名叫吕伯奢，家就在附近，于是去串了个门。吕伯奢是谁？曹操是怎样认识他的？史书没有详细记载，只说“故人成皋吕伯奢”。已故宦官吕强是成皋人，曹操的祖父曹腾也是宦官，如果吕伯奢是吕强的族人，而曹腾与吕强关系较好，曹、吕两家有认识的可能。卢弼在《三国志集解》中提出：“宦官吕强亦成皋人，伯奢或为其族人欤？”

不巧的是，吕伯奢不在家。吕伯奢的儿子和几个朋友想抢曹操的马匹和财物，让曹操发觉，亲手把吕伯奢的儿子等人杀了。这是史书上的一个版本，却不是唯一版本。另一个版本是，曹操到了吕伯奢家，吕伯奢不在，他有五个儿子，都出来热情地接待曹操，但曹操因为是逃命出来的，疑心很重，怀疑吕伯奢的儿子要杀他，于是先下手为强，亲手杀了包括吕伯奢儿子在内的八个人。后面这个版本与前一个版本有着很大差别，但这还不是流传最广的版本。最有知名度的版本是：曹操到了吕伯奢家，吕伯奢不在，吕伯奢的儿子热情地接待了他，曹操听到食器相撞发出的声音，以为是兵器相击，此时他在逃亡，疑心很重，认为吕伯奢的儿子要杀自己，于是把他们全都杀死了，杀完人，曹操还自言自语地说了一句“名言”，大意是宁可让我对不起所有人，也不能让别人对不起我。以上三种不同的版本均出自《三国志·武帝纪》裴松之注，原文如下：

太祖以卓终必覆败，遂不就拜，逃归乡里。从数骑过故人成皋吕伯奢；伯奢不在，其子与宾客共劫太祖，取马及物，太祖手刃击杀数人。（《魏书》）

太祖过伯奢。伯奢出行，五子皆在，备宾主礼。太祖自以背卓命，疑其图己，手剑夜杀八人而去。（《世语》）

太祖闻其食器声，以为图己，遂夜杀之。既而凄怆曰："宁我负人，毋人负我！"遂行。(《杂记》)

上面这三个记载，一个比一个具体，让人仿佛身临其境。但问题是，曹操如果真的干了这件事，而当事人又全部被他灭口的话，是谁把这件事情记下来的呢？答案只能是曹操。这也是有可能的，有人喝多了，会把持不住，信口自夸。也许曹操某次也喝多了，从嘴里把这事情吐露出来。但是，像后两个版本那样生动鲜活且不大光彩的事情，曹操即便喝多也不大可能说出来。所以，真相只能是：第一个版本或许存在，且转述者是曹操本人；后两个版本压根就不可能存在。第一个版本出自王沈的《魏书》，第二个版本出自郭颁的《世语》，第三个版本出自孙盛的《杂记》。这三本书的成书顺序是：《魏书》最早，《世语》稍晚，《杂记》最晚。最晚出的《杂记》对细节记录得反而最详细和生动，这也是奇怪的事。

曹操离开吕伯奢家，这时天色已晚。路上，曹操又遇到两个人，样貌很威武，曹操不想与他们有什么摩擦，就避在路旁。二人注意到曹操，问他为何面有惧色。曹操想了想，便把自己的事情全部相告，二人并没有为难曹操。离别时，曹操解下佩刀相赠，叮嘱他们不要泄露自己的秘密。这件事记录在《太平御览》第四七八卷所引梁祚《魏国统》中：

初，太祖过故人吕伯奢也，遂行。日暮，道逢二人，容貌威武，太祖避之路。二人笑曰："观君有奔惧之色，何也？"

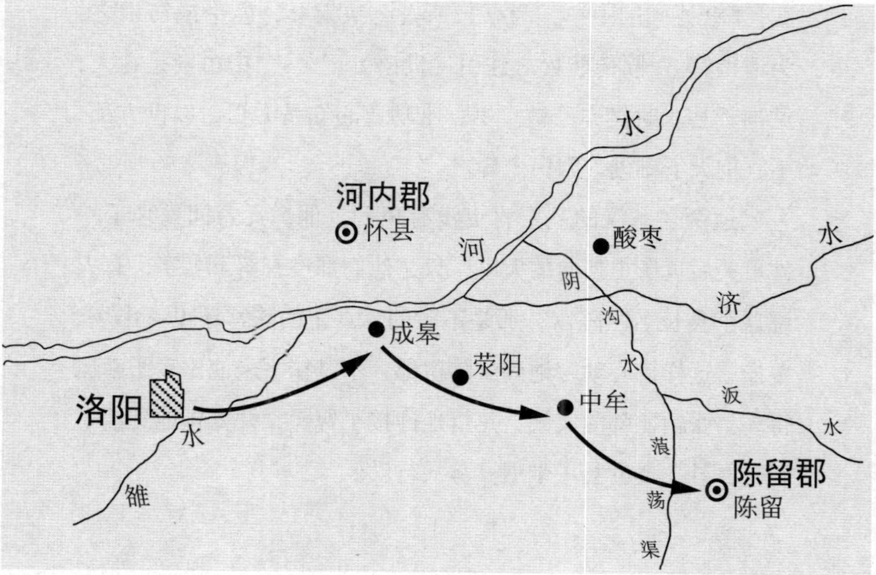

图9 曹操自洛阳东逃路线示意图

太祖始觉其异，乃悉告之。临别，太祖解佩刀与之，曰：“以此表吾丹心，愿二贤慎勿言。”

对曹操来说，倒霉的事情还没有完。曹操离开成皋继续赶路，下一站是中牟县，又出了意外。当地有一位亭长，工作责任心较强，对来往的可疑人都要认真盘问，结果让曹操撞上了。亭长看到曹操的面孔有些生，形迹可疑，就带了回去，交给县长。这时朝廷通缉曹操等人的文书已经到了，县里的功曹一眼认出眼前这个人就是通缉犯曹操，但他没有声张，而是悄悄向县长说情，县长居然把曹操放了。《三国志·武帝纪》记载："出关，过中牟，为亭长所疑，执诣县，邑中或窃识之，为请得解。"同传裴松之注引《世语》记载："中牟疑是亡人，见拘于县。时掾亦已被卓书；唯功曹心知是太祖，以世方乱，不宜拘天下雄俊，因白令释之。"

这两名东汉的基层官吏没有想到，他们无意间处理了一件事关后世历史走向的大事，只是他们都没有留下名字，有人说这个县长名叫陈宫，那是不对的，真正的陈宫还没有出场。曹操就这样惊心动魄地到了陈留郡，不过接下来他比袁绍幸运得多，张邈比韩馥大气，热情地迎接了曹操，并安排他到治下的已吾县、襄邑县一带展开募兵行动。

二、董卓的败笔

中平六年十一月，董卓因为拥立新帝有功，被封为郿侯，擢升为相国。正常情况下朝廷设三公，算是丞相。大将军比三公的地位还高，但不常设，如果设了，普通大臣也没有资格担任，因为这是外戚的专利。三公之上还有一个太傅，也就是袁隗目前担任的职务，这多半是荣誉性的，没有具体职权，袁隗与何进共同辅政时必须加"录尚书事"的名义，才算主持朝政。董卓此前是太尉，传统上被视为三公之首，但他嫌这个职务还不够，于是想起西汉初年萧何曾被任命为相国的事，也要享受这个职务。董卓对相国一职很满意，《三国志·董卓传》裴松之注引《魏书》记载：“卓所愿无极，语宾客曰：‘我相，贵无上也。’”

董卓升任相国的具体程序，《三国志·董卓传》称“卓迁相国，封郿侯”，《后汉书·董卓传》称“寻进卓为相国”。显然，这并非少年天子的本意，而是董卓“自为”。不过，董卓也为此搞了一些“劝进”活动以为自己制造舆论，只是史书不屑于将那些“劝进”的文章记录下来。在严可均辑《蔡中郎集》中有一篇《荐太尉董卓可相国并自乞闲冗章》，就是时任侍中的蔡邕为董卓就任相国一事专门写给皇帝的。在这篇上疏中，蔡邕对董卓“扶助社稷、解救国难”的功绩进行了称颂：

太尉郿侯卓，起自东土封畿之外，义勇愤发，旋赴京师，先陈便宜，列表奸猾群慝情状，辞意激切，感物寤灵，精兵虎臣，承持卓势，奋击丑类，漏刻之间，靡有孑遗。卓闻乘舆已趍河津，身率轻骑，长驱芒阜，上解国家播越之危，下救兆民涂炭之祸，然后黜废顽凶，爰立圣哲，天心聿得，万国赖祜。

蔡邕在这份奏疏中还透露，中平六年十月七日董卓曾上疏“辞疾让位，乞就国土”，这当然是董卓做给别人看的。蔡邕无原则地对董卓大加称颂，自然知道这将成为自己一生中的污点，所以他此时最希望的是离开这个是非之地，但也知道这不可能。于是，在这份一千多字的奏疏中，蔡邕用了一半篇幅谈自己“乞闲”的请求。蔡邕列举了当时身处要职的六位大臣，认为他们都优于自己："太傅隗，以旧典入录机密事；尚书令日磾，先辈旧齿，德更上公；仆射允，故司隶校尉河南尹□，尚书张熹，已历九列；鲁旭侍中，牧守宣藩，剖符数郡。"蔡邕希望"乞在他署，抱关执籥，以守漏刻"，而不再担任侍中一职。这份奏疏上达，没有下文。这里提到的河南尹，名字脱考，王允之前曾任此职，但按照蔡邕的说法，这时王允已改任尚书仆射，接替的人未知，有人认为是朱儁。

董卓升任相国，上升到与萧何同列的高度，萧何有三项特权：赞拜不名、入朝不趋、剑履上殿。在汉末及以后很长一段时间，这都是权臣的标配，而此时的董卓，已经获得了其中两项特权：入朝不趋、剑履上殿。按照礼仪，大臣朝见皇帝的时候旁边会站一个司仪官，把他的官衔和名字都喊出来。比方说，此刻董卓去见皇帝，司仪官就要喊"郿侯、相国董卓，参见皇上"，然后董卓老远就得一路小跑过来，一路上既不能携带武器，也不能穿鞋子，以表示诚惶诚恐。如果董卓见到皇帝，司仪官喊完"郿侯、相国"的时候省略董卓的名字不喊，这就是"赞拜不名"（这一项董卓暂时没有）；老远见到皇帝，也不用一路小跑，可以慢慢走，这就是"入朝不趋"；上朝的时候别人光着脚板，自己可以穿鞋，而且可以佩带武器，这就是"剑履上殿"。

一百多年前，王莽享受过全部三项特权，他后来又往前走了一走，结果自己当了皇帝。所以，拥有这些特权通常也会跟篡权夺位联系在一起。董卓大约觉得事情还得慢慢来，所以三项特权没有全部享受，只享受了其中两项。但这些都是形式主义的东西，并没有什么实质性收益，反而会成为别人攻击的靶子。董卓现在最应该做的不是什么废立之事，不是当相国，也不是享受这些特权，而是先解决袁绍等人。正事不忙，先忙了一堆无关紧要的事，说明董卓在政治上还不够成熟，也是一个政治暴发户。这是董卓独揽大权后的一个败笔，周毖、伍琼等人虽然看得很明白，但他们是不会阻止董卓的。

董卓就任相国，打算就此控制住皇帝，自己做一名权臣，享受无尽的荣华富贵。董卓在洛阳城内的永和里为自己修建了规模宏大、豪华奢侈的住宅，住宅南北两端均挖了人工池，引来河水，四季不断流。《洛阳伽蓝记·修梵寺》记载："寺北有永和里，汉太师董卓之宅也。里南北皆有池，卓之所造，今犹有水，冬夏不竭。"这里称董卓为太师，但董卓离开洛阳前还只是相国，改任太师是到长安以后的事。董卓像汉灵帝一样对金钱也有一种痴迷，喜欢储藏钱币和其他珍宝。董卓将一部分钱币和宝物埋在地下，他后来离开洛阳时，有许多竟忘了取出，南北朝时有人在永和里旧址上曾挖出过钱币和其他值钱的东西。《太平寰宇记》引《郡国志》记载：

（董卓宅）在永和里，掘地取得金玉宝玩。后魏邢峦掘得金沙及钱，铭曰"董太师之物"。

董卓的父亲已故去，母亲还在世，董卓让皇帝封母亲为池阳君。池阳是个县，据《郡国志》，该县为司隶校尉部左冯翊所辖，《一统志》称其故城在陕西泾阳西北。《三国志·董卓传》记载，董卓为母亲“置家令、丞”，这项设置为后人所讥，因为《续汉志》载公主府才“立家令一人、丞一人”。卢弼在《三国志集解》中嘲讽道：“此比其母于公主乎？”

忙完这些事，董卓又想起袁绍等人，下令进一步加大追捕力度，并要把袁隗以及袁家几十口人全部抓起来杀了，这样一来，周毖、伍琼等人就不能不管了。董卓目前最信任的人是周毖，因为他是凉州人，跟董卓算是老乡。周毖等人对董卓说：袁绍本不想跟您作对，因为在废立的事情上得罪了您，他内心很恐惧，这才逃亡，此人没有多大志向，但如果追捕太急，他势必激烈反抗，袁家“四世三公”，影响力很大，如果他挑头造反，情况很麻烦，不如加以安抚，赦免他的罪过，给他个郡太守当，袁绍肯定会感激，就不会造反了。《三国志·袁绍传》记载：

侍中周毖、城门校尉伍琼、议郎何颙等，皆名士也，卓信之，而阴为绍。乃说卓曰：“夫废立大事，非常人所及。绍不达大体，恐惧故出奔，非有他志也。今购之急，势必为变。袁氏树恩四世，门世故吏遍于天下，若收豪杰以聚徒众，英雄因之而起，则山东非公之有也。不如赦之，拜一郡守，则绍喜于免罪，必无患矣。”

说这些话时周毖等人心里完全没有把握，董卓对袁绍已恨之入骨，哪是几句话就能改变的？但令周毖等人惊讶的是，董卓居然相信了。董卓立即让人以天子的名义重新发布诏令，赦免了袁绍的罪过，还任命袁绍为渤海郡太守，封邟乡侯，对袁隗等人不仅不为难，还给予优待。《三国志集解》引《山阳公载记》记载，董卓“以绍为前将军，封邟乡侯”，但袁绍只接受侯爵，而“不受前将军”。前将军为“四方将军”之一，大概袁绍还嫌不够，无法以此号令天下，所以不愿接受。

周毖等人又立下大功，不仅袁绍和袁氏一族应该感激他们，就连曹操也应该感激。虽然史书没有提及董卓对曹操、袁术是怎样安排的，但对袁绍的通缉令既然解除，再通缉曹操、袁术也就没有必要了。此时曹操的妻子卞氏还没有从洛阳脱身，如果董卓下令搜捕抓人，卞氏和两岁的儿子曹丕恐怕都跑不了，现在不用担心了。卞氏后来能带着曹丕顺利离开洛阳与曹操会合，跟董卓授意下的这项诏令有关。

站在董卓的立场上看这项决定其实很有问题，应该是他的又一败笔。对袁绍这样的人，只能穷追猛打，现在不仅应该诏令各州郡加紧缉捕，恐怕还要考虑派“凉州军”前往有关地区进行捉拿，趁袁绍、袁术、曹操这些人羽翼未丰，先把他们抓住再说，之后严加审讯，一一挖出同党，一网打尽。不过，这一次不能全怪董卓的政治智商低，他虽然是一名武人，却不是白痴，用官位加以收买、用妥协取得合作，这些他自己都不会相信，自然也不指望袁绍等人会相信。董卓之所以同意周毖等人的建议，是因为在他看来只能这么做，因为此时的董卓正有难言之隐。

就在董卓忙着废立天子、称相国的时候，河东郡一带的“白波军”突然势力大增，大有占领整个河东郡的气势。河东郡的核心区域在今山西省西南部，如今的运城、临汾都在其内。这里虽不是多么繁华的地带，但对董卓来说却是不得不确保安全的地方。董卓的大后方在凉州，必须保障洛阳与关中之间的有效联结，而河东郡正处在二者之间。如果洛阳与关中、凉州的联系被切断，后果将非常可怕。一旦没有了凉州的支援，董卓和他的嫡系就成了困在洛阳的一支孤军。

而且，凉州军尽管在关中地区来去自由，但关中并不在董卓的掌握之中。皇甫嵩重新被朝廷起用后，以车骑将军的身份率军驻扎在槐里（今陕西省兴平市）一带。皇甫嵩手下有四万精兵，是足以与凉州军一战的力量。不久前，朝廷改任董卓为并州牧时，诏令他把手下的人马交给皇甫嵩。董卓哪能答应？于是拒不执行。皇甫嵩的侄子皇甫郦在军中，对皇甫嵩说现在天下倒悬，有能力决定安危成败的只有您与董卓，现在您和董卓结怨，势不俱存，董卓违抗诏令，这是大逆之行，正好可以借此加以讨伐，为天下除凶。皇甫嵩想了想，说董卓抗命虽然不对，但擅自讨伐他也不对，不如上书朝廷，让朝廷定夺。皇甫嵩于是上书朝廷，朝廷下诏责让董卓，董卓与皇甫嵩进一步结怨。《后汉书·皇甫嵩传》记载：

卓拜为并州牧，诏使以兵委嵩，卓不从。嵩从子郦时在军中，说嵩曰：“本朝失政，天下倒悬，能安危定倾者，唯大人与董卓耳。今怨隙已结，势不俱存。卓被诏委兵，而上书自请，此逆命也。又以京师昏乱，踌躇不进，此怀奸也。且其凶戾无亲，将士不附。大人今为元帅，杖国威以讨之，上显忠义，下除凶害，此桓、文之事也。”嵩曰：“专命虽罪，专诛亦有责也。不如显奏其事，使朝廷裁之。”于是上书以闻。帝让卓，卓又增怨于嵩。

现在，董卓接到白波军势力坐大的报告后立即紧张起来，他意识到这个威胁比袁绍等人大得多。袁绍等人虽然也是威胁，但至少是未来的事，还能拖一拖，而白波军的事一刻都不能拖。董卓立即下令让女婿牛辅领兵前去剿灭。牛辅领兵前往河东郡，白波军这样的黄巾军余部在一般人印象中战斗力很一般，应该不是凉州军的对手，不要说打，就是听说凉州军来了也会吓得逃跑。但白波军不仅没跑，还将牛辅打败。董卓更慌了，赶紧调集洛阳一带的各人马重新作军事部署，准备跟白波军来一场大战。

所以，当周毖等人提出应该赦免袁绍的时候，董卓觉得很有道理，不是周毖说的那些有道理，而是他现在面对左右夹击的局面无力两线作战，必须有所退让。在董卓眼里“白波军”是第一威胁，其次是皇甫嵩，最后才是袁绍等人。袁绍、袁术、曹操等虽然顺利逃出洛阳，但目前都处于低谷，董卓如果集中精力对付他们，结果如何还真不好说。现在西边有事，董卓只能把东边的事情放一放，这为反董势力的集结和壮大提供了难得机会。从这个意义上说，“白波军”在最恰当的时机，用他们的实际行动影响了历史的进程。

三、己吾募兵

中平六年年底，整个关东地区被一种为国讨逆的热情所笼罩着。董卓以武力把持朝政，擅自废立，杀害太后，已成为舆论声讨的对象。秦汉时普遍用地处崤山谷地的函谷关作为区分东、西两大地域的界标，分别称关东、关西。函谷关位于今河南省灵宝市，在洛阳以西，如果按照这个概念区分，洛阳本身也属关东。所以，这里说的关东指的是洛阳以东的关东，如果摊开地图看，主要是兖州、徐州、青州的全部以及冀州、豫州这几个刺史部的一部分。距离汉末最近的一次人口普查显示，这里也是人口最为稠密的地区，当时人口密度能达到每平方公里150人以上的地区几乎都集中在这里。尽管袁绍远在渤海郡，但并没有影响关东地区的讨董热情，一些早有准备的州刺史、郡太守正秘密串联，计划酝酿一次集体行动，制造声势，公开讨伐董卓。为此，许多地方开始了募兵活动，己吾县就是一个募兵的热点地区。

己吾县属陈留郡，位置在今河南省商丘市西南，属今宁陵县。这里本来很普通，但这一年年底却突然热闹了起来，人们到处在说，有人来这里招兵了。近几年天下乱了起来，朝廷一再招兵买马，地方豪族也跟着招兵，招兵的还有路过的黄巾军，各种招兵形式五花八门，人们开始还有些兴趣，乱世生存不易，当兵至少有口饭吃。但是，随着当了兵的本地人一个个离开这里并从此失去消息，大家对这种事慢慢地没了热情，招兵成了一件难事。

不过这次招兵似乎有着更大的吸引力，应征而来的人络绎不绝，原因是大家听说本郡很有名望和实力的卫孝廉亲自带着上千人参加了这支队伍，所以都跟着来了。卫孝廉名叫卫兹，是本郡知名人士，他曾经是何苗的部属，何苗死后又在司徒杨彪的手下做过事，后来回到家乡。张邈来陈留郡当太守，虽然没有记载说卫兹回乡与张邈有关，但这种可能性是存在的，至少他们的政治倾向相同。卫兹回到家乡，利用在本地的号召力很快组织起一支上千人的队伍，但他是一名文人，缺乏军事才能，听说有人到己吾来招兵，立即带着自己已经招来的这一千多人加入到这个阵营。

来己吾招兵的人是曹操。曹操和张邈是好朋友，到了陈留郡，张邈让曹操到自己治下的己吾县招兵。董卓任命袁绍为渤海郡太守时没有提到曹操，所以曹操此时还只是一名普通百姓。但曹操的名气还是很管用的，他讨伐过黄巾军，担任过骑都尉、典军校尉、骁骑校尉，这成为他招兵买马的资本。卫兹的加入让曹操实力大增，不仅如此，卫兹还带来了全部家财作为曹操的经费，让曹操格外感动。

在卫兹带来的这一千多人里有一人名叫典韦，己吾县本地人，史书没有记载他的表字，说明他出身寒门。典韦体形魁伟，膂力过人，是本地知名度很高的侠士。离己吾县不远有两个县，一个是襄邑县，一个是睢阳县，襄邑县有个姓刘的人跟睢阳县一个名叫李永的人有仇，典韦受雇替襄邑县这个刘氏报仇。李永在南方当过县长，有些财势，平时防范很严，典韦坐着车，带着鸡和酒，伪装成要拜访李永的人，门一开，他从怀里掏出刀子就杀了进去，不仅把李永杀了，连李永的妻子也没有放过。李永家住在集市附近，典韦杀完人出来，一身的血，外面震动了，一下子有上百人追过来，可没有人能靠近，一直追了几里路，接应典韦的人赶到，一阵乱战，典韦脱身，于是典韦在江湖上名气大振。

卫兹招募人马，典韦加入卫兹的队伍。典韦这样的人，干的是杀人越货的事，在和平年代迟早要被砍头。但现在是乱世，需要的正是这样的狠角色。现在典韦的职位还很低，在一个名叫赵宠的司马手下当兵。军营里有牙门旗，又高又沉，一般人举不起来，典韦一只手就能举起，赵宠深感惊讶。《三国志·典韦传》记载："牙门旗长大，人莫能胜，韦一手建之，宠异其才力。"赵宠以后默默无闻，可能很早便战死了。典韦后来归其他人指挥，多次立下战功，慢慢升为司马。

那个时候，一个县通常只有一万户左右，能招募的兵源十分有限，好在曹操招兵的声势造得很大，不仅己吾周边的几个县，就连陈留郡附近的梁国、陈国也有人跑来应征。在这些远道而来的应征的人里，曹操发现有一个人个子不高但目光炯炯有神，说话、办事干净利索，还有一身武艺，曹操很喜欢他，就让他做自己的帐下吏，这个人就是日后大名鼎鼎的乐进。

乐进字文谦，兖州刺史部卫国县（治所在今山东省莘县）人，不过《三国志·乐进传》说他是"阳平卫国人也"，而汉末并没有一个阳平郡或阳平国。春秋时，老子本是陈国苦县人，但《史记·老子韩非列传》却称老子是“楚苦县厉乡曲仁里人也”，唐代司马贞在《史记索隐》中解释：“苦县本属陈，春秋时楚灭陈，而苦又属楚，故云楚苦县。”《三国志》效仿了这种记载方式，将乐进的本籍记录为阳平郡卫国。《三国志·乐进传》记载，乐进有胆识、办事果敢，但“容貌短小”。曹操个子不高，选帐下吏时可能潜意识里不太希望找个子太高的，乐进沾了这个光。曹操后来派乐进回老家募兵，招来了上千人，曹操任命乐进为假军司马。

己吾县离曹操的老家豫州刺史部沛国谯县不远，相当于现在河南省商丘市与安徽省亳州市之间的关系。这两个地方如今虽不在一个省，但地界相邻，曹操在己吾县招兵，算是回到了家门口，当然不能忘了自家人，曹洪、曹仁、曹纯等曹操的几个叔伯兄弟和侄子曹安民，以及夏侯惇、夏侯渊等夏侯氏兄

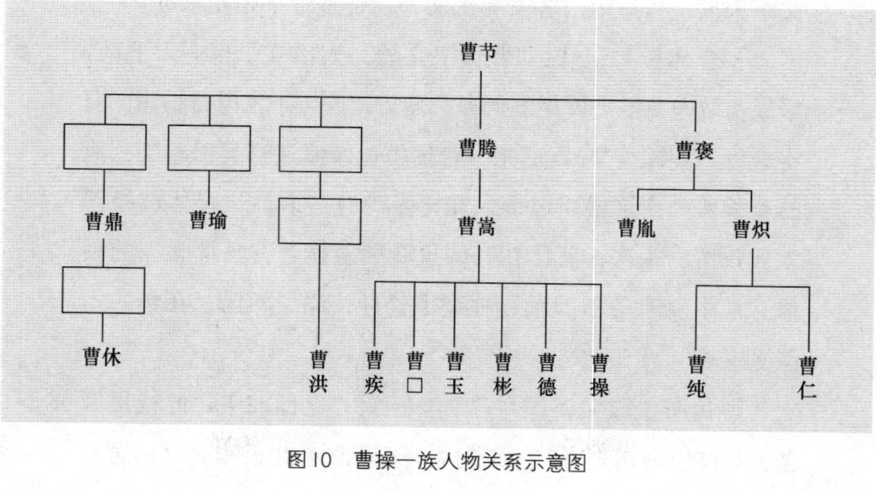

图10　曹操一族人物关系示意图

弟很快也来了。曹洪、曹仁、曹纯这几年先后回到了家乡，时局眼看一天比一天乱，他们和夏侯惇、夏侯渊等悄悄地在家乡一带组织起了武装。听说曹操在己吾县招兵，就带着人来了，他们带来的也有一千多人。

在夏侯惇手下有个人名叫史涣，字公刘，老家也在沛国，一块来投了军。曹操的侄子曹安民名字不详，“安民”应该是他的表字，他的父亲是曹操的亲兄弟，叫什么名字不详。在曹家的下一代中还有曹休、曹真二人，也十分出色。曹休字文烈，是曹操的族子，也就是本族里的下一辈子弟。曹休的祖父曹鼎和曹操的父亲曹嵩同辈，当过河间国相、吴郡太守、尚书令，说明他不是一个等闲之辈。现在安徽省亳州市南郊的曹氏宗族墓，其一号墓坑埋葬的就是曹鼎，在墓坑里曾经发现过两颗牙齿，经考证是曹鼎的。曹鼎是曹腾的侄辈，他仕途亨通，主要因为曹腾。曹腾去世后，曹鼎一支逐渐衰落，曹休十岁时父亲去世，与一个门客安葬了父亲，连墓地都是租来的。《三国志 · 曹休传》记载：“曹休字文烈，太祖族子也。天下乱，宗族各散去乡里。休年十余岁，丧父，独与一客担丧假葬，携将老母，渡江至吴。”后来，曹休携母亲渡江到吴郡避难，他的爷爷曹鼎在这里当过郡太守，多少有些人脉，曹休被吴郡太守收留。一次，曹休在官邸里看墙上挂着昔日郡太守的画像，其中就有爷爷曹鼎，他跪下长拜，涕泣不已，在场的人深受感动。

曹休听说叔父曹操在己吾县招兵，立即前来，此行很辛苦，是绕道荆州刺史部才来的。曹操见到曹休后很高兴，对左右说："此吾家千里驹也！"

曹真字子丹，父亲名叫曹邵，和曹操是本族的同辈人，曹邵听说曹操招兵，也在当地招了兵，他的想法是多招些人马带上投奔曹操，结果引起了当地官员的警惕，曹邵因此被杀。曹真后来被人带着辗转找到曹操。和曹休相比，曹真的年龄小得多，跟曹丕差不多，曹操就让他跟曹丕一起生活学习。还有另一种说法，记录在《三国志·曹真传》裴松之注引《魏略》中，曹真本来不姓曹，而姓秦，他的父亲叫秦邵，和曹操关系很好，有一次曹操遇险，被人追杀，到秦邵家避难。追兵到了秦家，问曹操在哪里，秦邵说我就是，结果被害，曹操感念好友的救命之恩，就收养了他的孩子，给秦真改名为曹真。

人马招得很顺利，很快就有了五千人，谯县来的、已吾县本地的、陈留郡其他县以及附近郡国的各占一部分，相比于此时的袁绍和袁术，曹操的情况是最好的。困难是经费不足，这么多人要吃要穿，每天都是一大笔开销，还有武器也不足。为解决后勤保障和武器供应问题，曹操想了很多办法，他命令支起了铁匠炉打造兵器，有时自己也亲自上手，和工匠们一起研究兵器如何打造。

一次，曹操正和工匠一块打造一种叫卑手刀的武器，即一种短刀，类似于匕首。这时，有个名叫孙宾硕的朋友来看他，孙宾硕很不解：你现在考虑的应当是大事，干吗干工匠的活？曹操回答：既能做大事又能做小事，有什么不好呢？曹操日后把这件事写进一份军令中，即《太平御览》第三四六卷所

载的《军策令》:

孤先在襄邑，有起兵意，与工师共作卑手刀，时北海孙宾硕来候孤，讥孤曰：“当慕其大者。乃与工师共作刀邪？”孤答曰：“能小复能大。何害！”

孙宾硕也是汉末时期的风云人物，名嵩，字宾硕（一作宾石），是青州刺史部北海国（治所在今山东省潍坊市昌乐县以西）人。名士赵岐的侄子赵息忤怒宦官唐衡，遭灭族之祸，仅赵岐得以逃脱，来到北海国以贩饼为生，孙嵩见其不凡，把他接到自己家中躲起来，有人来查时就藏在夹壁中。赵岐在孙家躲藏了好几年，他把这段日子变成了做学问的时间，以坚强毅力写成《孟子章句》。直到唐氏不在朝了，赵岐才再次出来做官，先后任并州刺史、议郎、太常、太仆等职。孙嵩因为救助赵岐而扬名，官至青州刺史。孙嵩为躲避青州战乱，准备南下荆州，这次是路过襄邑。几年后，赵岐受朝廷委派前往荆州征集粮草并招聘贤才，再次见到孙嵩，几十年不见，二人抱头痛哭。赵岐向刘表陈述原委，刘表对孙嵩刮目相看。赵岐一直滞留在荆州，几年后孙嵩病死，赵岐亲自为他送葬起坟。建安六年（201）赵岐以94岁高龄病逝于荆州，结束了与孙嵩之间的这段生死友情。

有一个说法，认为曹操起兵之初为解决军费问题曾设置摸金校尉、发丘中郎将专门去盗墓，仅在梁孝王的坟墓里就盗取过金银财宝数万斤。盗取梁孝王坟墓时曹操还亲自去了现场，看着大家破棺盗宝，把梁孝王的尸骨随意丢弃，宝物被洗劫一空。消息传出，举世震惊，皇帝听了都流下眼泪，士民无不伤心。上面这个说法流传很广，历代以来很多人都相信是真的，不过这里大有问题，不仅因为它从未见诸正史，而且根据当时的情况，曹操这么做似乎也不可能。

曹操起兵时没有正式名分，曹洪、曹仁等人顶多是司马，为盗墓专门设校尉甚至中郎将，不符合当时的情况。而且盗取梁孝王墓更不可能，梁孝王是汉武帝的兄弟，死后葬在刘邦斩蛇起义的芒砀山，己吾县在谯县的西北方，芒砀山在谯县的东北方，两地相距几百里，分属不同郡国，曹操起兵时影响力还达不到那么多地方。那么，会不会是曹操以后去盗的呢？可能性不能说一点都没有，因为曹操本人此后有几次来过芒砀山所在的梁国。不过，可能性并不大，因为那几次都是路过，而且那时曹操已兵强马壮，战事匆忙，既没有盗墓的时间，更没有盗墓的动机。

在己吾县，曹操靠着卫兹的帮助克服困难，同时也自力更生。大家参军的积极性很高，只是没有经过系统性训练，上战场的经验还明显不足。好在曹操担任过典军校尉，是专门负责练兵的，他对这五千来人开始了训练，分别任命卫兹带来的赵宠等人以及曹洪、曹仁、夏侯惇、夏侯渊为司马、假军司马，用军令、军纪管理队伍。不管怎么说，“曹家军”就此诞生了。曹操是这支队伍的创始人，和他一同参与创立这支军队的还有曹家、夏侯家的兄弟、子侄，以及卫兹、乐进、典韦、史涣等人，他们都是“曹家军”的创建者。

四、“三公移书”

这时还是中平六年年底。在张邈等人联络下，各地愿意参加讨伐董卓的人马陆续向陈留郡北部的酸枣县一带集中。酸枣县邻近黄河，县治在今河南省延津县西南，河北岸是司隶校尉部所属的河内郡。张邈既是东道主，也是这次集体行动的实际负责人，他的弟弟张超担任广陵郡太守，该郡属扬州刺史部，辖区在今江苏省扬州市一带，现在也千里迢迢率部往酸枣赶来。很快，兖州刺史刘岱、豫州刺史孔伷、东郡太守桥瑁、山阳郡太守袁遗、济北国相鲍信等人都明确表态，愿意同时起兵讨伐董卓。还有曹操，虽然没有正式职务，手里却有五千人，也算是重要的一路。

袁绍仍远在渤海郡，但这些人都与袁绍有着密切关系。张邈、曹操不用说，过去都是朋友；桥瑁、鲍信是袁绍派出来的；刘岱是袁绍的亲戚，与袁绍关系非同一般；袁遗是袁绍的从兄。上面这些人能当上州刺史、郡太守，大多是袁绍和他的朋友们秘密策划的结果。所以，袁绍虽然不在酸枣，却是大家心目中共同的领袖。张邈等也派人到豫州刺史部和荆州刺史部的南阳郡联络袁术等人，袁术等相距较远，选择就地起事。

如此大规模的行动必须有一个合法理由，而且最好还有一个合法的程序，这样才能称为义举，联军才能称为义军。这可难坏了大家，要程序合法必须天子发话，而天子掌握在董卓手里。怎么解决这个问题呢？这时，东郡太守桥瑁很神秘地拿出了一件东西，解决了当下的难题。这是一封信，说是当朝三公共同签署。在这封信里，三公告知天下人，说恶徒董卓胁迫君臣，窥伺社稷，无法无天，天子面临危险的境地，希望天下的人跟随袁绍等共举义兵，共赴国难。《后汉书·袁绍传》记载：

桥瑁乃诈作三公移书，传驿州郡，说董卓罪恶，天子危逼，企望义兵，以释国难。

“移”即“檄”，是一种文体，多用于声讨和征伐。《文心雕龙·檄移》：“故檄移为用，事兼文武，其在金革，则逆党用檄，顺命资移。”汉代在九卿之上其实有两种不同模式，一种是丞相制，一种是三公制，西汉设相国、丞相，实行的是丞相制，东汉废而改置三公，其中司徒一职便直接由丞相所改，太尉、司空与司徒并列。两种方式从来没有混用过，没有在设置相国、丞相的情况下再置三公，因为三公就是用来取代相国、丞相的，是一种“集体办公”模式的丞相制。董卓就任相国后应同时废除三公，他却没有这样做。三公仍在，目前是太尉黄琬、司徒杨彪、司空荀爽。有人认为，董卓这样做反映出他对政治体制的无和，如卢弼《三国志集解》引学者黄山的评论指出：

自孝哀改丞相为大司徒，光武承之，不更置相。献帝复置相，自董卓始，至曹操终矣。卓为相国而不省司徒，务自矜高，于官制愔然也。

这封信不早不晚，来得正是时候，如此一来大家的行动就有了理由，成为响应三公号召的义举，铲除国贼、拥戴皇帝，程序也合法了。这封信其实是桥瑁伪造的，不过当时很多人都认为它是真的。目前的三公以及太傅袁隗是清一色党人，他们都忠于皇帝，说他们联署签发了这封公开信，也不是不可能。桥瑁是已故太尉桥玄的侄子，与洛阳上层人士来往密切，人们相信这封信是三公悄悄托人捎给桥瑁的。张邈等将这封信四处散发，很快便在社会上传开了，产生了很大影响。只不过，他们只顾了自己这一头，没有考虑仍控制在董卓手里的黄琬等人的处境。

张邈等自然也联络了韩馥，这让韩馥十分为难。韩馥不知道自己该不该参加会盟，论出身他是应该参加的，他跟张邈等人一样都是反对宦官的斗士，如今宦官没有了，但董卓专权，应该坚定不移地继续反对下去。但是，如果参加了众人的行动，那就意味着未来将要奉袁绍为盟主，这让韩馥有些接受不了。袁绍目前是渤海郡太守，自己是冀州牧，袁绍理论上是自己的下属，如今还是自己要防范的人，反过来要听从他的调遣，这让韩馥很不适应。

文人出身的地方官员遇到大事往往显得软弱，考虑问题想得太多，在重大决策面前不够果断，韩馥就是这样的人。韩馥心事很重，于是跟心腹刘子惠商量：现在我该助袁氏还是助董卓？刘子惠任冀州治中从事，他毫不留情地批评了韩馥：现在大家都兴兵为国，哪来的姓袁还是姓董？韩馥听后感到惭愧。刘子惠又说：兵者是凶事，轻易不要挑头，现在应该看看其他州郡，有人带头的话就跟着响应，这样我们比别人也不差，将来成功了也有我们的功劳。韩馥认为刘子惠说得有道理，就给袁绍写信，表示愿意帮助他起兵。《三国志·袁绍传》裴松之注引《英雄记》记载：

馥得移，请诸从事问曰："今当助袁氏邪，助董卓邪？"治中从事刘子惠曰："今兴兵为国，何谓袁、董！"馥自知言短而有惭色。子惠复言："兵者，凶事，不可为首。今宜往视他州，有发动者，然后和之。冀州于他州不为弱也，他人功未有在冀州之右者也。"馥然之。馥乃作书与绍，道卓之恶，听其举兵。

韩馥不知道的是，刘子惠与酸枣方面有来往，所以暗中向着袁绍说话。刘子惠是中山国人，与袁绍的亲戚、兖州刺史刘岱关系不错，刘岱见韩馥没有起兵的意思，就给刘子惠写了封信，让他转交韩馥。信中说，董卓因无道而为天下所共攻，他活不了多久了，董卓死后我们将回师讨伐韩馥，因为他拥有强兵却暗助凶逆。刘子惠把这封信交给韩馥看了，韩馥很害怕，反而把这件事归罪于刘子惠，要杀他，韩馥手下别驾从事耿武求情，耿武甚至趴到刘子惠身上，愿意一块处斩，这样刘子惠才得以不死，但被罚作刑徒，穿着罪犯的衣服在官署外面扫地。

站在韩馥的立场看，现在其实还有另外的选项，那就是对袁绍不予理睬，不要把张邈等人太当回事，因为不久后他们就会自相残杀起来。以韩馥现有的实力，袁绍其实奈何不了他。反过来，袁绍如果得不到韩馥的支持，将一事无成。但是，韩馥文官出身的弱点又暴露了出来，虽然不甘心，胆量却不够，他不敢与袁绍公开决裂，这给袁绍制造了机会。

关于“三公移书”以及韩馥给袁绍写信发生的时间，史书记载有一些分歧。《后汉书》将这件事记录在群雄起兵之后，《三国志》记载在起兵之前。司马光在《通鉴考异》中进行了辨析，认为后者更有道理：“范《书》、《魏志》具有此事，范《书》在举兵之后，《魏志》在举兵之前。若在举兵后，时绍已为盟主，馥何敢禁其发兵？若在举兵前，则近是也。今从《魏志》。”所以，司马光在《资治通鉴》中将这两件事都记载在了中平六年。

袁绍于是离开渤海郡，来到了冀州刺史部治下的河内郡，这里与酸枣县只隔了一条黄河，与洛阳也相距不远。河内郡太守王匡曾随袁绍冲进皇宫，在承明堂斩杀宦官，是袁绍信得过的人，他在袁绍策划下离开洛阳，被朝廷任命为河内郡太守。王匡是兖州刺史部泰山郡人，那里自古出精兵，王匡曾在该郡征招到五百名强健的弓弩手，目前有一定实力。

五、决战一触即发

张邈等四处联络，为即将发起的讨董行动紧锣密鼓地做着准备，但是，有一个讨董意志同样十分坚决的地方实力派却被他们遗忘了，这个人就是董卓的老同事、现任长沙郡太守孙坚。长沙郡的管辖范围包括以今湖南省长沙市为中心的湖南省大部分地区，北到岳阳市，南到衡阳市，地盘很大，但在当时，这里属于偏远落后地区，跟关东地区没法比。董卓把持朝政后，孙坚愤愤不已，他拍着胸膛对部下说，当初张温要是听自己的，朝廷也就没有此难了。《三国志·孙坚传》裴松之注引《江表传》记载：“坚闻之，拊膺叹曰：‘张公昔从吾言，朝廷今无此难也。’”

听说北方正在筹划讨伐董卓的行动，孙坚二话不说，立即整顿人马北上。长沙郡归荆州刺史部管，此时的刺史是王叡。书圣王羲之的曾祖父名叫王祥，是晋初名臣，王叡是王祥的伯父。在政治倾向上王叡也反对董卓，想起兵响应关东联军。但是，王叡与孙坚平时有很深的矛盾，孙坚在王叡指挥下讨伐过零陵、桂阳等郡的变民，王叡出身的琅邪国王氏是世家大族，孙坚出身低微，在王叡眼里孙坚只是一名武夫，所以对他一向轻待。孙坚是一个有血性的人，受了气一直忍着，但总想找机会报复。

长沙郡西邻武陵郡，王叡与武陵郡太守曹寅也有矛盾，甚至扬言要杀曹寅。曹寅大为紧张，靠他的力量对付不了王叡，于是向孙坚求援。当时朝廷正派温毅为案行使者在荆州刺史部视察工作，曹寅和孙坚经过密谋，由曹寅伪造温毅的公文，列举王叡的罪过，让孙坚抓捕王叡。孙坚拿了伪造的公文，立即带兵去抓王叡，那时荆州刺史部的治所不在襄阳而在汉寿（今湖南省常德市以北），就在武陵郡的辖区内。

王叡听说长沙郡的兵马来了，赶紧登城观望，在城楼上问下面的人想干什么。孙坚的手下回答：我们常年征战，所得赏赐还不够拿来做衣服，只想到刺史您这里再要点钱罢了。王叡一听，对下面说：本刺史岂是吝啬鬼？于是命令打开城门和仓库，让大家自己去挑。城外的士兵进城，王叡突然发现其中还有孙坚，大吃一惊：士兵讨赏钱，孙太守为什么也在里面？孙坚答道：接到公文，要我杀你。王叡听了大惊失色：我犯了什么罪？孙坚说：无知之罪。王叡知道无路可走，于是刮下金屑，吞服自杀。《三国志·孙坚传》裴松之注引《吴录》记载：

叡先与坚共击零、桂贼，以坚武官，言颇轻之。及叡举兵欲讨卓，素与武陵太守曹寅不相能，杨言当先杀寅。寅惧，诈作案行使者光禄大夫温毅檄，移坚，说叡罪过，令收行刑讫，以状上。坚即承檄勒兵袭叡。叡闻兵至，登楼望之，遣问欲何为，坚前部答曰："兵久战劳苦，所得赏，不足以为衣服，诣使君更乞资直耳。"叡曰："刺史岂有所吝？"便开库藏，使自入视之，知有所遗不。兵进及楼下，叡见坚，惊曰："兵自求赏，孙府君何以在其中？"坚曰："被使者檄诛君。"叡曰："我何罪？"坚曰："坐无所知。"叡穷迫，刮金饮之而死。

孙坚继续北上，曹寅还在武陵郡当太守。后来，刘表来荆州，整合地方势力，曹寅待不下去，弃官而走，下落不明。如果在平时，孙坚、曹寅的行为等于谋反，假冒上司密令，擅自处死长官，罪过很大，而且这种事也很好调查，无法抵赖。但现在局势乱了，朝廷由董卓控制着，董卓的精力又都在如何对付关东的那些人上，根本无力过问下面的事，所以孙坚才有这个胆。

孙坚率部很快到了南阳郡，一路走一路招兵买马。《三国志·孙坚传》记载："比至南阳，众数万人。"南阳郡太守张咨驻扎在郡治宛县（今河南省南阳市），而袁术此时驻扎在鲁阳县（今河南省鲁山县）。袁术、张咨并未在一处驻扎，说明袁术对张咨的控制力有限，张咨有坐山观虎斗的想法。

孙坚到了南阳郡，但他未必了解这么多内情。远道而来，急缺军粮，孙坚于是给张咨写了一封信，要求提供军粮。张咨就这件事跟手下商量怎么应对，众人认为孙坚只不过是本州邻郡的太守，大家平级平坐，互不隶属，无权调发粮饷。张咨认为言之有理，对孙坚不加理睬。这一下惹恼了孙坚，刚杀过刺史，也不在乎再杀一名郡太守。《三国志·孙坚传》记载，孙坚准备了牛、酒等礼物拜访张咨，按照礼节，张咨次日要来孙坚这里还礼。孙坚摆下酒宴款待张咨，酒喝得差不多了，孙坚手下的主簿上前汇报：我们移师南阳，但南阳道路也不修，又不准备军需物资，请把南阳郡主簿抓起来问问，是什么原因。张咨一听，知道不妙，想走，但四面都是孙坚的人，走不了。过了一会儿，孙坚的主簿又进来报告：南阳郡太守阻碍发义兵，迟误讨贼行动，请按军法处置！孙坚下令，把张咨拉到营门外，就地斩首。孙坚杀郡太守，南阳郡为之震怖，孙坚再提什么要求，都有求必应。

关于这件事，史书还有另外的记载，说孙坚到南阳郡以后，张咨既不供应军粮，也不肯见孙坚，孙坚想直接对他动刀，又怕留下后患，于是诈称得了急病，一会儿请巫医，一会儿在军营里举行仪式祷祀山川，弄得动静特别大，孙坚还派心腹去见张咨，说自己病重，想把人马托付给张咨。张咨听了很高兴，以为可以白得孙坚的人马，就带了几百人去见孙坚，孙坚开始躺在那里与张咨相见，说着说着，突然跳起身，按剑怒骂张咨，亲手把他杀了。《三国志·孙坚传》裴松之注引《吴历》记载：

> 初坚至南阳，咨既不给军粮，又不肯见坚。坚欲进兵，恐有后患，乃诈得急疾，举军震惶，迎呼巫医，祷祀山川。遣所亲人说咨，言病困，欲以兵付咨。咨闻之，心利其兵，即将步骑五六百人诣营省坚。坚卧与相见。无何，卒然而起，按剑骂咨，遂执斩之。

杀上级，再杀同级，孙坚这种大杀四方的举动把荆州刺史部闹得天翻地覆。敢这么做，靠的是实力。孙坚长期在基层工作，参加朝廷军队前曾先后在三个县担任过县丞，时间长达十年，非常了解地方上的情况，知道基层官员有哪些毛病，也知道他们怕什么。孙坚还上过战场，有勇有谋，极有胆识，还善于带队伍，此时他的手下已经齐聚了程普、黄盖、韩当、朱治等一批日后的名将，很有战斗力，所以才敢如此行事。

但是，一路北上、一路杀人，势必弄得人心惶惶，局面还需要孙坚来收拾。更重要的是，王叡已经打出讨董的旗号，孙坚却把他杀了；张咨与袁绍等人素有渊源，孙坚也把他杀了。孙坚本来是想参加讨董行动的，现在弄不好就要成为讨董同盟的敌人。考虑到这些情况，他赶紧向袁术求助。《三国志·孙坚传》裴松之注引《献帝春秋》记载，孙坚杀张咨前就已经与袁术取得了联系，表示愿意听从袁术调遣，袁术也同意了。孙坚那时还以为整个南阳地区都是袁术说了算，自己远道而来，需要后勤供应，所以才向张咨提出供应粮食的要求。

袁术虽然愿意接纳孙坚，但孙坚的行动让他十分吃惊。袁术担心孙坚杀红了眼，顺便把自己也杀了。正在这时，孙坚主动来见袁术，再次表示愿意听从调遣，态度极为恳切。袁术确定了孙坚的诚意后，大喜过望，于是表奏孙坚为破虏将军，兼豫州刺史。孙坚自此归附于袁术，至少名义上如此。很多人对此表示惋惜，认为孙坚的才干是袁术所不能比的，以实力论，此时的袁术也无法与孙坚相比，孙坚竟然主动屈从于袁术，有些难以理解。就此，王夫之作了解释，认为孙坚投靠袁术，以及之后的刘备投靠公孙瓒，其实都是正常的，如同汉高祖投靠项梁、唐高祖投靠李密。汉高祖、唐高祖之所以这样做，是因为项氏世世代代都是楚将、李密是蒲山郡公的后代，他们都是天下钦佩的人，在天下动乱初期，人们比较重视虚名，愿意归属有虚名的人。袁氏有“四世三公”的虚名，而孙坚有实力却无根基，所以起兵之初不能不依附他人。王夫之在《读通鉴论》中指出：

孙坚之因袁术也，犹先主之因公孙瓒也，固未可深责者也。汉高帝尝因项梁矣，唐高祖下李密而推之矣，以项氏世为楚将，而密以蒲山公之后，为天下所矜也。天下之初乱也，人犹重虚名以为所归，故种师道衰老无能为，而金人犹惮之。袁氏四世五公之名，烜赫宇内，孙坚崛起，不能不借焉。彼公孙瓒之区区，徒拥众枭张耳，昭烈且为之下，而况术乎？

任命职务要有严格的程序，地方要员和军中的高级将领还要由天子亲自以诏令的形式任命，即使基层推荐，实行的也是报批制，没有正式批准即为非法。可现在天子控制在董卓手中，报一个请示上去让他批准，基本不可能。于是，下面的人便自作主张，把“报批制”改为“报备制”，自行批准，备个案就行了，这就是“表奏”。在形式上，可以找块空地，摆上几案，再摆些供品，冲着洛阳方向跪下念奏书，先把奸贼董卓骂一遍，表表忠心，再说要任命某某担任某某职务，最后说些祝福天子的话，再磕几个头，一套程序就算完了。

这个口子一开，大家都开始“表奏”起来，但凡有点实力的，都开始对部下大肆封官，后来发展到你表奏我、我表奏你，互送人情。这样做固然方便，但容易造成混乱，此后经常出现同一个郡、同一个州有几个郡太守或刺史、州牧同时存在的现象。比如，袁术表奏孙坚兼任豫州刺史就大有问题，豫州刺史部并不在袁术的控制范围内，豫州刺史也没有空缺，此时朝廷正式任命的豫州刺史是孔伷，也是反董阵营里的成员，目前驻扎在颍川郡。袁术让孙坚当豫州刺史，不仅不合法，而且有故意挑事之嫌。

孙坚从长沙郡北上是在中平六年年底，到达南阳郡的时间是在次年年初。在此前后，各地反董势力均跃跃欲试，大家互相联络，以期形成合力来与董卓决战。众人深知“凉州军”的战斗力，知道这一仗并不好打，所以才不断集结、扩充力量，确保将董卓消灭，将天子营救出来。东汉王朝已走过了160多年，还从来没有如此危险过，也从来没有受过如此大的屈辱。众人的心中充满了悲愤，也充满了力量。

只是，这确实是一场硬仗。反董阵营的首领们多是文人出身，除曹操、孙坚等少数人外，其他人在带兵打仗方面多是新手，让他们在战场上去对付武夫董卓和凶悍的“凉州军”，能打赢吗？

附录

历史大事记（184—189年）

汉灵帝中平元年（184）

一、黄巾起义爆发

二月，黄巾起义爆发，旬月之间，全国响应。

二、朝廷发兵围剿黄巾军

三月，汉灵帝召集群臣会议，商量镇压黄巾起义之事。北地太守皇甫嵩奏请解除党锢之禁，出皇宫钱财作为讨伐黄巾军费用。汉灵帝问计于中常侍吕强，吕强说劝汉灵帝接受。汉灵帝于是下诏大赦党人，第二次“党锢之祸”遂结束。朝廷发天下精兵，命北中郎将卢植率军攻打冀州地区张角所部黄巾军，左中郎将皇甫嵩、右中郎将朱儁、骑都尉曹操率兵攻打颍川郡黄巾军。

三、皇甫嵩被围于长社

四月，左中郎将皇甫嵩、右中郎将朱儁、骑都尉曹操率兵进攻颍川郡黄巾军波才所部。波才大败朱儁，又将皇甫嵩围于长社。黄巾军因作战经验不足，被皇甫嵩施计突围。

四、颍川郡黄巾军失利

五月，皇甫嵩、朱儁、曹操合兵大破颍川郡黄巾军，斩首数万级。朝廷军队随即进兵汝南郡、陈国，大破两地黄巾军。

汉灵帝命皇甫嵩、朱儁等人继续进剿东郡、南阳郡的黄巾军。

五、卢植得罪宦官被治罪

六月，北中郎将卢植率军进攻张角亲自率领的冀州黄巾军。卢植率军连破张角，斩首万余级。张角退保广宗。卢植命军士挖筑堑壕，修造云梯，围攻广宗。汉灵帝派宦官左丰来前张视察，卢植不肯贿赂左丰，左丰回京诬告卢植作战不力，汉灵帝大怒，将卢植征还京师治罪，改命中郎将董卓进攻广宗。

六、皇甫嵩大破东郡黄巾军

八月，皇甫嵩在苍亭大破东郡黄巾军，俘虏黄巾军首领卜巳，斩首七千余级。

七、朱儁攻破宛城

十一月，黄巾军首领张曼成攻杀南阳郡太守褚贡，新任郡太守秦颉击杀张曼成，南阳郡黄巾军复以赵弘为帅，众至十余万，屯据宛城。朱儁与荆州刺史徐璆、南阳郡太守秦颉合兵，围攻宛城．自六月至八月一直实施猛攻，竟不能下。朝中有人建议更换将领，司空张温谏阻，遂罢。不久，朱儁击杀赵弘，南阳郡黄巾军又以韩忠为帅，继续坚守宛城，随后，朱儁用计破城，义军退守内城。韩忠率军突围不成，被秦颉杀死。南阳郡黄巾军又以孙夏为帅，仍屯于宛城。十一月，朱儁攻破宛城，杀黄巾军万余人。

八、冀州黄巾军失败

十一月，朝廷因冀州黄巾军久攻不下，命皇甫嵩取代董卓指挥。张角病逝，冀州黄巾军在其弟张梁领导下屯于广宗。张梁率军英勇善战，皇甫嵩不能取胜。皇甫嵩寻求战机，突然向黄巾军发起进攻，黄巾军措手不及，大败，张梁战死。

十一月，皇甫嵩乘胜进击，与巨鹿郡太守郭典大破张宝军于下曲阳，斩首十余万级，张宝战死。

汉灵帝中平二年（185）

一、洛阳南宫发生火灾

二月十日，洛阳南宫云台发生火灾，随后蔓延，南宫多处被毁。中常侍张让、赵忠等劝汉灵帝税田亩以修宫室、铸铜人。汉灵帝诏令天下，在正常租赋之外，每亩增税十钱助修宫室。又诏发州郡材木文石运送京师，宦官从中为奸，刺史、太守又增私调，百姓怨恨。

二、黄巾军余部在各地蜂起

百姓不堪重压，一时俱起，西及益州，南至交州，以及整个中原和北方地区，均有黄巾军余部活动，多者有兵二三万，少者六七千。黄巾军余部攻打郡县，诛杀官吏，声势浩大，此起彼伏，形成燎原之势。

三、崔烈买官为司徒

三月，汉灵帝开西邸卖官。欲为三公者，输钱于内，然后得授。崔烈通过汉灵帝的乳母入钱五百万，得授司徒。崔烈本名士，自此声名受损，为士人不齿。

四、张让等十二名宦官被封侯

六月，朝廷以讨伐黄巾军有功为名，封中常侍张让等十二名宦官为列侯。

五、张温率兵讨伐北宫伯玉

八月，朝廷以司空张温为车骑将军，讨伐在凉州起兵的北宫伯玉等，执金吾袁滂为副手，董卓为破虏校尉，与荡寇将军周慎俱归张温节制。

六、司空杨赐去世

杨赐是汉灵帝的老师，一生七次为九卿，五次任三公，为汉灵帝朝重臣。杨赐在朝，曾屡次激言进谏，为宦官忌恨。

七、汉灵帝在西园造万金堂

本年，汉灵帝命臣下在西园造万金堂，将大司农所藏国家财物、金钱移入堂中以为私贮。汉灵帝还在老家河间国购买田地，兴建家宅。

汉灵帝中平三年（186）

一、张温在长安任太尉

二月，太尉张延受宦官陷害被免职，后死于狱中。汉灵帝派大臣持节前往长安，就地擢升车骑将军张温为太尉。三公在京城以外接受任命，自张温开始。

二、宦官赵忠任车骑将军

张温改任太尉后，汉灵帝任命中常侍赵忠为车骑将军，负责调查、审理讨伐黄巾起义有功人员的功劳。

三、汉灵帝修建南宫玉堂殿

本年，汉灵帝命钩盾令宋典修建南宫玉堂殿，又命掖庭令毕岚铸造铜佛像、大钟，还在平门外桥东铸天禄虾蟆，吐水转入宫中，又作翻车渴乌于桥西，用于洒扫南北郊路，认为可以节省百姓洒道之费。

汉灵帝中平四年（187）

一、荥阳爆发农民起义

二月，荥阳农民起义军攻打中牟，斩杀中牟县令，声势渐盛。次月，朝廷派河南尹何苗率兵镇压，起义失败。

二、张纯起兵反对朝廷

八月，原中山郡太守张纯与同乡张举起兵，与乌桓大人丘力居结盟，有众十余万。张举自称天子，张纯自称弥天将军、安定王，二人移书州郡，声言张举将代汉为帝，要求汉帝退位。汉灵帝诏发南匈奴兵进讨张纯，又命骑都尉公孙瓒率兵进讨。公孙瓒与张纯战于石门，张纯战败，为部下所杀。

三、孙坚被封为乌程侯

十月，长沙郡人区星自称将军，聚众万余人，攻打郡县。朝廷任命孙坚为长沙郡太守，进剿区星。孙坚至郡，身先士卒，一月之间即将区星军讨平，因功被封为乌程侯。

汉灵帝中平五年（188）

一、“白波军”起事

二月，郭太等于西河白波谷起事，攻略太原郡、河东郡等地。随后，各地黄巾军余部再掀高潮：汝南郡葛陂黄巾军再起，青州、徐州黄巾军又起，攻略郡县。朝廷派下军校尉鲍鸿进讨葛陂黄巾军，大战于葛陂，鲍鸿军败，下狱死。黄巾军余部此伏彼起，声势复盛。

二、刺史改置州牧

三月，太常刘焉以天下兵寇不息，上书汉灵帝，建议改刺史为州牧，以重其职。朝廷准刘焉的建议，改刺史为州牧，选派列卿、尚书出任州牧。于是，州牧成为居于郡之上的行政长官，握有一州行政大权，职位甚重。

三、马相和赵祇起事

六月，益州人马相、赵祇等于绵竹起兵，杀益州刺史郗俭，进攻巴郡、犍为郡。马相自称天子，有兵数万人。益州从事贾龙集聚州郡兵进讨，马相军失败。

四、王芬等密谋废立

六月，冀州刺史王芬、南阳郡人许攸、沛国人周旌等准备尽诛宦官，废掉汉灵帝，改立合肥侯为帝。王芬等连结豪杰，准备起事。不久，汉灵帝欲北巡河间国旧宅，王芬等准备乘机发难，上书诡称"黑山军"攻劫郡县，请求起兵进讨。这时，太史认为天时不利，不宜北行。汉灵帝遂止，敕令王芬罢兵，征其入朝。王芬惧事败露，自杀身死。

五、置西园八校尉

八月，汉灵帝下诏在西园成立统帅部，组建一支新军。新军共设八校尉：上军校尉宦官蹇硕、中军校尉袁绍、下军校尉鲍鸿、典军校尉曹操、助军左校尉赵融、助军右校尉冯芳、左校尉夏牟、右校尉淳于琼。各校尉均听从上军校尉蹇硕指挥。

六、汉灵帝在平乐观阅兵

十月，望气者认为京师当有兵灾，两宫流血。汉灵帝厌之，于是大发四方之兵，讲武于平乐观下。汉灵帝亲出临军，驻大华盖下，大将军何进驻小华盖下。汉灵帝称"无上将军"，行阵三匝而还，以兵授何进。

七、王国围攻陈仓

十一月，凉州叛军首领王国率兵围陈仓，汉灵帝下诏，拜皇甫嵩为左将军，督前将军董卓，合兵拒之。之后，王国撤退，韩遂等废掉王国的首领地位，胁迫阎忠担任首领，统率各部。阎忠不久病死，韩遂等争权夺利，继而互相攻杀，势力渐弱。

汉灵帝中平六年（189）

一、汉灵帝刘宏驾崩

四月十一日，汉灵帝驾崩于洛阳南宫嘉德殿。四月十三日，皇子刘辩继位，是为少帝。少帝时年十四岁，生母何皇后被尊为皇太后，临朝听政。何太后以其兄大将军何进与太傅袁隗共参录尚书事，执掌朝政，形成外戚何氏专权的局面。汉灵帝本想以皇子刘协继位，临死前向宦官蹇硕托孤。汉灵帝死后，蹇硕欲诛杀何进，立刘协为帝，因何进有所察觉，其事未果。何进于是诛杀蹇硕，又收董太后之弟骠骑将军董重下狱。董重自杀，董太后忧惧而死。

二、招外兵入京

七月，袁绍向何进建议尽诛宦官，何太后不听。袁绍又建议何进召四方豪杰进京，以胁迫何太后同意。何进采纳，于是召前将军董卓进京。主簿陈琳、侍御史郑泰、尚书卢植、典军校尉曹操等都劝何进不要召外兵，何进不听。

三、董卓趁乱窃权

八月，何进入宫面见何太后，请尽诛诸宦官。中常侍张让、段珪等先发制人，在宫中将何进杀死。何进部将吴匡等与虎贲中郎将袁术进攻皇宫，袁绍也引兵入宫，杀宦官赵忠等。张让、段珪等劫持少帝、何太后及陈留王刘协仓皇出逃。至小平津，宦官们在河南中部掾闵贡逼迫下投水自尽。少帝一行回宫，路上遇公卿及董卓率领的凉州军。董卓进京，何进、何苗旧部皆据为己有，又诱使执金吾丁原部将吕布杀丁原归附自己，兵势甚盛。董卓逼迫朝廷策免司空刘弘，自为司空。

四、董卓废少帝立汉献帝

董卓控制朝廷后，胁迫何太后和朝臣废少帝，另立陈留王刘协为帝，是为汉献帝。董卓随即鸩杀何太后，专制朝政。

五、董卓任相国

十一月，董卓以汉献帝名义任命自己为相国，并享受入朝不趋、剑履上殿的特权。董卓在京师纵兵剽掠财物，残害百姓，人人自危。董卓又征辟名士，拉拢人才为己所用，以求巩固地位。

六、各地酝酿讨伐董卓的军事行动

年底，袁绍因废立之事与董卓公开决裂，随后与袁术、曹操等逃出洛阳。各地纷纷筹划讨董卓的行动：袁绍在渤海郡起兵，韩馥在冀州响应袁绍；袁术到达南阳郡，驻扎于鲁阳；曹操在陈留郡已吾县募兵；兖州刺史刘岱、河内郡太守王匡、陈留郡太守张邈、东郡太守桥瑁、山阳郡太守袁遗、济北国相鲍信等向酸枣聚集。

主要参考书目

1. 范晔,《后汉书》,北京:中华书局,1965
2. 范晔撰,李贤等注,《后汉书》,北京:中华书局,2016
3. 王先谦,《后汉书集解》,北京:中华书局,1984
4. 宋文民,《后汉书考释》,上海:上海古籍出版社,1995
5. 陈寿,《三国志》,北京:中华书局,1959
6. 陈寿,《三国志》,上海:上海古籍出版社,1980
7. 卢弼,《三国志集解》,上海:上海古籍出版社,2009
8. 梁章钜,《三国志旁证》,福建:福建人民出版社,2000
9. 吴金华,《三国志校诂》,南京:江苏古籍出版社,1990
10. 司马光等,《资治通鉴》,上海:上海古籍出版社,1980
11. 袁宏,《后汉纪》,北京:中华书局,2017
12. 袁宏撰,李兴和点校,《后汉纪集校》,昆明:云南大学出版社,2008
13. 谢陛,《季汉书》,济南:齐鲁书社,1997
14. 熊明辑校,《汉魏六朝杂传集》,北京:中华书局,2017
15. 周天游辑注,《八家后汉书辑注》,上海:上海古籍出版社,2020

16. 吴树平校注，《东观汉纪校注》，北京：中华书局，2008
17. 王利器校注，《风俗通义校注》，北京：中华书局，1981
18. 常璩，《华阳国志》，北京：商务印书馆，1958
19. 孙星衍等辑，《汉官六种》，北京：中华书局，1990
20. 郦道元，《水经注》，上海：上海古籍出版社，1990
21. 贾思勰，《齐民要术》，北京：中华书局，1956
22. 马端临，《文献通考》，北京：中华书局，1986
23. 欧阳询等，《艺文类聚》，北京：中华书局，1965
24. 虞世南辑，《北堂书钞》，北京：中华书局，1989
25. 萧统编，李善注，《文选》，北京：中华书局，1977
26. 李昉等，《太平御览》，北京：中华书局，1960
27. 熊方等，《后汉书三国志补表三十种》，北京：中华书局，1984
28. 徐天麟，《东汉会要》，上海：上海古籍出版社，1987
29. 钱仪吉，《三国会要》，上海：上海古籍出版社，1991
30. 严可均辑，《全汉文》，北京：商务印书馆，1999
31. 严可均辑，《全三国文》，北京：商务印书馆，1999
32. 王夫之，《读通鉴论》，北京：中华书局，1975
33. 陶元珍，《三国食货志》，北京：商务印书馆，1935
34. 严耕望，《两汉太守刺史表》，上海：上海古籍出版社，2007
35. 邓安生校注，《蔡邕集编年校注》，石家庄：河北教育出版社，2002
36. 高文，《汉碑集释》，开封：河南大学出版社，1997
37. 谭其骧主编，《中国历史地图集》，北京：中国地图出版社，1982